2012煤炭行业上市公司发展研究报告

ANNUAL REPORT ON COAL INDUSTRY PUBLIC COMPANIES (2012)

■ 煤炭科学研究总院经济研究所／编著

中国经济出版社
CHINA ECONOMIC PUBLISHING HOUSE
北 京

图书在版编目（CIP）数据

2012 煤炭行业上市公司发展研究报告/煤炭科学研究总院经济研究所编著 .
北京：中国经济出版社，2012. 10
ISBN 978 - 7 - 5136 - 1734 - 5

Ⅰ. ①2… Ⅱ. ①煤… Ⅲ. ①煤炭工业—上市公司—经济发展—研究报告—中国—2012 Ⅳ. ①F426. 21

中国版本图书馆 CIP 数据核字（2012）第 167419 号

责任编辑　张　户
责任审读　贺　静
责任印制　张江虹
封面设计　华子图文

出版发行　中国经济出版社
印 刷 者　三河市佳星印装有限公司
经 销 者　各地新华书店
开　　本　710mm × 1000mm　1/16
印　　张　17. 75
字　　数　245 千字
版　　次　2012 年 10 月第 1 版
印　　次　2012 年 10 月第 1 次
书　　号　ISBN 978 - 7 - 5136 - 1734 - 5/F · 9407
定　　价　100. 00 元

中国经济出版社 **网址** www. economyph. com **社址** 北京市西城区百万庄北街 3 号 **邮编** 100037
本版图书如存在印装质量问题，请与本社发行中心联系调换（联系电话：010 - 68319116）

编委会

2012

Preface

前言

自我国股票资本市场(A股)建立以来,至2011年末为止已有三十余家煤炭企业实现上市运营。这些企业的成功上市,有效地缓解了我国煤炭企业发展的资金约束,提升了煤炭企业管理水平,同时也有力地促进了我国煤炭产业的健康发展。

研究总结煤炭上市公司的成长历程,系统探索我国煤炭上市企业的运营规律,对于推动我国煤炭上市企业进一步做大做强,并为其他煤炭企业实现资本化经营提供借鉴,具有重要的理论和实践意义。

为此,煤炭科学研究总院经济研究所、《煤炭经济研究》杂志社和中国煤炭学会经济管理专业委员会从煤炭行业和经济专业的角度出发,组织编写了这本《2012煤炭行业上市公司发展研究报告》。

为增强行业可比性,《2012煤炭行业上市公司发展研究报告》内容主要围绕煤炭行业上市公司中的大中型国有煤炭企业展开(焦化企业除外),并侧重于上市公司基本面和财务资料的解读和分析,以求相对客观准确地反映上市公司的生产经营实际,同时为关心煤炭行业上市公司的机构或个人了解企业状况、制定相关决策提供一些有价值的信息。

需要说明的是,由于我们首次开展此项工作,报告的缺陷和错误在所难免。为此,我们诚恳希望相关企业和读者提出宝贵的建议,以便于我们今后不断改进工作,把煤炭行业上市公司发展研究报告这项工作做得更好。

《2012煤炭行业上市公司发展研究报告》编写组

2012年6月

2012

Contents

目录

第一章 2011年我国煤炭行业发展环境

第二章 2011年我国煤炭行业发展状况

第三章 我国煤炭工业发展趋势与2012年展望

第四章 2011年煤炭上市公司总体分析

第五章 2011年煤炭上市公司财务分析

第六章 煤炭上市公司控股股东简介

第一章
2011 年我国煤炭行业发展环境

2012煤炭行业上市公司发展研究报告

1.1　煤炭行业发展的宏观经济环境分析

一、我国“十二五”宏观经济社会发展目标

“十二五”是我国全面建设小康社会的关键时期，是深化改革开放、加快转变经济发展方式的攻坚时期。按照我国国民经济和社会发展十二五规划纲要，“十二五”期间，我国经济社会发展的主要目标是：

经济平稳较快发展，国内生产总值年均增长 7%，城镇新增就业4 500万人，城镇登记失业率控制在 5% 以内，价格总水平基本稳定，国际收支趋向基本平衡，经济增长质量和效益明显提高。

结构调整取得重大进展，居民消费率上升。农业基础进一步巩固，工业结构继续优化，战略性新兴产业发展取得突破，服务业增加值占国内生产总值比重提高 4 个百分点。城镇化率提高 4 个百分点，城乡区域发展的协调性进一步增强。

二、2011 年我国宏观经济运行情况

2011 年，国际金融危机的深度影响仍在继续，欧元区主权债务危机仍然不断发酵和扩散，西方发达经济体面临着二战结束以来最为严峻的经济困局。全球经济增长疲弱，国际金融市场剧烈动荡，国际贸易增速回落，各种形式的保护主义明显增多，贸易摩擦加剧。新兴经济体面临经济增速放缓和通胀加剧的双重压力。全球经济复苏前景扑朔迷离，悲观情绪持续蔓延，世界经济处在低迷困顿、何去何从的十字路口。

作为我国“十二五”开局之年，面对复杂多变的国际国内形势和艰巨繁重的改革发展稳定任务，我国始终坚持把稳定物价总水平作为宏观调控的首要任务，2011 年 6 次上调存款准备金率、3 次加息，在着力进行房

地产市场调控工作的同时，出台支持小型和微型企业发展的金融财税政策，加大对外贸企业和重大基础设施等重点领域的信贷、财政支持力度，全年国内生产总值(GDP)为471 564亿元，按可比价格计算，比上年增长9.2%，同时物价控制在了5.4%的总水平上，中国经济依然保持了平稳较快的发展局面，实现了"十二五"时期良好开局，为继续实施"十二五"规划、实现全面建设小康社会宏伟目标奠定了坚实基础。

同时，我们也可清楚地看到，与2008年国际金融危机来临时相比，我国正面临着经济下行压力和物价高位波动、外需减少以及企业综合成本上升并存等系列难题，改革与发展的难度进一步加大。

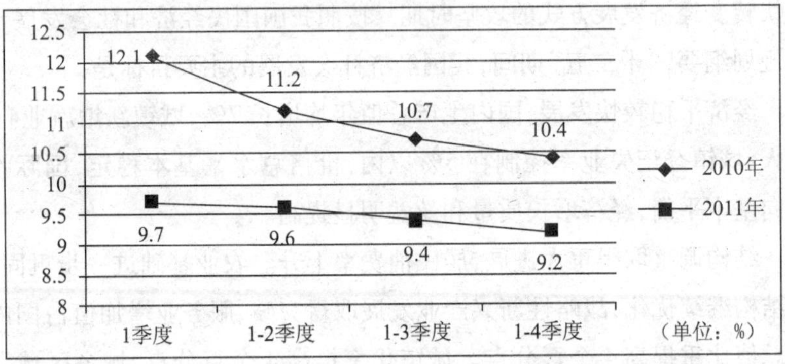

图1-1 国民生产总值同比增长速度

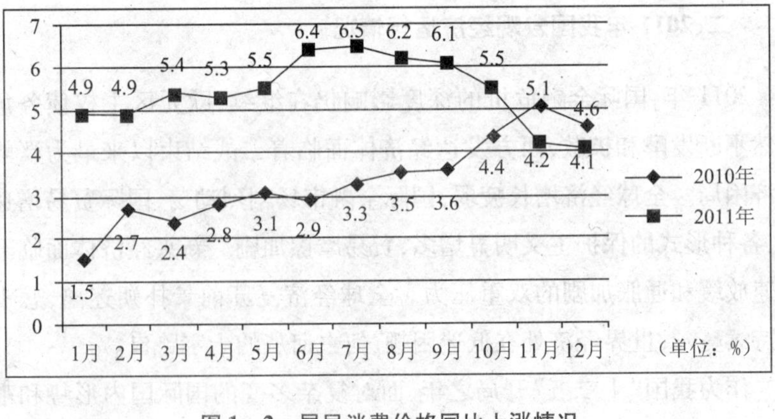

图1-2 居民消费价格同比上涨情况

三、2012 年我国宏观经济政策基本走向

1. 2012 年中国经济所面临的宏观基本面

(1)物价将平稳回落

与 2011 年相比,2012 年翘尾因素对物价的影响将明显减弱。但是,考虑 2012 年政府启动能源价格改革的可能性较大,农产品价格也会继续保持高位,因此,预计 2012 年物价将呈现“稳中趋降”的平稳走势,全年物价涨幅预计在 3.0% ~3.5% 之间。

(2)固定资产投资增速放缓

由于中央政府对此轮房地产调控的态度异常坚决,因此,预计 2012 年商品房开发投资将会出现明显回落(尽管 2012 年保障房建设将会形成一个年度高峰),这将严重拖累 2012 年的房地产开发投资整体增速,进而拖累 2012 年的固定资产投资增速。

(3)出口形势比较严峻

受欧债危机影响,2011 年末我国对欧出口单月增速已由年初的 25% 大幅回落至年末 5% 左右的历史较低水平,而且还呈继续下滑的趋势。预计 2012 年我国的出口形势将异常严峻。全年出口累计增速很可能由 2011 年的 20.3% 回落至 10% 左右的水平,这将逼迫政府将更多的“稳增长”政策放在刺激内需上。

2. 2012 年我国宏观经济政策走势

无论从国际经济环境还是国内环境来看,2012 年都是极其复杂、极具挑战性的一年。中共中央制定的关于 2012 年我国经济工作的主要任务是:继续加强和改善宏观调控,加快经济结构调整,促进经济平稳较快和自主协调发展,温家宝总理在政府工作报告中提出 2012 年经济社会发展的主要预期目标是:国内生产总值增长 7.5%;城镇新增就业 900 万人以上,城镇登记失业率控制在 4.6% 以内;居民消费价格涨幅控制在 4% 左右;进出口总额增长 10% 左右,国际收支状况继续改善。

2012 年国内生产总值增长目标同比调降,这是我国国内生产总值(GDP)预期增长目标八年来首次低于 8%,目的主要是为引导社会各方

面把工作着力点放到加快转变经济发展方式、切实提高经济发展质量和效益上来,以利于实现更长时期、更高水平、更好质量的发展。此外,居民消费价格涨幅控制在4%左右,也为价格改革预留了一定空间。

但是,从较长时期来看,中国经济增长的基本动力与格局没有改变,城镇化、工业化、市场化这些过程都没有完结,中国中长期发展的基本格局没有变化,所以,对2012年的总体经济运行仍应充满信心。

1.2 煤炭行业发展的政策环境分析

一、我国煤炭工业发展的基本国策

为促进我国煤炭工业的快速健康发展,近年来,中央和地方政府密集出台了涉及煤炭资源管理、行业准入、税费改革、安全保障、节能减排、循环经济等诸多方面的政策措施,煤炭产业相关政策取向基本清晰。如煤炭资源管理政策将向有序有偿方向发展、煤炭税费制度改革将增加政策性成本、煤矿生产与经营政策将提高准入门槛;旨在促进节能减排的优惠政策将频繁出台等。

1. 煤炭资源管理政策

一是建立国家规划矿区管理制度,规范煤炭资源开发秩序;二是建立中央地质勘查基金,实行矿业权有偿转让制度;三是建立煤炭资源开发准入制度,提高了办矿门槛;四是推进资源整合与小煤矿联合改造,全国小煤矿减少,生产集中度提高;五是推行煤炭资源有偿使用制度,提高了煤炭资源使用成本。

2. 煤炭投资体制改革政策

实行煤炭投资体制改革,国家直接投资煤矿比重逐渐减少。2001年以后取消了对煤矿建设的直接投资,煤炭企业真正成为煤矿投资建设的主体,带动了全社会投资煤矿的积极性,煤炭产业多元化投资体制基本完善。

3. 煤炭企业科技进步政策

国家大力推进煤炭科技进步,提高煤矿建设标准,煤炭企业科技投入增加,现代化矿井建设速度加快,促进了煤炭生产水平的提高,煤炭主要经济技术指标逐年提升。

4. 煤矿安全管理政策

煤矿安全政策陆续出台,建立煤矿安全生产长效机制。一是国家强化煤矿安全监察与行业管理;二是实行煤矿安全生产风险抵押金制度,允许提取煤矿安全费用;三是允许煤矿安全费用税前提取,加大了安全投入;四是出台小煤矿安全基础管理指导意见,制定了小煤矿采煤方法改革方案和具体措施。

5. 发展大型煤炭企业集团政策

中央和地方政府出台了一系列培育和发展大型煤炭企业集团的政策措施,鼓励和引导跨区域、跨行业、跨所有制合作、鼓励煤、电、路、港、化等相关产业联营或一体化发展,以发挥大型煤炭企业在国家能源保障体系中的主体作用。

6. 煤炭市场化改革政策

煤炭市场化改革取得突破性进展,基本建立了煤炭市场化价格机制。一是改革煤炭订货制度,取消了政府对电煤的指导价;二是初步建立了反映市场供求关系的煤炭价格形成机制;三是建立煤电价格联动机制。

7. 煤炭企业可持续发展政策

鼓励发展循环经济,矿区可持续发展机制开始建立。一是鼓励煤矸石发电、制砖等废物利用,给予税收优惠;二是鼓励煤矿瓦斯抽采利用,给予煤层气抽采补贴政策和税收优惠,实行增值税先征后返,不征收企业所得税,对地面抽采煤层气不征收资源税,对煤层气勘探开发项目进口物资免征进口关税。

二、2011 年出台的煤炭行业主要政策及其对煤炭行业运行的影响

(1)规范煤化工产业发展。针对部分地区仍在盲目发展煤化工、煤炭供需矛盾紧张的现状,2011 年 4 月,国家发改委发布《关于规范煤化工

产业有序发展的通知》，要求在国家相关规划出台之前，暂停审批单纯扩大产能的焦炭、电石项目；禁止建设年产50万吨及以下煤经甲醇制烯烃项目、年产100万吨及以下煤制甲醇项目和年产100万吨及以下煤制二甲醚项目。此举将进一步提高煤化工行业门槛，对已具备规模、资源与技术优势的煤化工企业则是利好。

此外，发改委还要求强化要素资源配置。煤炭供应要优先满足群众生活和发电需要，严禁挤占生活、生态和农业用水发展煤化工，对取水量已达到或超过控制指标的地区，暂停审批煤化工项目新增取水；对不符合产业政策等规定的煤化工项目，一律不批准用地，不得发放贷款，不得通过资本市场融资，严格防止财政性资金流向产能过剩的煤化工项目。

（2）煤炭资源税调整。《国务院关于修改〈中华人民共和国资源税暂行条例〉的决定》自2011年11月1日起施行。其中焦煤税率调整为8～20元/吨，其他煤炭0.3元/吨～5元/吨。

焦煤是生产焦炭的原料，是煤炭资源中的稀缺性资源，其价格和利润率远高于其他煤炭资源。对焦煤和其他煤炭资源实行同样的税额标准，不利于促进焦煤资源的合理开发利用和保护。

（3）上调电价，整顿涉煤基金。国家发改委先后于2011年4月10日和6月1日起上调了15个省份的上网电价，平均每千瓦时上调2分钱左右。11月30日，国家发改委打出了"限煤价、调电价"的组合拳，规定自2012年1月1日起的电煤合同煤价涨幅不得超过2011年合同价格的5%，同时主要港口热值5 500大卡的市场电煤平仓价格最高不得超过每吨800元。同时，自12月1日起上调火电上网电价每千瓦时2.6分钱、非居民销售电价每千瓦时3分钱。政府干预煤价可能会对煤炭的短期价格造成一定影响，但是无法改变中长期煤价的走势。

11月30日，国家发改委发布《关于加强发电用煤价格调控的通知》，同时要求省级以下地方有关主管部门越权或私设煤炭基金和收费项目的，必须在2011年12月31日前自行取消，省级人民政府对煤炭征收的价格调节基金和其他基金、收费项目，征收标准合计不得高于国务院批准的山西省煤炭可持续发展基金每吨23元的征收标准，不得对省内外用煤实行不同标准；超过每吨23元以及对省内外实行不同标准的，必须在2011年12月31日前进行整改。未对煤炭设立基金、收费项目的，不得新设基金、收费项目；已设基金、收费项目征收标准合计低于每吨23元的，不得提高。

(4)受国家宏观政策方面（房地产调控政策、国内信贷方面政策等）的影响，经济增长出现放缓，电力、钢铁、水泥、玻璃、合成氨等部分高耗能产品产量明显下滑，致使煤炭需求相对降低。

(5)铁路运力对煤炭运输的影响。近年来，虽然铁路建设投资不断增长，但目前铁路网络不完全配套的问题以及不均衡的问题仍然存在。受西部省区煤炭产量快速增长影响，运输环节对煤炭市场的制约进一步凸显。由于西部地区铁路运力的增长明显滞后于煤炭产量的增长，外调煤炭中，更多的增量只能靠汽运来解决，加大了煤炭运输成本。

(6)煤电企业的生产成本大幅度增长，受多种因素的影响，煤炭的生产成本继续保持较快的增长。主要因素有：一是通货膨胀，工业产品出厂价格维持高位且有上升的趋势，煤炭所需的各种设备及物资采购的成本提高；二是安全标准上要求更高，国家安监局要求所有煤矿按照时间表建立六大系统；三是随着采掘条件难度进一步加大，采掘的距离越来越远，煤炭企业的生产成本提高；四是人员工资成本增加。

(7)年内多次“电荒”的出现，电煤价格的持续上涨，激化了煤电矛盾，火电企业大面积亏损影响发电积极性，加上旱情使水电减发，致使诸多地区持续出现“电荒”。2011年3月份以后，我国多地出现淡季“电荒”现象。浙江、湖南、江西、重庆、贵州等地均不同程度地呈现用电紧张态势，各地相继采取限电和让电措施。尽管国家发改委自2011年4月份起上调了部分地区的上网电价，但是火电企业还是出现亏损。每当“电荒”出现，媒体便归因于煤炭，“市场煤、计划电”再成社会焦点，煤电矛盾进一步加剧。

(8)煤炭资源整合和企业重组的工作目前面临着不少的困难。一是大型企业煤炭资源整合代价高，所需投入的资金非常大；二是整合煤矿技术改造的投入大,一些矿井的开采难度大等一系列问题,增加了企业的成本。受各种因素的影响,地方整合的矿井还有很多没有实现生产,而且由于煤炭资源整合,我国的煤炭市场竞争将有可能进一步弱化,行业相对垄断程度进一步提高,煤炭产能短期过剩、煤炭产量不足的怪现象显现。

三、煤炭产业政策的未来取向

1. 煤炭资源政策向合理有序、有偿开发、可持续利用方向发展

(1)推进资源整合,加快大型煤炭基地建设;

(2)对特殊和稀缺煤种实行保护性开采;

(3)促进煤、气、电一体化,加强煤炭与煤层气综合勘探与开发利用;

(4)继续推进资源有偿使用,完善资源价格形成机制;

(5)加强矿产资源开发利用的环境保护准入管理;

(6)调整矿业权使用费,修订矿产资源补偿费征收管理规定。

2. 煤炭税费制度改革

(1)煤炭资源税由从量计征向从价计征转变已进入实质性阶段;

(2)推广山西等省试点的征收资源型企业可持续发展准备金政策;

(4)部分产煤地区出台增加煤炭成本的政策。

3. 煤矿生产与经营准入门槛提高

(1)强化煤矿准入许可制度;

(2)建立煤炭企业资质标准与管理办法;

(3)加大产能限制力度,力推行业结构调整;

(4)加大煤矿整顿关闭工作力度;

(5)设定不同地区煤矿最小建设规模。

4. 节能减排、循环经济政策为企业带来新的发展机遇

(1)鼓励对二次能源和可循环利用资源的开发利用;

(2)支持推广煤矸石发电和建筑材料生产技术和工艺;

(3)实施以矿山企业为主题的循环经济发展示范工程。

5. 进一步提高煤矿安全保障程度

(1)继续加大对中小煤矿的联合改造,淘汰落后生产能力;

(2)研究制定煤矿安全新标准。

第二章
2011 年我国煤炭行业发展状况

2.1　煤炭行业地位分析

一、煤炭在中国基础能源结构中占据重要地位

我国受贫油、少气、富煤的能源资源赋存状况影响，新能源由于技术和经济因素在能源中的比例也难以提高。今后的相当一段时间内煤炭将仍将在我国的能源结构中占据绝对主导地位。目前煤炭占我国一次能源消费比例的70%左右，石油为19%，天然气为3%，水能为6%，核能、风能、太阳能等约为2%。我国内陆石油可采储量的开采年限只有50多年；海上石油虽好，但开采困难且面临许多争议，要满足经济发展需求，只能提高进口依赖度。水能已经用去了3/4，而且由于时空分布不均，发展余地有限。36万亿立方米的天然气储量，在世界上排名并不靠前，而且其采出率有限。风能、太阳能和核能作为洁净能源有较大的发展空间，但由于环境（如风能大部分在海上）、核废料处理以及一次性高投入等因素的制约，大幅度提高发展比例不可能一蹴而就。从目前的发展情况和今后的发展趋势分析，风能、太阳能、核能等新能源二三十年内还无法替代化石能源的主体地位。

二、煤炭作为我国重要基础能源具有长期性

从全世界范围来看，除非化石能源的主体地位得到彻底推翻，否则化石能源将继续统治全球能源的生产和消费。由于中国处于快速发展时期，加上经济发展方式粗放以及受社会经济发展水平所限，不管政府如何倡导节能减排、低碳经济，全社会对能源的消费仍将持续增长。以目前中国经济的发展水平和对能源产品的消耗，中国还没有经济实力放弃煤炭资源而用进口石油、天然气替代，无论从国际政治、军事、经济诸方面都不

允许。在中国,只能走煤炭清洁利用的道路,煤炭作为我国重要基础能源将具有长期性的特点。

煤炭工业是关系国家经济命脉和能源安全的重要基础产业。在未来相当一段时间内,煤炭作为我国重要的基础能源,在保障我国能源安全中的地位不会发生根本性改变。

2.2 煤炭行业发展分析

一、2011 年煤炭行业运行情况

2011 年,在宏观经济政策紧缩的大背景下,我国国内煤炭生产与消费仍然保持较快的增长。全国煤炭经济运行继续保持平稳态势,煤炭市场需求旺盛,产销量较快增长,出口下降,进口回升,市场供需基本平衡,价格高位波动。

1. 煤炭产量

2011 年全国原煤产量为 35.2 亿吨,比上年增长 8.7%,煤炭开采及洗选业固定资产投资 4 897 亿元,比上年增长 25.9%,煤炭行业继续保持较快的增长势头。

2. 市场供求

从煤炭市场总体供需情况来看,2011 年国内煤炭市场供求总体呈现基本平衡、相对宽松、结构性过剩与区域阶段性偏紧并存的态势。2011 年,中国进口煤炭 1.82 亿吨,同比增长 10.8%,由此导致国内煤炭供应大幅增长,煤价上涨的局面受到遏制。

3. 价格变化

2011 年,全国煤炭市场需求旺盛,供需基本平衡,价格高位波动,12 月份开始回落。

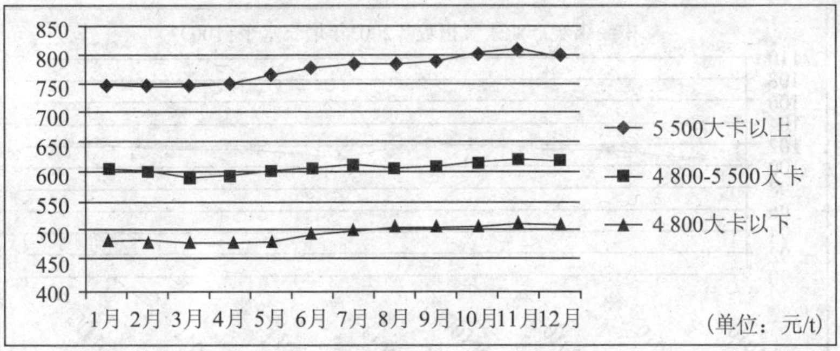

图 2－1　2011 年动力煤市场交易均价走势

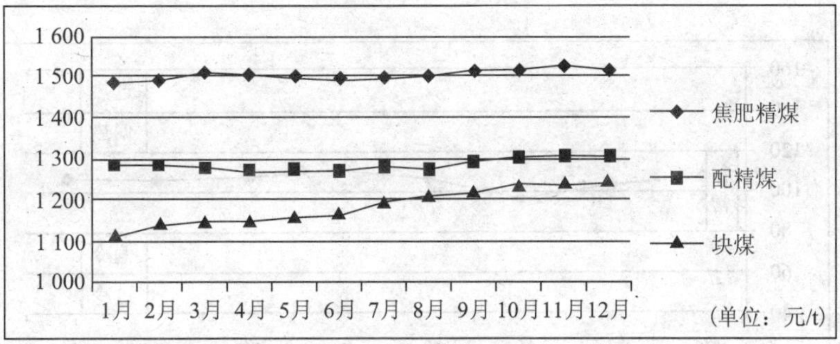

图 2－2　2011 年焦肥精煤市场交易均价走势

4. 行业景气度

据经济日报社中经产业景气指数研究中心发布的中经煤炭产业景气指数报告显示，2011 年年末中经煤炭产业景气指数继续缓慢上行，产业运行依然保持景气度稳中趋好的态势。

二、2012 年煤炭行业的运行特点

1. 煤炭行业兼并重组的步伐加快

在国家和地方政府的推动下，2012 年煤炭企业兼并重组的速度进一步加快。内蒙古自治区发布《煤炭企业兼并重组工作方案》，宣布至 2013 年底区域内煤企减至 100 家以内，生产规模在 120 万吨以下的煤炭生产企业全部退出市场。山东省由新汶、枣庄、淄博、肥城、临沂和龙口矿业集

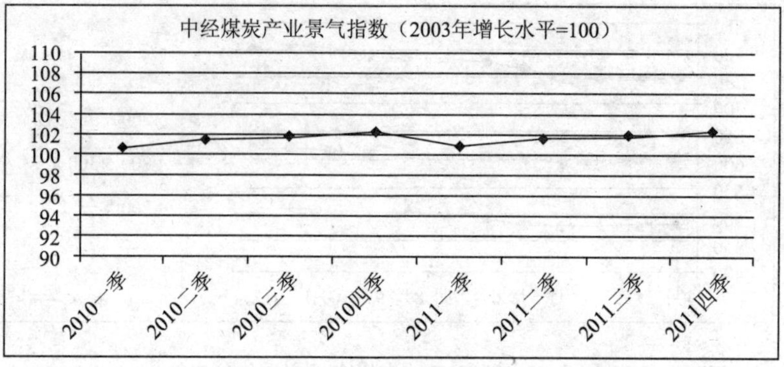

图 2-3　2010～2011 年中经煤炭产业景气指数

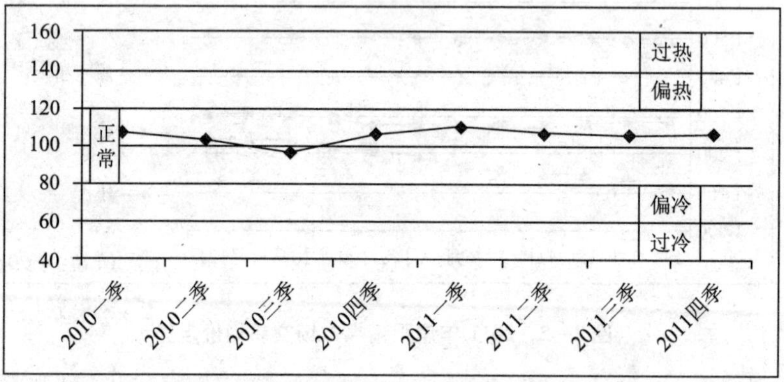

图 2-4　2010～2011 年中经煤炭产业预警指数

团 6 家煤炭企业重组而成的山东能源集团有限公司在济南挂牌成立。河北将以开滦集团、冀中能源集团和其他大型煤炭企业为主体，对全省小煤矿实施整合重组。贵州省 2013 年底煤炭企业集团数量将缩减到 200 个以内。

同时，随着大型煤炭企业集团的快速壮大，煤炭企业的规模效益逐渐显现，大型煤炭基地内产业集群发展，上下游产业一体化联合经营，产业集中度将进一步提高，市场秩序相对稳定，煤炭经济运行质量进一步提高。

2. 煤炭产能呈短期相对过剩趋势

随着近年来煤炭资源整合的深入推进，煤炭固定资产投资快速增加，煤炭产能增幅较大。预计未来2~3年煤炭市场局部或季节性供大于求等结构性矛盾将会逐步显现,这将给煤炭企业的发展带来某些不确定因素。

3. 煤炭企业经营业绩增速放缓

受下游需求相对疲软等多种因素共同影响,2011年年末煤炭产业产品销售收入环比增速明显放缓,企业库存和应收账款增加,产品价格有所回落。在宏观经济增速放缓显现以及国家电煤价格调控政策等背景下,预计煤炭产业运行的上行趋势将有所减弱,煤炭企业经营业绩增速将相应降低。

2.3 煤炭行业竞争分析

一、产业集中度

1. 行业整合状况

近年来,在国家加快推进煤炭大企业集团建设的方针指引下,在地方政府的强力主导推动下,全国煤炭企业组建大集团的工作稳步推进,煤炭企业的经济规模日益扩大,产业结构不断优化,竞争实力明显增强。2011年,随着煤炭企业兼并重组进入实施阶段,全国千万吨级大型煤炭企业已达45家,年产量23.2亿吨,占全国总产量的比重达66%,较2010年提高3个百分点;其中年产5 000万吨以上的煤炭企业18家,产量占全国总产量的51%,较2010年提高7个百分点。山东能源集团、冀中能源集团跨入亿吨级企业行列,使我国亿吨级煤炭企业达到了7家。全国关闭落后煤矿407个,完成计划的133%;淘汰落后年产能2 463万吨,完成计划的155%。年产30万吨以下的小煤矿产量在全国总产量中的比重下降到20%。

2. 行业重组特点

(1)矿产资源向优势企业集中

国家支持具有经济、技术和管理优势的企业兼并重组落后企业,有利于矿产资源向优势企业集中。通过兼并重组,大型煤炭企业集团的煤炭资源储量将大幅增加,如冀中能源和开滦煤业集团占有河北省资源总量的80%。

(2)矿权向大企业集中

尽管我国目前基本形成了以大型企业为主的煤炭资源开发格局,但仍有很多探矿权掌握在实力不强的企业手中。国家强调一个矿区原则上由一个主体开发或一个主体可开发多个矿区,从而提高资源勘查开发规模化、集约化程度,有利于矿权向大型企业聚集。

(3)企业从做大向做强迈进

为加快煤炭企业兼并重组,提高产业集中度,国家鼓励优势企业强强联合,鼓励煤、电、运一体化经营,从而实现规模化、集约化经营,这个政策有利于煤炭企业由纵向的兼并重组向横向发展、由业内的兼并重组向业外发展,形成多个像神华集团那样的大型企业集团。

3. 发展趋势

大型煤炭基地内资源优先向大型煤炭企业配置,优先安排大型煤炭企业项目建设,促进煤炭资源连片开发,支持大型企业集团发展,支持具有资金、技术和管理优势的大型企业跨行业和跨所有制兼并重组,鼓励煤、电、运一体化经营,支持大型企业到国外投资办矿,培育一批具有国际竞争力的大型企业集团,是我国煤炭工业的发展趋势。随着时间的推移,我国煤炭行业的产业集中度将会不断提高。

二、行业竞争力

近年来,我国煤炭企业总体保持了快速发展势头,经济规模持续增大,行业竞争力明显增强,在中国行业中的地位继续攀升,神华集团等特大型煤炭企业集团走出了一条又好又快、做大做强的发展道路。在2011年中国企业500强中,共有24家煤炭企业入围,占500强企业总数的6.2%,其中神华集团、河南煤化集团、中平能化集团、山西焦煤集团、山西煤销集团、中煤集团、冀中能源集团、开滦集团、潞安集团等10家煤炭企业入围前100名。另外,2011年中国企业效益200佳中,13家煤炭企业榜上有名，占入榜企业数的 6.5%。

2011 年煤炭企业 100 强与中国企业 500 强主要经营指标对比：

1. 经营规模

2011 年中国煤炭企业 100 强的营业收入、资产总额分别为 22 228.01 亿元和 31 464.64 亿元，同比增长了 41.18% 和 20.89%，同期中国企业 500 强企业的营业收入和资产总额为 36.31 万亿元和 108.1 万亿元，同比增长 31.6% 和 18.4%，煤炭企业 100 强的增速超过 500 强水平。

2. 盈利能力

2011 年中国 500 强企业的销售利润率为 5.74%，资产利润率为 1.93%，净资产利润率为 12.19%，而 2011 年全国煤炭企业 100 强销售收入利润率达 10.03%，资产利润率达 7.79%，净资产收益率达 11.89%，远超 500 强总体水平。

3. 偿债能力

从长期偿债率看，2011 年煤炭企业 100 强的资产负债率为 60.05%，而中国企业 500 强的资产负债率高达 80%，煤炭企业 100 强平均偿债压力明显低于中国企业 500 强。

第三章
我国煤炭工业发展趋势与2012年展望

2012煤炭行业上市公司发展研究报告

3.1 “十二五”我国经济发展总体趋势

加快转变经济发展方式，推动科学发展，是我国国民经济和社会发展“十二五”规划的主线。“十二五”期间，我国经济发展的总体趋势主要表现在：

1. 经济增长速度适度放缓

“十二五”期间，我国宏观经济政策的基调是“稳增长、调结构，促转型、惠民生”，宏观经济政策总体会保持连续性，宏观经济政策环境总体稳定。在经济继续平稳较快增长的同时，经济结构调整将会取得实质性进展。

2. 需求结构得以进一步改善

受国家提高居民收入水平、推进城市化进程、建立扩大消费需求的长效机制等政策的影响，消费对经济增长的拉动作用将比以往明显增强。

3. 战略性新型产业将会加快发展

新能源、新材料、节能环保等战略性新型产业将会加快发展，在某些区域会形成新的产业集群。

4. 节能减排力度会进一步加大

我国已将应对气候变化纳入国家战略，提出到2020年我国单位国内生产总值二氧化碳排放将比2005年下降40%～45%的战略目标。为此，“十二五”期间国家的监管政策会更加严格，节能环保及相关产业的发展也会加快。

3.2 “十二五”我国煤炭工业发展规划

2012年3月，国家发展和改革委员会正式发布了煤炭工业发展“十

二五”规划,规划的主要内容是:

一、发展目标

到2015年,煤炭调整布局和规范开发秩序取得明显成效,生产进一步向大基地、大集团集中,现代化煤矿建设取得新进展,安全生产状况显著好转,资源回采率明显提高,循环经济园区建设取得重大进展,矿区生态环境得到改善,企业“走出去”取得新成效,矿工生活水平明显提高,基本建成资源利用率高、安全有保障、经济效益好、环境污染少和可持续发展的新型煤炭工业体系。

煤炭生产:生产能力41亿吨/年。其中,大型煤矿26亿吨/年,占总能力的63%;年产能30万吨及以上中小型煤矿9亿吨/年,占总能力的22%;年产能30万吨以下小煤矿控制在6亿吨/年以内,占总能力的15%。煤炭产量控制在39亿吨左右。原煤入选率65%以上。

煤矿建设:“十一五”结转建设规模3.6亿吨/年,“十二五”新开工建设规模7.4亿吨/年,建成投产规模7.5亿吨/年,结转“十三五”建设规模3.5亿吨/年。

企业发展:形成10个亿吨级、10个5 000万吨级大型煤炭企业,煤炭产量占全国的60%以上。

技术进步:全国煤矿采煤机械化程度达到75%以上。其中,大型煤矿达到95%以上;30万吨及以上中小型煤矿达到70%以上;30万吨以下小煤矿达到55%以上。千万吨级矿井(露天)达到60处,生产能力8亿吨/年。

安全高效煤矿达到800处,产量25亿吨。安全生产:煤矿安全生产形势显著好转,重特大事故大幅度下降,职业危害防治明显改善,职业培训落实到位。煤矿事故死亡人数、重特大事故起数比2010年分别下降12.5%和15%以上,百万吨死亡率下降28%以上。

综合利用:新增煤层气探明储量10 000亿立方米。煤层气(煤矿瓦斯)产量300亿立方米。其中,地面开发160亿立方米,基本得到利用;井下抽采140亿立方米,利用率60%以上。煤层气(煤矿瓦斯)发电装机容量超过285万千瓦。低热值煤炭资源综合利用发电装机容量达到7 600万千瓦。煤矸石综合利用率75%,矿井水利用率75%。

生态环境保护:土地复垦率超过60%;煤田火区治理任务基本完成;主要污染物达标排放。

资源节约:节约能源9 500万吨标准煤。其中,煤矸石发电节约8 500万吨标准煤;煤矸石和粉煤灰制建材节约1 000万吨标准煤。

职工生活:职工工作环境和居住条件进一步改善,收入与劳动生产效率和企业效益协调增长,并向采掘一线职工倾斜。

二、开发生产布局

1. 总体布局

“十二五”期间全国煤炭开发总体布局是以控制东部,稳定中部,发展西部为基础,煤炭生产以大中型煤矿为主,继续压减小煤矿产量,煤炭产能进一步向大基地、大集团集中,生产布局按照调整优化结构、保障合理需求的原则,2015年煤炭产量39亿吨,主要增加发电用煤,合理安排优质炼焦煤生产。

2. 勘查布局

东部(含东北)地区:重点勘查辽宁、吉林、黑龙江、河北、山东、福建等省的矿区深部和外围资源,勘查深度控制在1 200米以浅。

中部地区:山西、河南重点做好资源整合区补充勘探,安徽加强矿区1 200米以浅资源勘探。积极推进煤炭和煤层气综合勘探。

西部地区:重点做好神东、陕北、黄陇、宁东和云贵等大型煤炭基地内已规划矿区勘探。蒙东褐煤资源区域和新疆大型煤炭基地围绕重点开发矿区及近期建设项目开展勘探。青海加强木里和鱼卡矿区勘探。力争在新疆等西北地区低阶煤煤层气勘探方面取得突破。

3. 建设布局

按照上大压小、产能置换的原则,合理控制煤炭新增规模。“十二五”新开工规模7.4亿吨/年。东部(含东北)地区建设接续煤矿,新开工规模0.25亿吨/年，占全国的3.3%；中部地区适度放缓建设，新开工规模1.85亿吨/年，占全国的25%；西部地区重点开发建设，新开工规模5.3亿吨/年，占全国的71.7%。内蒙古、陕西、山西、甘肃、宁夏、新疆为重点建设省（区），新开工规模6.5亿吨/年，占全国的87%。

4. 生产布局

按照调整优化结构、保障合理需求的原则，2015年煤炭产量39亿吨，主要增加发电用煤，合理安排优质炼焦煤生产。煤炭生产以大中型煤矿为主，继续压减小煤矿产量。2015年，东部（含东北）煤炭产量4.6亿吨，占全国的12%，其中黑龙江、山东产量保持稳定，其他省（市）下降；中部煤炭产量13.5亿吨，占全国的35%，其中山西产量增加，河南、安徽产量保持稳定，其他省下降；西部煤炭产量20.9亿吨，占全国的53%，其中内蒙古、陕西、新疆、宁夏和甘肃产量增加，贵州、云南产量略有增加，重庆和四川产量下降。按照调整优化结构、保障合理需求的原则，2015年煤炭产量39亿吨，主要增加发电用煤，合理安排优质炼焦煤生产。

5. 运输保障

预测2015年，煤炭调出省区净调出量16.6亿吨，其中晋、陕、蒙、宁、甘地区15.8亿吨，新疆0.3亿吨，云贵地区0.5亿吨。

(1)铁路运输及重点地区调出：2015年，全国煤炭铁路运输需求26亿吨。考虑铁路、港口，生产、消费等环节的不均衡性，需要铁路运力28亿~30亿吨。铁路规划煤炭运力30亿吨，可基本满足煤炭运输需要。其中，晋陕蒙（西）宁甘地区调出量14.3亿吨，铁路规划煤炭外运能力约20亿吨；兰新铁路电气化改造和兰渝铁路建成投运后，可基本满足新疆煤炭外运需求。

(2)水运和北方港口运输：预测2015年，北方港口海运一次下水量7.5亿吨。考虑铁路、港口、生产、消费等环节的不均衡性，需下水能力8亿吨。交通运输规划煤炭装船能力8.3亿吨，可适应煤炭下水需要。

6. 重点任务

(1)推进煤矿企业兼并重组，发展大型企业集团。大力推进煤矿企业兼并重组，淘汰落后产能，发展大型企业集团，提高产业集中度，提升安全保障能力，有序开发利用煤炭资源，有效保护矿区生态环境。通过兼并重组，全国煤矿企业数量控制在4 000家以内，平均规模提高到100万吨/年以上。

(2)有序建设大型煤炭基地，保障煤炭稳定供应。以大型煤炭企业为开发主体，加快陕北、黄陇、神东、蒙东、宁东、新疆煤炭基地建设，稳步推进晋北、晋中、晋东、云贵煤炭基地建设。重点建设一批大型矿区。统筹规划建设能源输送通道、水源等基础设施，大力推进上下游产业一体化发展。坚持开发与保护并重，大力发展循环经济，建设生态环境保护工程。

(3)建设大型现代化煤矿，提升小煤矿办矿水平。以建设大型现代化煤矿、加强现有大中型煤矿技术改造和淘汰落后产能为重点，全面提升煤矿生产技术水平。

(4)提高煤矿安全生产水平，加强职业健康监护。坚持安全发展，深入贯彻落实安全第一、预防为主、综合治理的方针，有效防范重特大事故，加强职业健康监护，进一步提高煤矿安全生产水平。

(5)大力发展洁净煤技术，促进资源高效清洁利用。大力发展煤炭洗选加工，有序建设现代煤化工升级示范工程，促进煤炭高效清洁利用。

(6)推进瓦斯抽采利用，促进煤层气产业化发展。健全体制机制，推进采煤采气一体化开发。加大煤层气(煤矿瓦斯)勘探开发利用力度，遏制煤矿瓦斯事故，增加清洁能源供应，减少温室气体排放。

(7)发展循环经济，保护矿区生态环境。按照减量化、资源化、再利用的原则，发展循环经济，扩大资源综合利用规模，建设资源节约型、环境友好型矿区。

(8)加强科技创新，提升科技支撑能力。进一步完善以企业为主体、市场为导向、产学研相结合的煤炭科技创新体系。加强基础理论研究、关键技术攻关、新技术推广应用、重大成套装备研制，提高煤炭科技自主创新能力和煤矿技术装备水平。

(9)发展现代煤炭物流，建立煤炭应急储备体系。加快建立社会化、专业化、信息化的现代煤炭物流服务体系，提高煤炭物流效率，降低煤炭物流成本。加快建立全国煤炭应急储备体系，提高应急保障能力。

(10)积极开展国际合作，深入实施走出去战略。充分利用国际国内两个市场、两种资源，坚持多元发展、互利共赢，加强国际交流与合作，积极参与境外煤炭资源开发利用，深入开展对外工程承包和技术服务，进一步拓展煤炭国际贸易。

3.3 2012年我国煤炭行业发展展望

煤炭需求在很大程度上取决于国家经济发展情况，尤其是像我国这样的正处于工业化、城镇化快速推进阶段的发展中国家，经济发展速度的快慢直接决定着煤炭需求的增速。受经济增长的拉动，煤炭需求总体上将继续保持较快的发展。

一、煤炭行业兼并重组继续深入

2012年我国煤炭行业兼并重组将会稳步推进，各类所有制煤矿企业以及电力、冶金、化工等行业企业，以产权为纽带、以股份制为主要形式参与兼并重组，煤炭、电力、焦化、冶金等行业一体化发展的进程继续加快。

二、煤炭产量继续增长，需求增速放缓

近年来，受益于煤价不断上扬，煤炭行业盈利能力整体较强，行业固定资产投资持续保持了较快增长势头，2012年全国原煤总产量继续保持较快增长。但是受全球经济持续低迷、国内经济增速放缓、节能减排力度加大和产业结构调整等因素影响，预计2012年煤炭需求增速同比适度趋缓，低于2011年水平。

三、煤炭市场价格的波动性增强

从国内冶金、建材等与煤炭密切相关的行业市场下滑、煤炭企业应收账款增加、煤炭市场价格回落等迹象分析，2012年全国煤炭市场形势不

容乐观。虽然,由于季节性因素以及运输能力的制约,供给仍会存在阶段性不足的现象,但是,煤价上涨的动力总体不足,国内煤价的走势或将更多地取决于国际市场煤价的走势。此外,煤炭作为资源性产品,受国际金融市场动荡的影响很大。因此,应密切关注国际货币尤其是美元的流动性等相关影响。

四、企业效益增长不容乐观

受煤炭生产成本上升,煤炭销售价格回落等方面的影响,与上年相比,2012年煤炭企业的生产经营可能面临较大的压力,经营业绩增速或将放缓。

由此,预计2012年煤炭行业总体走势将延续增长态势,但增速会出现放缓的迹象,价格波动幅度也将可能随之增大。总体而言,2012年我国煤炭市场形势和企业效益不容乐观。但是,相对一般行业而言,作为基础能源行业,煤炭企业仍有望以较为优良的成绩,为社会和投资者创造良好的回报。

第四章

2011 年煤炭上市公司总体分析

4.1 总体概况

一、煤炭上市公司概述

近年来,随着国家宏观调控和产业政策重点扶持,煤炭企业加快了市场化改革的步伐,逐步建立了现代企业制度,通过并购重组、增资扩股、股权分配、发行债券和信托产品、进入证券市场和产权交易市场等方式创业和融资,扩大了规模总量,优化了资源配置,调整了经济结构,实现了由劳动密集型向资金技术密集型的跨越式发展。2010 年 8 月,国务院转发发改委《关于加快推进煤矿企业兼并重组的若干意见》,为煤炭企业的资本化发展带来了新的机遇。

自我国证券市场(A 股)建立以来,从 1994 年靖远煤电在国内市场上市,到 2011 年大有能源上市为止,2011 年年末我国已有大部分国有大中型煤炭企业实现上市经营(为增强行业可比性,本年度报告只针对国有大中型煤炭企业中主营煤炭采选和煤机业务的上市公司进行评述,未包含主营焦化和转型煤炭发展的相关公司)。按照企业上市时间分别排列,以上所述煤炭行业上市公司的基本情况如下:

表 4-1 2011 年 A 股煤炭上市公司一览表

序号	公司名称	股票代码	上市时间	上市地点	备 注
1	靖远煤电	000552	1994-01	深圳 A 股	
2	郑州煤电	600121	1998-01	上海 A 股	
3	兖州煤业	600188	1998-07	上海 A 股	香港、纽约上市
4	兰花科创	600123	1998-12	上海 A 股	
5	神火股份	000933	1999-08	深圳 A 股	
6	冀中能源	000937	1999-09	深圳 A 股	

续表

序号	公司名称	股票代码	上市时间	上市地点	备 注
7	煤气化	000968	2000－06	深圳A股	
8	西山煤电	000983	2000－07	深圳A股	
9	盘江股份	600395	2001－05	上海A股	
10	上海能源	600508	2001－08	上海A股	
11	天地科技	600582	2002－05	上海A股	
12	安源股份	600397	2002－07	上海A股	
13	阳泉煤业	600348	2003－08	上海A股	
14	开滦股份	600997	2004－06	上海A股	
15	恒源煤电	600971	2004－08	上海A股	
16	大同煤业	601001	2006－06	上海A股	
17	潞安环能	601699	2006－09	上海A股	
18	平煤股份	601666	2006－11	上海A股	
19	露天煤业	002128	2007－04	深圳A股	
20	平庄能源	000780	2007－05	深圳A股	借壳上市
21	中国神华	601088	2007－10	上海A股	香港上市
22	国投新集	601918	2007－12	上海A股	
23	中煤能源	601898	2008－02	上海A股	香港上市
24	山煤国际	600546	2009－12	上海A股	借壳上市
25	昊华能源	601101	2010－03	上海A股	
26	郑煤机	601717	2010－08	上海A股	
27	大有能源	600403	2011－02	上海A股	借壳上市

二、区域分布及煤种煤质

A股煤炭行业上市公司基本遍布全国主要产煤地区。到2011年年末为止，全国共有27家国有大中型煤炭行业公司上市运营，其中：央企3家，北京市1家、山西省7家、内蒙古自治区2家、河北省2家、河南省5家、安徽省2家、山东省1家、上海市1家、贵州省1家、江西省1家、甘肃省1家。

表 4－2　2011 年 A 股煤炭上市公司所属区域及煤种

序号	公司名称	注册	主矿所在	主要煤种
1	中国神华	北京	神东	不粘及弱粘结煤
2	中煤能源	北京	朔州	气煤
3	天地科技	北京	–	（主营煤机）
4	昊华能源	北京	北京	无烟煤、不粘煤
5	大同煤业	山西	大同	弱粘结煤、气肥煤、瘦煤、焦煤、长焰煤
6	潞安环能	山西	长治	瘦煤、贫瘦煤、贫煤
7	西山煤电	山西	太原	焦煤、肥煤、1/3 焦煤、贫瘦煤、气煤
8	阳泉煤业	山西	阳泉	无烟煤
9	兰花科创	山西	晋城	无烟煤
10	煤气化	山西	太原	焦煤、1/3 焦煤、气煤
11	山煤国际	山西	太原	焦煤、贫瘦煤、气煤、弱粘煤
12	兖州煤业	山东	邹城	气煤、1/3 焦煤、贫煤、无烟煤
13	露天煤业	内蒙古	霍林郭勒	褐煤
14	平庄能源	内蒙古	赤峰	褐煤、长焰煤
15	开滦股份	河北	唐山	肥煤、焦煤
16	冀中能源	河北	邢台	焦煤、肥煤、贫煤、瘦煤、无烟煤
17	平煤股份	河南	平顶山	1/3 焦煤、焦煤、肥煤
18	神火股份	河南	永城	无烟煤、贫瘦煤
19	郑州煤电	河南	郑州	贫煤、贫瘦煤和无烟煤
20	郑煤机	河南	–	（煤机制造）
21	国投新集	安徽	淮南	气煤、1/3 焦煤
22	恒源煤电	安徽	宿州	贫瘦煤、1/3 焦煤、气肥煤、无烟煤、主焦煤
23	上海能源	上海	徐州	1/3 焦煤、气煤、气肥煤
24	靖远煤电	甘肃	白银	不粘及弱粘结煤、气煤
25	盘江股份	贵州	六盘水	气煤、肥煤、1/3 焦煤、主焦煤、瘦煤
26	安源股份	江西	萍乡	气肥煤、1/3 焦煤、主焦煤、无烟煤、瘦煤
27	大有能源	河南	义马	长焰煤、焦煤、贫瘦煤、无烟煤

我国是煤炭生产和消费大国，但优质的焦煤和无烟煤资源储量并不

丰富，属于国家稀缺资源，对于焦煤等稀缺资源实施保护性开发已迫在眉睫。

煤炭上市公司中，生产主焦煤的重点企业主要是西山煤电、盘江股份、煤气化以及冀中能源，其次是主产配焦煤的公司平煤股份、上海能源和开滦股份。生产优质、特种无烟煤的企业主要有阳泉煤业和兰花科创等。

三、资产规模与股票市值

2011年末，A股27家煤炭行业上市公司的资产总额共计106 429 575万元，负债总额47 122 247万元，股东权益51 576 032万元，平均资产负债水平44.27%。截止到年末收盘，上述27家上市公司市值12 166亿元，占A股沪深总市值147 692亿元的8.24%。

表4－3　2011年A股煤炭上市公司资产与市值情况　单位：万元

序号	公司名称	资产总额	负债总额	股东权益	年终市值
1	中国神华	39 754 800	13 606 900	22 315 200	50 406 700
2	中煤能源	15 852 251	6 320 482	8 118 061	11 946 053
3	兖州煤业	9 750 413	5 463 880	4 219 915	11 012 298
4	大同煤业	1 889 510	492 040	1 012 181	2 035 219
5	潞安环能	3 457 156	1 885 347	1 488 438	4 869 085
6	西山煤电	3 864 312	2 210 967	1 394 522	4 600 752
7	阳泉煤业	2 791 273	1 497 702	1 142 297	3 650 790
8	兰花科创	1 518 703	647 180	795 761	2 220 826
9	冀中能源	3 805 319	2 178 387	1 427 343	3 899 516
10	开滦股份	1 942 498	1 120 716	644 264	1 375 389
11	平煤股份	1 966 471	872 496	1 043 504	2 495 746
12	神火股份	3 007 716	2 314 883	546 138	1 552 320
13	郑州煤电	685 723	489 977	190 549	656 193
14	国投新集	2 223 144	1 438 497	782 182	2 059 473
15	恒源煤电	1 243 643	624 672	614 822	1 323 000

续表

序号	公司名称	资产总额	负债总额	股东权益	年终市值
16	上海能源	1 045 112	285 935	726 341	1 353 655
17	露天煤业	805 915	318 544	473 753	1 777 751
18	平庄能源	537 796	86 787	451 009	1 044 739
19	靖远煤电	73 351	23 299	50 051	217 357
20	盘江股份	1 222 440	474 635	693 955	2 278 459
21	安源股份	217 696	144 890	72 974	345 153
22	煤气化	761 962	359 434	316 021	732 094
23	山煤国际	3 460 210	2 359 530	931 281	2 403 733
24	昊华能源	1 076 024	303 052	638 239	1 734 000
25	大有能源	1 047 481	516 091	486 341	2 059 949
26	天地科技	1 396 605	668 735	413 482	1 871 460
27	郑煤机	1 032 051	417 189	587 408	1 740 900
合　计		106 429 575	47 122 247	51 576 032	121 662 609

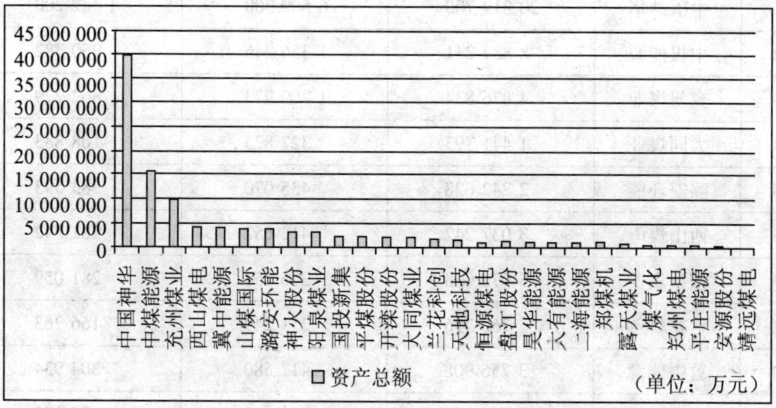

图 4－1　2011 年煤炭上市公司资产总额

四、经营业绩

2011 年，A 股市场 27 家煤炭行业上市公司共计实现营业收入

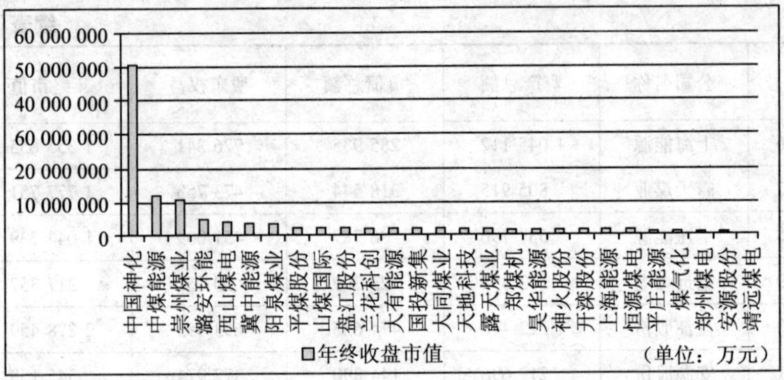

图 4－2　2011 年煤炭上市公司年终收盘市值

75 680 387万元、利润总额 13 787 393 万元、归属于母公司股东的净利润 9 620 967 万元。扣除新上市的大有能源因素，分别比 2010 年增长 37.95%、16.78% 和 14.82%，煤炭上市公司的经营业绩继续保持稳步增长。

表 4－4　2011 年 A 股煤炭行业上市公司经营业绩　　单位：万元

序号	公司名称	营业收入	利润总额	股东净利润
1	中国神华	20 819 700	6 509 300	4 482 200
2	中煤能源	8 887 241	1 356 246	950 382
3	兖州煤业	4 876 834	1 209 973	862 279
4	大同煤业	1 441 793	327 823	108 883
5	潞安环能	2 242 628	435 070	383 593
6	西山煤电	3 037 242	412 652	281 542
7	阳泉煤业	5 072 008	376 251	281 059
8	兰花科创	760 796	211 249	166 263
9	冀中能源	3 756 908	417 580	304 934
10	开滦股份	1 953 355	103 083	78 575
11	平煤股份	2 506 864	228 268	184 653
12	神火股份	3 069 907	141 863	115 058
13	郑州煤电	1 558 688	26 220	11 594
14	国投新集	805 559	183 712	134 763

续表

序号	公司名称	营业收入	利润总额	股东净利润
15	恒源煤电	831 215	142 363	101 321
16	上海能源	1 008 063	188 689	141 785
17	露天煤业	650 247	193 149	160 035
18	平庄能源	394 361	105 719	90 236
19	靖远煤电	102 952	9 023	7 081
20	盘江股份	746 493	204 238	170 498
21	安源股份	151 400	10 376	2 933
22	煤气化	377 920	45 565	20 665
23	山煤国际	6 976 057	238 718	111 624
24	昊华能源	695 071	177 213	130 185
25	大有能源	950 221	188 911	128 254
26	天地科技	1 200 856	202 036	91 166
27	郑煤机	806 008	142 103	119 406
合　计		75 680 387	13 787 393	9 620 967

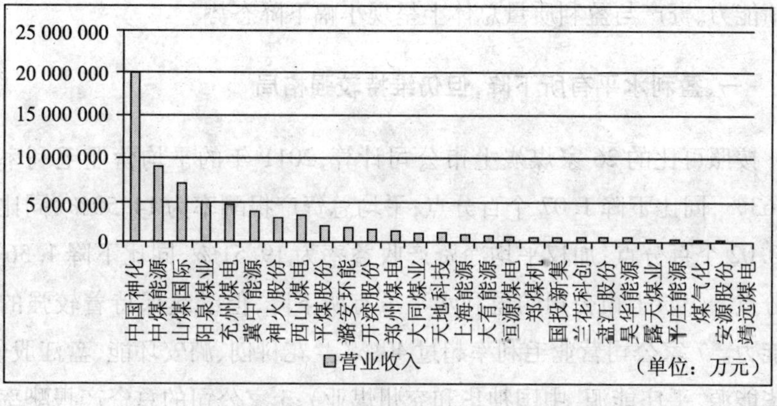

图 4－3　2011 年煤炭上市公司营业收入

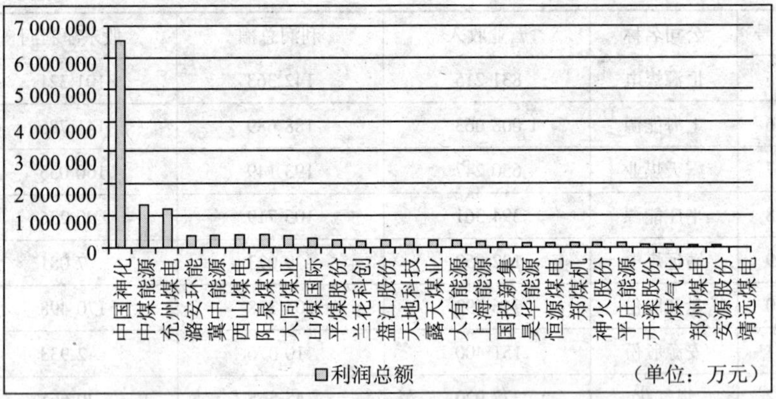

图 4-4　2011 年煤炭上市公司利润总额

4.2　综合分析

纵览 2011 年煤炭行业上市公司的经营情况，可将其特点总体概括为盈利能力继续保持强势运行格局，公司运营质量显著提高，但盈利水平、偿债能力、资产与盈利质量总体上呈现小幅下降态势。

一、盈利水平有所下降，但仍维持较强格局

按照可比的 26 家煤炭上市公司计算，2011 年的平均营业毛利率为 29.63%，同比下降 1.07 个百分点；平均总资产报酬率为 14.50%，同比上升 0.02 个百分点；加权平均净资产收益率为 19.51%，同比下降 1.56 个百分点。煤炭上市公司的盈利水平虽有所下降，但继续保持着较强的盈利能力。7 家公司营业毛利率超过 40%（兰花科创、潞安环能、盘江股份、昊华能源、平庄能源、中国神华和兖州煤业）；3 家公司的总资产报酬率超过 20%（郑煤机、露天煤业、盘江股份）；16 家公司的加权平均净资产收益率超过 20%，其中 2 家公司超过 30%（露天煤业、大有能源）。

表 4－5　2011 年 A 股煤炭行业上市公司的盈利能力指标　　　单位：%

序号	公司名称	营业毛利率		总资产报酬率		加权平均净资产收益率	
		2011	2010	2011	2010	2011	2010
1	中国神华	41.08	46.04	18.31	17.52	21.08	20.18
2	中煤能源	33.61	33.42	9.84	8.96	12.29	9.74
3	兖州煤业	40.60	45.74	14.51	17.70	21.85	27.60
4	大同煤业	39.81	46.22	18.53	18.20	11.20	13.40
5	潞安环能	45.11	40.31	14.34	16.50	28.65	26.05
6	西山煤电	30.26	43.40	13.51	15.47	21.18	23.27
7	阳泉煤业	13.70	20.22	15.60	17.75	28.23	26.29
8	兰花科创	46.41	44.55	15.67	14.85	22.93	22.17
9	冀中能源	24.91	25.61	15.22	15.63	22.96	22.38
10	开滦股份	12.85	15.93	7.78	9.54	12.89	16.19
11	平煤股份	20.75	20.47	12.17	13.98	18.78	21.89
12	神火股份	10.92	17.47	8.23	9.75	23.47	28.32
13	郑州煤电	6.07	7.92	4.66	3.71	6.29	7.50
14	国投新集	35.35	37.00	10.45	11.00	18.10	19.12
15	恒源煤电	29.28	27.14	12.10	11.63	17.61	25.13
16	上海能源	29.28	29.71	19.72	20.61	21.42	24.83
17	露天煤业	38.09	41.33	25.97	25.51	38.09	38.50
18	平庄能源	41.29	37.59	19.31	15.32	21.81	19.33
19	靖远煤电	24.07	20.26	13.16	11.14	15.17	13.07
20	盘江股份	44.70	44.53	20.51	20.73	26.03	23.28
21	安源股份	27.66	31.69	8.11	7.77	4.13	6.34
22	煤气化	27.02	29.03	7.09	7.99	6.81	8.06
23	山煤国际	7.38	9.25	10.76	12.56	18.27	26.18
24	昊华能源	43.61	50.84	18.71	19.68	21.94	20.09
25	天地科技	31.78	35.20	16.57	17.56	24.53	29.60
26	郑煤机	24.69	24.69	26.25	15.52	21.66	29.36
27	大有能源	36.05	–	19.96	–	30.57	–
26 家平均		29.63	31.75	14.50	14.48	19.51	21.07

二、运营质量显著提高

按可比的26家煤炭上市公司计算，2011年煤炭上市公司的平均总资产周转率为1.0，同比上升0.12，存货周转率15.32，同比上升0.14，应收账款周转率73.40，同比上升17.61，煤炭上市公司的总体运营质量显著提高。

表4－6　2011年A股煤炭行业上市公司的运营能力指标　　单位：次

序号	公司名称	存货周转率		应收账款周转率		总资产周转率	
		2011	2010	2011	2010	2011	2010
1	中国神华	10.14	8.81	19.25	18.76	0.54	0.46
2	中煤能源	8.72	8.48	17.86	18.21	0.64	0.62
3	兖州煤业	19.07	14.93	74.94	75.39	0.57	0.52
4	大同煤业	26.96	20.88	14.02	14.64	0.80	0.65
5	潞安环能	17.17	26.96	60.39	51.14	0.70	0.84
6	西山煤电	12.50	17.25	41.56	34.16	0.90	0.65
7	阳泉煤业	48.79	28.84	35.35	28.55	2.02	1.41
8	兰花科创	4.89	5.41	597.00	367.00	0.53	0.46
9	冀中能源	23.40	21.67	17.86	19.55	1.19	1.31
10	开滦股份	11.27	12.67	30.48	65.83	1.10	1.03
11	平煤股份	34.69	34.02	133.2	147.8	1.32	1.34
12	神火股份	12.91	9.08	290.4	186.3	1.12	0.76
13	郑州煤电	7.86	6.18	210.6	79.69	2.47	1.77
14	国投新集	5.42	6.48	57.71	76.41	0.39	0.39
15	恒源煤电	18.78	21.20	72.31	51.39	0.69	0.62
16	上海能源	13.31	16.39	87.96	76.85	1.04	1.02
17	露天煤业	17.17	21.00	9.02	13.13	0.84	0.79
18	平庄能源	21.21	30.60	12.97	13.00	0.75	0.67
19	靖远煤电	13.18	15.22	8.33	8.17	1.52	1.28
20	盘江股份	16.61	16.32	29.43	24.09	0.73	0.71
21	安源股份	7.48	6.74	15.56	12.34	0.69	0.58

续表

序号	公司名称	存货周转率		应收账款周转率		总资产周转率	
		2011	2010	2011	2010	2011	2010
22	煤气化	6.99	6.21	11.25	11.29	0.53	0.59
23	山煤国际	21.03	22.91	23.02	20.82	2.40	2.03
24	昊华能源	10.93	9.34	27.76	26.09	0.71	0.66
25	天地科技	3.55	2.63	5.33	4.74	0.98	0.84
26	郑煤机	4.25	4.41	4.92	5.19	0.83	0.98
27	大有能源	30.53	–	29.02	–	0.97	–
26家平均		15.32	15.18	73.40	55.79	1.00	0.88

三、负债水平上升,偿债能力下降

2011年26家煤炭上市公司的平均资产负债率为47.88%,同比上升0.41个百分点,负债水平有所上升,但是仍然处于正常水平。26家公司平均流动比率为1.3397,同比降低0.08;速动比率为1.1594,同比降低0.08,煤炭上市公司的总体偿债能力同比有所降低。其中,平庄能源、大同煤业、中煤能源和盘江股份等公司的流动比率和速动比率较高,偿债能力较强,但国投新集、安源股份、神火股份和郑州煤电等公司的流动比率和速动比率偏低,企业偿债能力较弱。

表4-7 2011年A股煤炭行业上市公司的偿债能力指标

序号	公司名称	流动比率		速动比率		资产负债率(%)	
		2011	2010	2011	2010	2011	2010
1	中国神华	1.2328	1.5529	1.0886	1.4024	34.22	36.27
2	中煤能源	1.9497	2.4859	1.6954	2.1686	39.87	29.21
3	兖州煤业	0.9852	2.7146	0.9191	2.5630	56.03	49.45
4	大同煤业	2.3476	2.0613	2.2643	1.9812	26.04	26.19
5	潞安环能	1.1121	1.2505	1.0682	1.1928	54.53	56.56
6	西山煤电	1.1516	1.6839	0.9680	1.5788	57.21	51.32
7	阳泉煤业	1.1980	1.2109	1.1378	1.1072	53.65	54.98

续表

序号	公司名称	流动比率		速动比率		资产负债率(%)	
		2011	2010	2011	2010	2011	2010
8	兰花科创	1.1074	1.0355	0.9353	0.8848	42.61	47.51
9	冀中能源	1.1639	0.8605	1.0774	0.7411	57.24	50.57
10	开滦股份	0.9780	0.9960	0.7796	0.8227	57.69	55.56
11	平煤股份	0.8212	0.8935	0.7435	0.8170	44.36	47.25
12	神火股份	0.5763	0.6837	0.4442	0.5134	76.96	75.82
13	郑州煤电	0.8637	0.9537	0.4112	0.4462	71.45	67.91
14	国投新集	0.3283	0.3770	0.2015	0.2408	64.70	63.42
15	恒源煤电	0.8812	0.8048	0.8048	0.7339	50.22	53.29
16	上海能源	1.6568	1.2920	1.2815	1.0452	27.35	29.86
17	露天煤业	1.0432	0.7613	0.9022	0.6723	39.52	47.51
18	平庄能源	3.8643	2.7008	3.7086	2.6235	16.13	29.43
19	靖远煤电	1.8563	1.8580	1.5553	1.6022	31.76	30.36
20	盘江股份	1.8251	2.3120	1.7029	2.1757	38.82	22.99
21	安源股份	0.4545	0.4996	0.3369	0.3947	66.55	68.74
22	煤气化	1.0395	1.4839	0.8930	1.2662	47.17	43.98
23	山煤国际	1.3433	1.1049	1.1436	0.9415	68.19	77.90
24	昊华能源	1.3175	1.6025	1.1596	1.4918	28.16	25.25
25	天地科技	1.6658	1.6688	1.2537	1.2391	53.93	49.87
26	郑煤机	2.0696	2.0724	1.6675	1.7359	40.42	43.05
27	大有能源	1.3030	–	1.2448	–	49.26	–
26家平均		1.3397	1.4200	1.1594	1.2455	47.88	47.47

四、成长性总体较好，但分化严重

成长性体现了公司的经营拓展能力和未来的发展潜力。以2008年为基数计算的22家企业三年营业收入复合增长率平均为22.60%，营业利润复合增长率平均为13.14%，三年来煤炭上市公司总体保持了较好的成长性。其中，有6家煤炭上市公司（郑州煤电、阳泉煤业、神火股份、靖远煤电、天地科技和西山煤电)的三年营业收入复合增长率超过30%;有6家煤炭上市公司(盘江股份、阳泉煤业、露天煤业、天地科技、中国神华和恒源煤电)的三年营业利润复合增长率超过20%。同时,有1家公司的三年营业收入复合增长率和4家公司的三年营业利润复合增长率呈现负增长。

表4-8 2011年A股煤炭行业上市公司的成长性指标

序号	公司名称	三年营业收入复合增长率(%)	三年营业利润复合增长率(%)
1	中国神华	24.79	21.58
2	中煤能源	19.34	19.12
3	兖州煤业	22.77	12.07
4	大同煤业	19.75	8.26
5	潞安环能	10.39	14.13
6	西山煤电	31.84	11.55
7	阳泉煤业	43.87	44.90
8	兰花科创	15.70	12.25
9	冀中能源	21.12	1.85
10	开滦股份	27.60	-3.03
11	平煤股份	8.33	-16.85
12	神火股份	36.74	-2.88
13	郑州煤电	50.87	17.52
14	国投新集	14.08	6.93
15	恒源煤电	22.01	20.77
16	上海能源	9.34	12.20
17	露天煤业	18.75	34.84
18	平庄能源	14.62	12.71
19	靖远煤电	36.38	9.11
20	盘江股份	22.07	46.77
21	煤气化	-7.24	-19.10
22	天地科技	34.11	24.41
23	安源股份	15.00	-

续表

序号	公司名称	三年营业收入复合增长率(%)	三年营业利润复合增长率(%)
24	山煤国际	–	–
25	昊华能源	–	–
26	大有能源	–	–
27	郑煤机	–	–
22家平均		22.60	13.14

五、存货和应收账款比例增加,资产与盈利质量有所下滑

按照可比口径计算,2011年26家煤炭上市公司的存货和应收账款占总资产的比例同比分别上升0.7和1.37个百分点,平均营业利润率同比下降2个百分点,煤炭上市公司的资产及盈利质量有所下滑。

表4-9　2011年A股煤炭行业上市公司的资产与盈利质量指标

序号	公司名称	营业利润率(%)		存货占总资产比例(%)		应收账款占总资产比例(%)	
		2011	2010	2011	2010	2011	2010
1	郑州煤电	1.77	1.86	29.70	29.40	0.75	1.68
2	天地科技	15.85	19.13	25.70	19.40	18.80	17.80
3	郑煤机	17.21	15.43	15.80	13.60	16.30	17.70
4	山煤国际	3.52	5.14	11.26	9.57	11.80	8.48
5	靖远煤电	9.29	8.83	9.56	7.77	24.18	11.20
6	开滦股份	5.19	7.50	9.26	7.61	5.05	1.87
7	神火股份	4.69	9.21	7.42	8.13	0.47	0.28
8	安源股份	6.80	7.13	7.04	6.26	4.82	4.03
9	西山煤电	13.60	22.62	6.73	2.72	2.49	1.72
10	兰花科创	29.68	32.37	6.24	5.31	0.10	0.08
11	上海能源	18.35	19.32	6.22	4.69	1.28	1.07
12	煤气化	11.73	13.43	4.91	6.22	5.29	4.03
13	国投新集	22.75	24.66	4.69	4.52	0.82	0.50
14	中煤能源	15.16	13.82	4.62	5.14	3.39	3.79

续表

序号	公司名称	营业利润率(%)		存货占总资产比例(%)		应收账款占总资产比例(%)	
		2011	2010	2011	2010	2011	2010
15	昊华能源	25.51	28.61	4.40	2.76	2.53	2.59
16	露天煤业	29.61	31.57	3.45	2.56	12.38	5.94
17	中国神华	31.59	34.72	3.18	3.29	3.12	2.53
18	冀中能源	10.62	10.03	3.15	4.81	6.38	7.06
19	平煤股份	9.80	10.37	3.06	2.95	1.00	0.98
20	阳泉煤业	7.41	11.95	2.88	4.45	5.85	4.45
21	恒源煤电	17.03	18.23	2.62	2.54	0.95	0.94
22	盘江煤电	27.18	29.14	2.49	2.33	2.21	2.86
23	平庄能源	26.65	23.60	2.48	1.63	7.99	3.43
24	潞安环能	19.76	19.46	2.03	2.49	1.34	0.95
25	大同煤业	22.59	27.37	1.87	1.72	6.77	4.58
26	兖州煤业	24.94	34.73	1.43	2.26	0.83	0.67
27	大有能源	19.97	–	1.88	–	3.62	–
26家平均		16.47	18.47	7.01	6.31	5.65	4.28

第五章
2011 年煤炭上市公司财务分析

本章主要根据新会计总则实施以来 2008 年后的企业年报资料数据，对于国有大中型煤炭行业上市公司（主营焦化类除外）的经营状况进行分析。

报告试图通过煤炭上市公司自身近四年的经营数据变化以及与同业公司(2008 年 23 家、2009 年 24 家、2010 年 26 家、2011 年 27 家)的相关指标比较，以求相对准确地反映煤炭上市公司的财务能力（盈利能力、运营能力、偿债能力、成长性）和收益质量（现金流量、资产质量、盈利质量）变化情况。

5.1　中国神华能源股份有限公司(601088)

中国神华能源股份有限公司由神华集团有限责任公司为主发起设立，A 股股票于 2007 年 10 月 9 日在上海证券交易所挂牌上市，截止到 2011 年年末神华集团持有中国神华 A 股 72.96% 的股份。公司集煤炭、发电、铁路、港口和航运业务为一体，拥有中国最大规模的优质煤炭储量。

一、公司生产运营状况

1. 2011 年主要产品生产销售情况

表 5-1

年份 / 产品名称	2011	2010	较上年增减(%)
商品煤产量(百万吨)	281.9	245.6	14.8
商品煤销量(百万吨)	387.3	313.1	23.7
发电量(十亿千瓦时)	179.97	141.46	27.2
售电量(十亿千瓦时)	167.61	131.69	27.3

2. 2011 年主营业务分行业情况

表 5-2

指标 行业	2011 营业收入(百万元)	2010 营业收入(百万元)	较上年增减(%)
煤炭	140 090	106 080	32. 1
发电	58 348	44 800	30. 2
运输	5 585	3 119	79. 1
其他	4 174	3 663	14. 0

3. 2012 年主要生产经营目标

实现商品煤产量 289. 9 百万吨,同比增长 2. 8%;煤炭销售量 410. 5 百万吨,同比增长 6. 0%;售电量 199. 6 十亿千瓦时,同比增长 19. 1%。

二、公司财务分析

1. 财务能力分析

(1)盈利能力

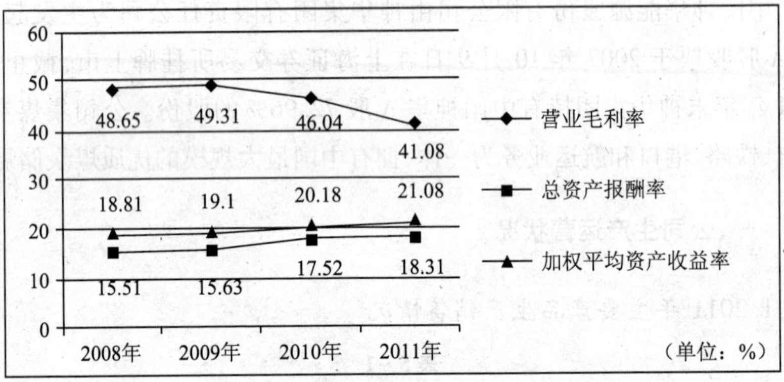

图 5-1

近三年的营业毛利率基本呈下滑态势,但总资产报酬率和加权平均净资产收益率逐年提高。煤炭上市公司范围内,四年的营业毛利率业内排名第 3、2、3、6 位;总资产报酬率排名逐年上升,分列第 15、10、9、9 位;加权平均净资产收益率排名稳中有升,分列第 18、10、16、16 位。盈利能力稳定,在同业中处于中等略偏上位置。但是,总体而言,公司盈利水平与其在煤炭行业中的龙头地位不太相称,因此,需要进一步加强企业管理，提高盈利能力（图5-1）。

（2）运营能力

近三年的存货周转率、应收账款周转率、总资产周转率稳步提高，显示公司运营能力逐年增强。在煤炭上市公司中，四年的存货周转率分别位居第19、17、18、19名，应收账款周转率分列第15、15、17、17名，总资产周转率排名分别位居第22、23、24、24名。总体来看，运营能力稳中有升，但是，在行业中的排位一直比较靠后，显示其运营能力还有较大的提升空间（图5-2、图5-3）。

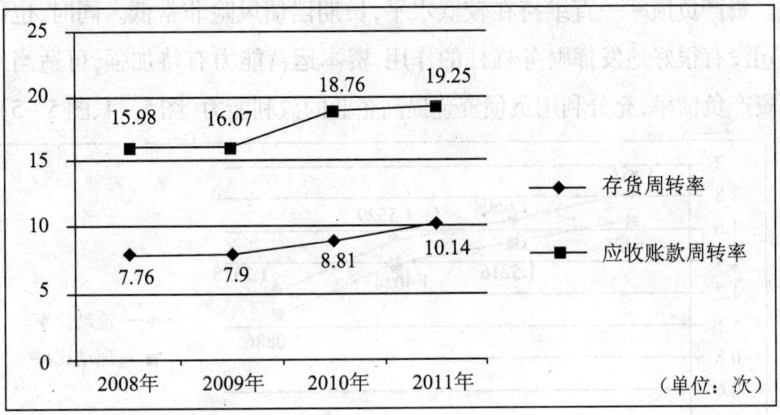

图5-2

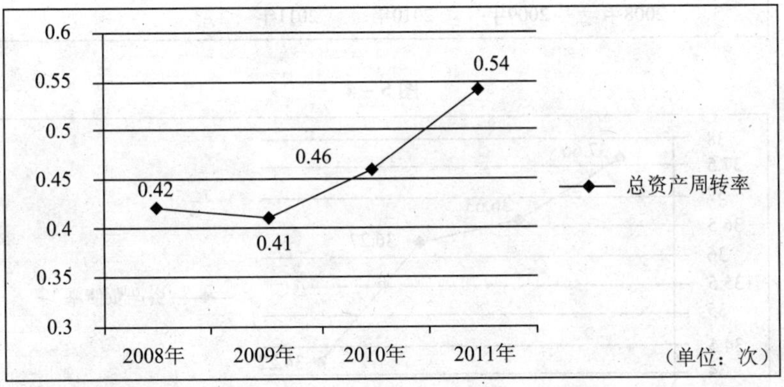

图5-3

（3）偿债能力

流动比率、速动比率逐年有所下降。煤炭上市公司中，近四年的流动比率位列第4、7、11、12名；速动比率位列第4、7、10、13名，近年来的短期偿债能力排名有所下降，但仍处于同业中等偏上游位置，基本没有短期偿债风险。

资产负债率逐年下降，近四年的资产负债率在同行业中位列17、18、19、22名（由高到低排列），长期偿债风险在同行业中是比较低的，基本没有长期偿债风险。

总体来看，短期偿债能力指标基本处于正常范围之内，短期偿债能力较强。资产负债率一直维持在较低水平，长期偿债风险非常低。同时，也说明公司没有很好地发挥财务杠杆的作用，资本运营能力有待加强，可适当地提高资产负债率，充分利用负债资金提高企业的盈利能力（图5-4、图5-5）。

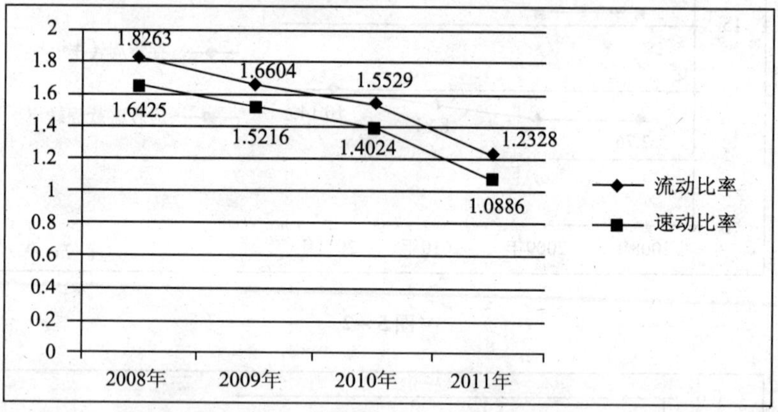

图5-4

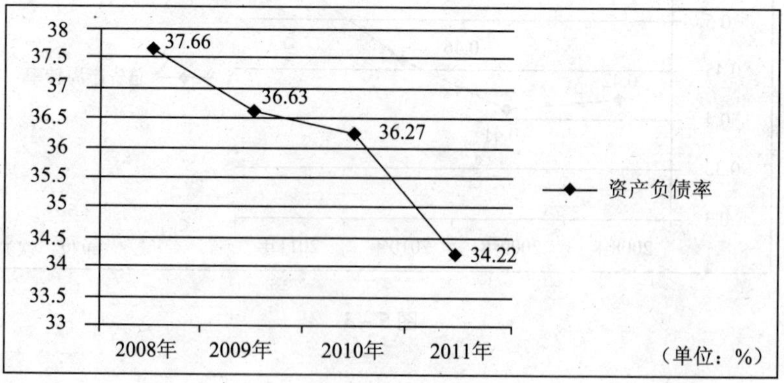

图5-5

(4)成长性

以2008年为基数计算的三年的营业收入和营业利润复合增长较快。在23家煤炭上市公司中,中国神华近三年的营业收入复合增长率位列第8名,三年营业利润复合增长率位列第5名,处于中上位置,企业成长性良好(图5-6)。

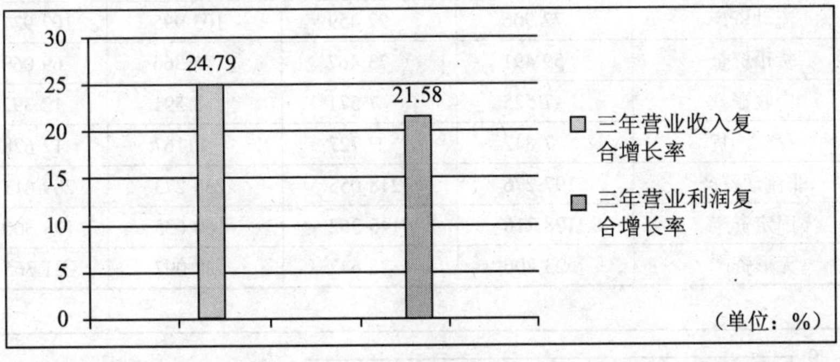

图5-6

2. 收益质量分析

(1)现金流质量

近三年的经营活动现金净流量逐年稳定增加。2011年由于投资及筹资活动现金流量增幅较大,企业的现金流面临不足(表5-3)。

表5-3

单位:百万元

财务指标 \ 年份	2008	2009	2010	2011
经营活动的现金净流量	44 226	55 927	60 912	72 864
投资活动的现金净流量	-36 020	-37 103	-29 884	-53 882
筹资活动的现金净流量	-2 556	-11 985	-26 135	-34 750
现金净流量	5 650	6 890	4 891	-15 775

(2)资产质量

近两年的应收账款占资产总额的比例逐年上升,在煤炭上市公司中位居第17、15、15、15名;存货占资产总额的比例同比有所回落,位居第16、16、16、17名,在同业中均位居中等位置。总体上,应收账款和存货水平较稳,但应注重并逐步强化存货和应收账款管理工作。

无形资产占资产总额的比例呈下降态势。与同行业相比,其无形资产占资产总额的比例分列第12、15、17、17名(表5-4、图5-7)。

表5-4

单位:百万元

财务指标＼年份	2008	2009	2010	2011
资产总额	275 182	310 514	339 268	397 548
流动资产	77 906	92 459	103 995	107 937
货币资金	59 491	73 467	75 366	69 060
应收账款	7 525	7 571	8 591	12 392
存　货	7 842	7 727	11167	12 628
非流动资产	197 276	218 055	235 273	289 611
固定资产	128 716	146 362	160 635	198 360
无形资产	23 806	25 642	28 097	31 365

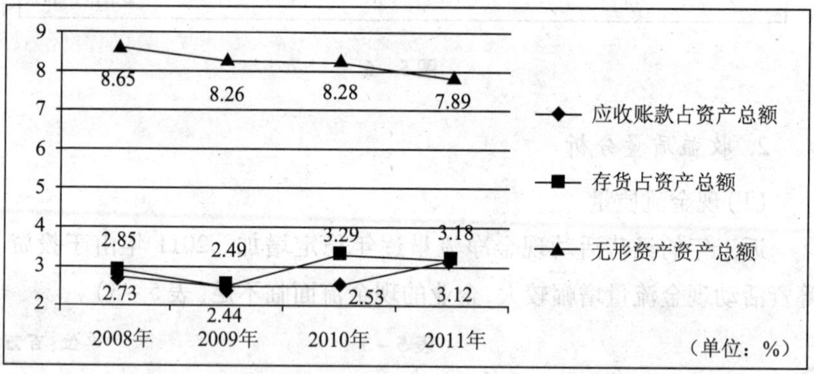

图5-7

(3)盈利质量

营业收入和归属于母公司股东的净利润逐年增加,而投资收益占比逐年减少,投资收益占营业利润的比例2008年为最高,也只有2.33%,而2011年只有0.62%;营业利润率近年虽有所下滑但逐年位列同业第1、1、2、1名。总体来看,企业的盈利质量非常好(表5-5、图5-8)。

表 5－5　　单位:百万元

年份 / 财务指标	2008	2009	2010	2011
营业收入	107 133	121 312	157 662	208 197
营业利润	36 601	44 189	54 753	65 775
投资收益	853	700	703	409
营业外收支	－630	－288	－317	－682
利润总额	35 971	43 901	54 436	65 093
股东净利润	25 959	30 276	37 853	44 822

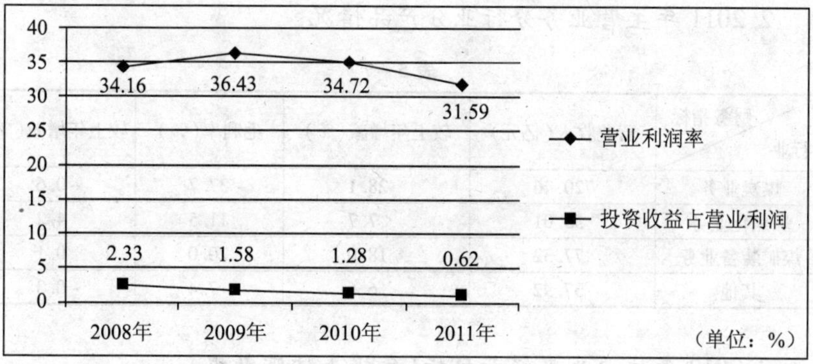

图 5－8

3. 财务综合分析

2011 年中国神华的盈利、偿债和成长性等财务能力较强,企业收益质量较高,但运营能力需要进一步增强。

5.2　中国中煤能源股份有限公司(601898)

中国中煤能源股份有限公司由中煤能源集团公司为主发起设立,A 股股票于 2008 年 2 月 1 日在上海证券交易所挂牌上市,截止到 2011 年年末集团持股比例 56.61%。公司主要从事煤炭、焦炭、煤机装备的生产和销售业务。

一、公司生产运营状况

1. 2011年主要产品产销情况

表5-6

单位：万吨

财务指标 产品名称	2011年产量	较上年增减%	2011年销量	较上年增减%
商品煤(万吨)	10 279	8.9	13 470	14.9
焦炭(万吨)	206	0.0	258	-0.4

2. 2011年主营业务分行业分产品情况

表5-7

财务指标 行业	营业收入(亿元)	较上年增减(%)	毛利率(%)	较上年增减(%)
煤炭业务	720.46	28.1	37.7	-0.6
煤焦化业务	53.01	7.7	11.5	4.2
煤矿装备业务	77.32	18.0	20.0	0.1
其他	37.92	6.6	7.4	-0.3

3. 2012年主要生产经营目标(年报未披露数据)

二、公司财务分析

1. 财务能力分析

(1)盈利能力

近四年的营业毛利率在同业中分列第10、7、13、12位，位居中游。2011年总资产报酬率在同业中分列第21、20、23、22位；2011年加权平均净资产收益率在同业中分列第21、22、23、23位。在煤炭上市企业中，总资产报酬率和加权平均净资产收益率排名一直位居同业的下游水平。可喜的是，2011年的三项指标同比均好于2010年。总体来看，盈利能力一般，提高盈利能力是公司面临的一项重要课题(图5-9)。

(2)运营能力

近四年的存货周转率、应收账款周转率和总资产周转率总体上扬，但与煤炭上市企业同业比较，存货周转率分列第16、18、19、20名，应收账款周转率分列第 18、16、18、19 名，总资产周转率分列第 19、20、19、22 名，运营能力排名靠后。总体来看，运营能力较差，有较大的提升空间（图5－10、图5－11）。

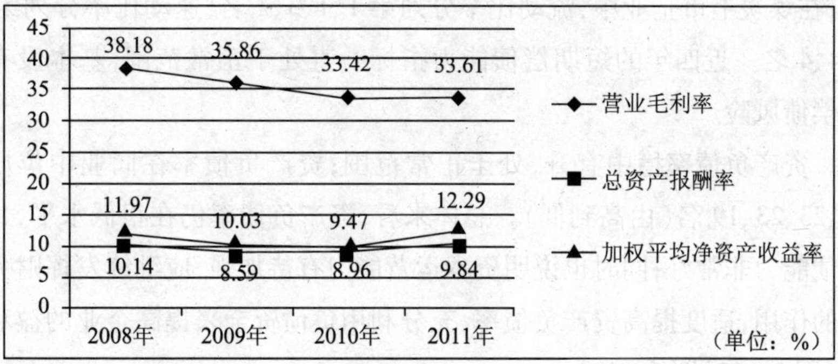

图 5－9

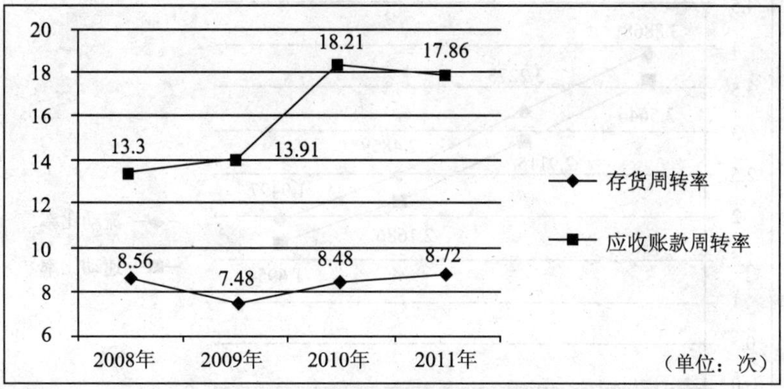

图 5－10

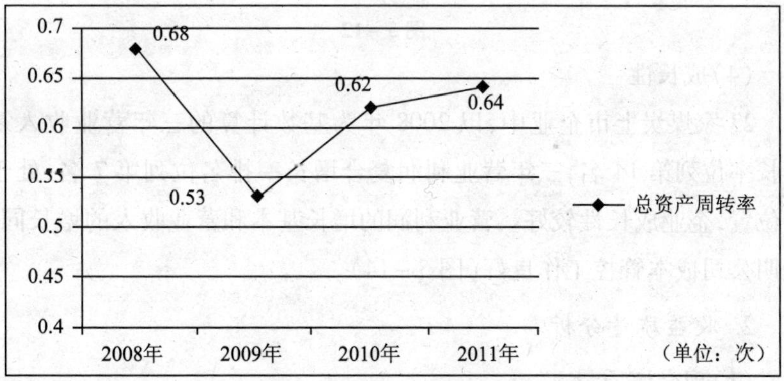

图 5－11

(3)偿债能力

近四年的流动比率、速动比率逐年明显下降,短期偿债能力有所下降;在煤炭上市企业中,流动比率分列第1、1、3、4名,速动比率分列第1、1、4、4名。近四年的短期偿债能力指标一直处于正常范围,基本没有短期偿债风险。

资产负债率稳中有升,处于正常范围;资产负债率在同业中位居第20、23、23、19名(由高到低)。总体来看,资产负债率仍在很低水平,长期偿债能力非常好;同时也说明资本运营能力有待加强,应继续发挥财务杠杆的作用,适度提高资产负债率,充分利用负债资金来提高企业的盈利能力(图5-12、图5-13)。

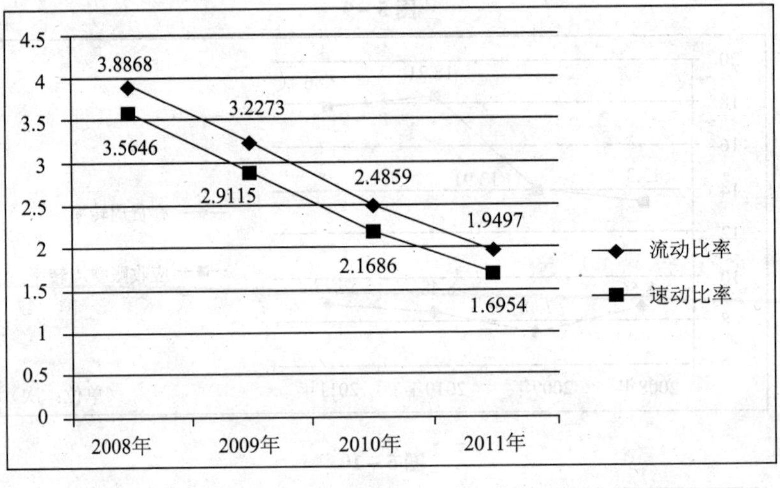

图5-12

(4)成长性

23家煤炭上市企业中,以2008年为基数计算的三年营业收入复合增长率位列第14名,三年营业利润复合增长率排名位列第7名,处于中上位置,企业成长性较好。营业利润的增长基本和营业收入的增长同步,说明公司成本管控工作良好(图5-14)。

2. 收益质量分析

(1)现金流质量

经营活动产生的现金净流量稳步上升,2011年同比有较大增幅;对外投资加速,现金流量出现不足(表 5-8)。

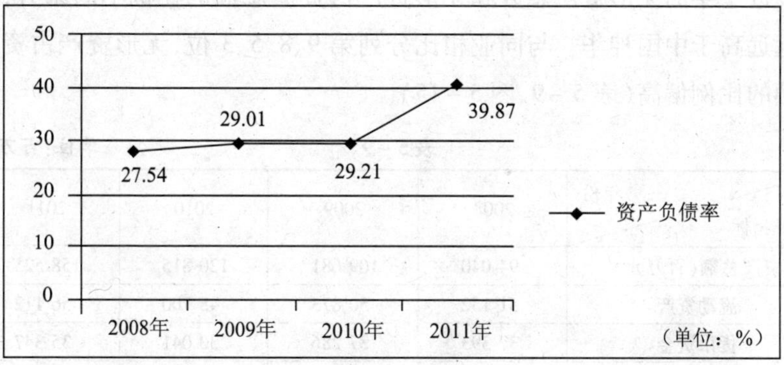

图 5-13

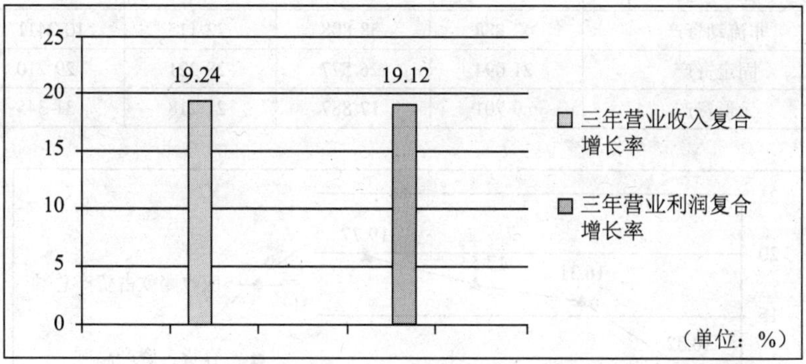

图 5-14

表 5-8

单位:百万元

财务指标 \ 年份	2008	2009	2010	2011
经营活动的现金净流量	10 030	10 574	10 736	15 240
投资活动的现金净流量	-30 980	-4 794	2 069	-35 026
筹资活动的现金净流量	24 656	-1 038	-2 508	17 749
现金净流量	3 574	4 740	10 294	-2 044

(2)资产质量

2011 年的应收账款与存货总量均为四年来最高,但占资产总额的比例比 2010 年有所下降。与同业相比,应收账款占资产总额的比例位列第 10、12、11、14 名,存货占总资产的比例位列第 10、9、11、14 名,企业存货与应收账款管理能力仍有待加强。

近三年的无形资产总数和无形资产占资产总额的比例不断攀升，并且远远高于中国神华。与同业相比分列第9、8、5、3位，无形资产占资产总额的比例偏高（表5-9、图5-15）。

表5-9

单位：百万元

财务指标＼年份	2008	2009	2010	2011
资产总额（百万元）	94 040	109 681	120 815	158 523
流动资产	51 152	50 873	48 700	56 112
货币资金	37 393	37 286	30 041	35 347
应收账款	4 473	3 255	4 574	5 379
存　货	4 240	4 978	6 215	7 319
非流动资产	42 888	58 808	72 115	10 2411
固定资产	21 094	26 577	28 321	29 210
无形资产	9 701	17 887	21 218	31 345

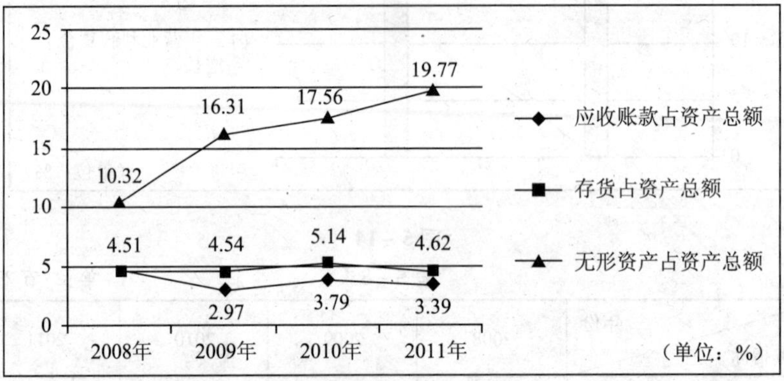

图5-15

（3）盈利质量

营业收入、营业利润和净利润逐年增加。近四年营业利润率在同业中的排位分列第18、13、16、16名。总体来看，尽管2011年的营业利润率有所增加，但其整体盈利水平在同业中处于中等偏下位置，远不如中国神华，盈利质量欠佳，因此，需要研究提高盈利质量的对策措施（表5-10、图5-16）。

表5－10　　单位：百万元

年份 财务指标	2008年	2009年	2010年	2011年
营业收入	52 283	53 729	71 268	88 872
营业利润	7 974	9 026	9 849	13 478
投资收益	160	393	－96	304
营业外收支	297	175	372	85
利润总额	8 271	9 201	10 221	13 562
股东净利润	5 606	6 622	6 909	9 504

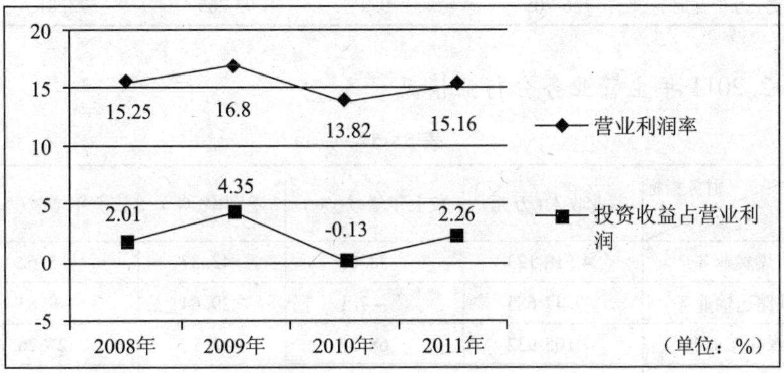

图5－16

3. 财务综合分析

中煤能源偿债能力较强、成长性较好。2011年盈利能力、运营能力和收益质量虽同比有所提升，但仍有待进一步加以改进。

5.3　兖州煤业股份有限公司（600188）

兖州煤业股份有限公司由兖矿集团有限公司为主发起设立，A股股票于1998年7月1日在上交所正式挂牌上市，截止到2011年年末集团持有52.86%的股份。公司主要经营煤炭采选、铁路运输、煤化产品、电力和热力等项业务。

一、公司生产运营情况

1. 2011 年主要产品生产销售情况

表 5－11

财务指标 产品名称	2011 年产量	较上年增减（%）	2011 年销量	较上年增减（%）
商品煤（万吨）	5 091	11. 8	6 425	29. 5
甲醇（万吨）	53. 2	44. 96	52. 9	40. 69
电力（万千瓦时）	136 705	0. 2	93 265	73. 81

2. 2011 年主营业务分行业情况

表 5－12

财务指标 行业	营业收入（万元）	较上年增减（%）	毛利率（%）	较上年增减（%）
煤炭业务	4 518 123	38. 63	43. 37	－5. 62
铁路运输业务	47 685	－7. 1	29. 64	－9. 83
煤化工业务	105 932	68. 34	12. 13	27. 26
电力业务	32 797	76. 76	－11. 06	－4. 91
热力业务	2 047	－18. 87	32. 69	－17. 8

3. 2012 年主要生产经营目标

2012 年煤炭计划销售 7 590 万吨，其中，公司 3 300 万吨，山西能化 115 万吨，菏泽能化 240 万吨，鄂尔多斯能化 700 万吨，兖煤澳洲 1 235 万吨，贸易煤量 2 000 万吨。甲醇计划销售 57 万吨，其中榆林能化 50 万吨，山西能化 7 万吨。

二、公司财务分析

1. 财务能力分析

（1）盈利能力

2011 年营业毛利率、总资产报酬率和加权平均净资产收益率都比 2010 年有所降低。与同业相比，营业毛利率四年分列 2、3、4、7 名，总资产报酬率四年分列 2、16、7、14 名，加权平均净资产收益率四年分列 12、20、5、11 名。2011 年综合盈利能力位居行业中等偏上位置（图 5－17）。

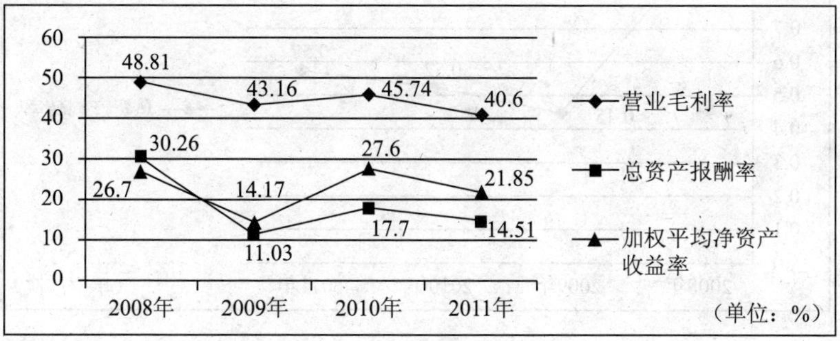

图 5－17

（2）运营能力

近两年存货周转率、应收账款周转率和总资产周转率基本呈上升态势。在煤炭上市企业中，存货周转率四年排名分列第 9、13、14、8 名，应收账款周转率排名分列第 3、4、7、6 名，总资产周转率排名分列第 13、22、23、23 名。总体来看，运营能力位居行业中游水平，尽管近两年有所提升，但其运营能力仍低于 2008 年的水平，因此必须努力提高运营能力（图 5－18、图5－19）。

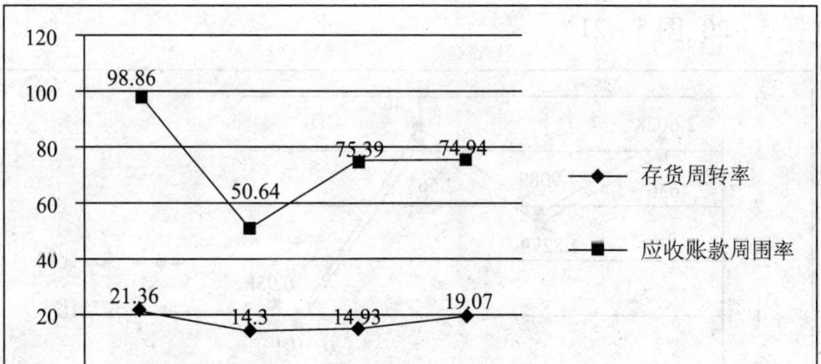

图 5－18

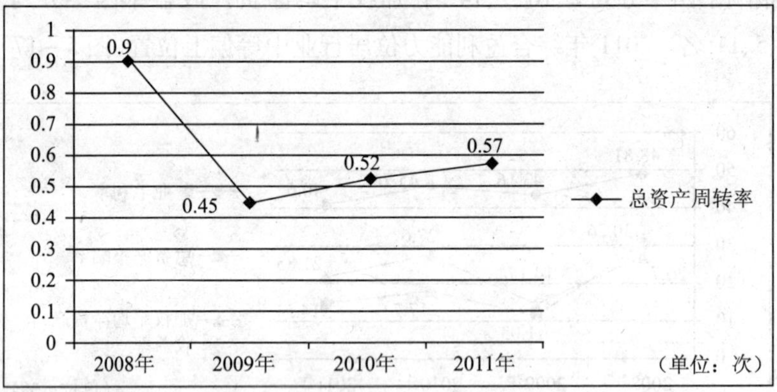

图 5 –19

(3)偿债能力

2011 流动比率、速动比率大幅下降，并且低于正常要求，短期偿债风险加大。煤炭上市企业中，流动比率分列第 3、4、1、21 名，速动比率分列第 3、4、2、18 名。总体来看，短期偿债能力显著降低，短期偿债风险迅速增加，需要对短期偿债风险进行监控。

与 2008 年相比，近三年的资产负债率显著提高，但在正常范围之内。同业内资产负债率分列第 23、10、13、9 名(由高到低)。总体来看，资产负债率适中，企业有较高的资本运营能力，能够充分发挥财务杠杆利益的作用(图 5 –20、图 5 –21)。

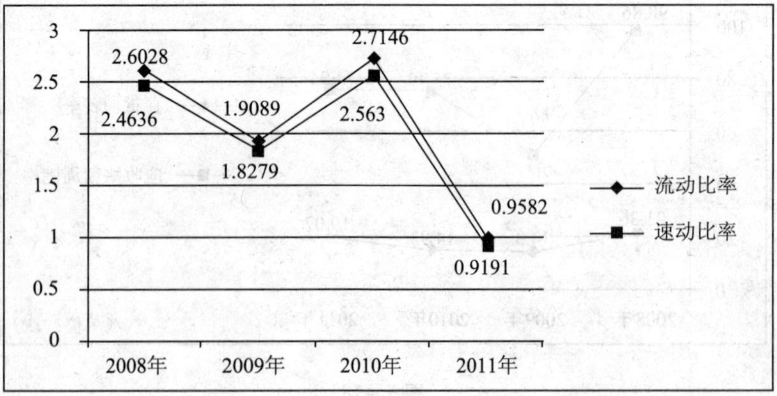

图 5 –20

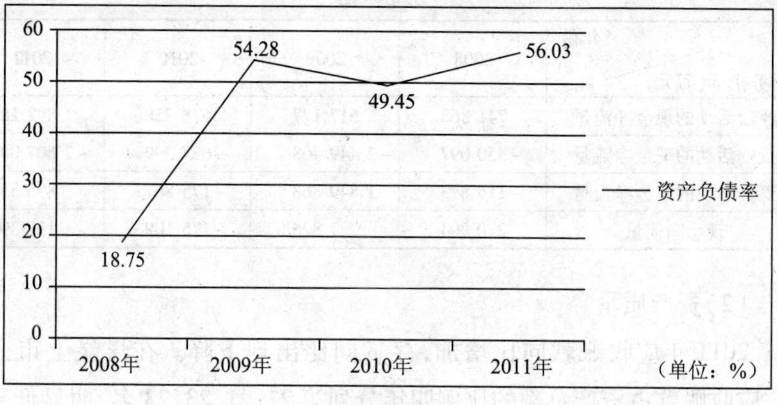

图 5－21

(4)成长性

以 2008 年为基数计算的三年营业收入和营业利润复合增长迅速。23 家煤炭上市企业中,三年营业收入复合增长率排名第 9 位,营业利润复合增长率排名第 13 位,企业成长性较好。与此同时,营业利润复合增长低于营业收入的增长,说明其成本费用控制尚待加强(图 5－22)。

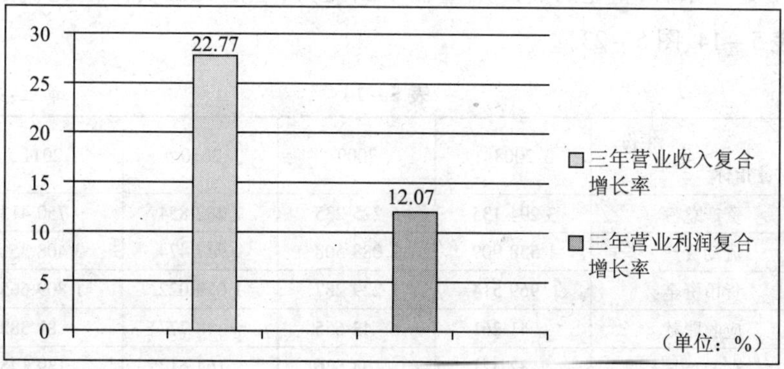

图 5－22

2. 收益质量分析

(1)现金流质量

2011 年经营活动现金流量同比大幅增加,同时投资与筹资现金流也呈较大增幅,现金流充裕,应减少对外融资,提高资金的利用效率(表 5－13)。

表 5-13 单位:万元

财务指标(万元) \ 年份	2008	2009	2010	2011
经营活动的现金净流量	741 863	617 177	628 758	1 892 280
投资活动的现金净流量	-350 097	-2 449 408	-637 399	-2 607 082
筹资活动的现金净流量	-115 873	1 849 868	-175 867	895 530
现金净流量	270 904	7 825	-175 109	137 398

(2)资产质量

2011 年应收账款同比增加,存货同比出现下降。在煤炭上市公司中,应收账款占资产总额的比例四年分列第 21、21、23、23 名,明显低于中国神华和中煤,其应收账款的管理能力较高;存货占总资产的比例分列第 19、21、24、27 名,存货比例处于同业最低水平,说明企业存货管理水平很高且在逐年提升。

无形资产总数不断攀升。但近两年无形资产占资产总额的比例虽逐年有所下降,但与同业相比分列第 16、1、1、1 名,无形资产占资产总额的比例太高,是中国神华的三倍水平。

总体来看,企业的资产质量在不断提升,但是无形资产的比例过高(表 5-14、图 5-23)。

表 5-14 单位:万元

财务指标 \ 年份	2008	2009	2010	2011
资产总额	3 294 135	6 225 235	7 282 854	9 750 413
流动资产	1 538 909	2 088 508	2 947 474	3 408 351
货币资金	969 514	1 229 287	1 079 022	1 809 665
应收账款	41 261	43 655	48 777	81 383
存　　货	82 321	88 636	164 612	139 125
非流动资产	1 755 226	4 136 727	4 335 380	6 342 062
固定资产	939 202	1 707 953	1 833 325	2 091 118
无形资产	154 815	1 933 582	2 011 901	2 451 551

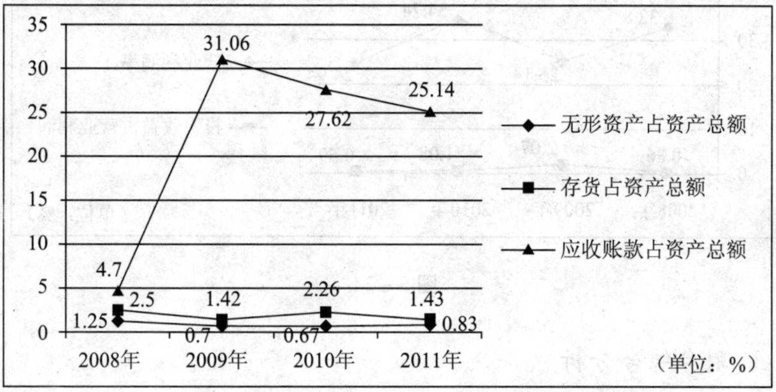

图 5－23

（3）盈利质量

营业收入逐年增加，但 2011 年营业利润率出现明显下降。与同业相比，营业利润率四年分列第 2、5、1、7 名，投资及营业外收支净额等非主营业务收入占净利润的比重较小，总体来看，其整体盈利质量很好（表 5－15、图 5－24）。

表 5－15　　单位：万元

财务指标 \ 年份	2008	2009	2010	2011
营业收入	2 635 329	2 150 035	3 484 439	4 876 834
营业利润	864 440	540 579	1 210 411	1 216 712
投资收益	7 465	11 207	13 100	7 137
营业外收支	1 516	539	973	－6 739
利润总额	865 956	541 118	1 211 384	1 209 973
股东净利润	632 398	388 033	900 862	862 279

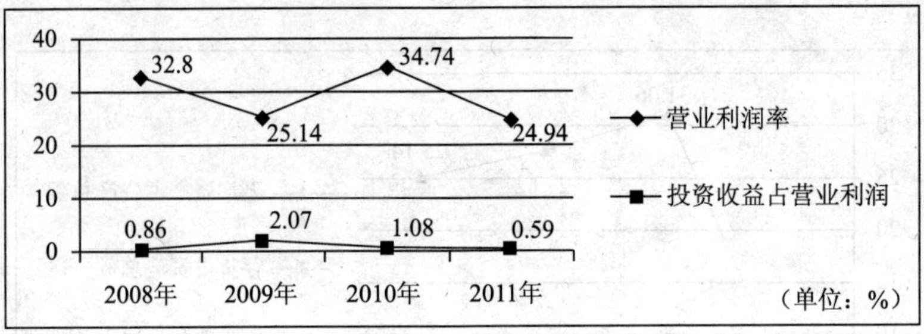

图 5 - 24

3. 财务综合分析

2011 年兖州煤业各项财务能力较强，盈利质量较高。

5.4 大同煤业股份有限公司(601001)

大同煤业股份有限公司由大同煤矿集团有限责任公司为主发起设立，于 2006 年 6 月 23 日上交所挂牌上市，截止到 2011 年年末，集团持股比例 60.48%。公司主营煤炭采选和销售业务。

一、公司生产运营状况

1. 2011 年主要产品生产销售情况

表 5 - 16

产品 \ 指标	2011 年	2010 年	较上年增减%
煤炭产量(万吨)	3 094	2 929	5.63
煤炭销量(万吨)	2 377	2 252	5.55

2. 2011 年主营收入分行业分产品情况

表 5 - 17

分行业产品 \ 指标	营业收入(万元)	较上年增减(%)	毛利率(%)	较上年增减(%)
煤炭	1 220 529	18.61	46.34	-0.82

3. 2012 年主要生产经营目标

全年预计煤炭产量为 3 850 万吨，预计煤炭销量为 2 965 万吨，预计全年实现营业收入 161. 37 亿元。

二、公司财务分析

1. 财务能力分析

(1)盈利能力

近三年营业毛利率、总资产报酬率和加权平均净资产收益率总体呈下降走势。营业毛利率在同业中的排位分列第 1、1、2、8 名，总资产报酬率在同业中的排位分列第 6、3、5、8 名，加权平均净资产收益率在同业中的排位分列第 15、11、21、24 名。总体来看，营业毛利率、总资产报酬率排名居前，加权平均净资产收益率排名靠后，盈利能力总体居前，但是其盈利能力逐年下滑，需要引起警惕(图 5 – 25)。

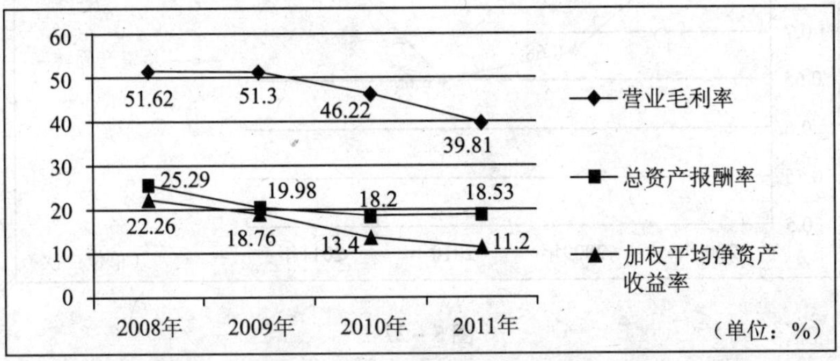

图 5 – 25

(2)运营能力

存货周转逐年上升，但应收账款周转逐年下降。在煤炭上市企业中，存货周转率分列第 13、12、9、4 名，排名中等偏上，且排名逐年稳步提升，说明市场销售十分顺畅；应收账款周转率分列第 5、14、19、21 名，排名中等偏下且逐年下滑；总资产周转率分列第 16、13、17、15 名，位于中等偏下位置。总体来看，其运营能力相对较差，居同业中等偏下位置，应收账款管理水平和资产利用效率都有较大的提升空间，因此，提高资产利用效率，加强应收账款管理，是应认真对待的问题（图5－26、图5－27）。

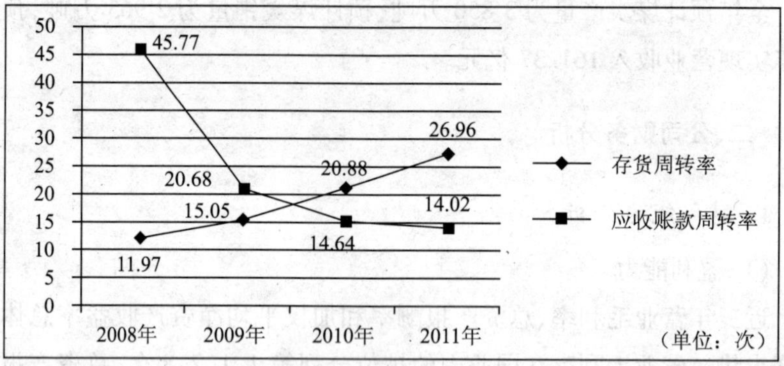

图5－26

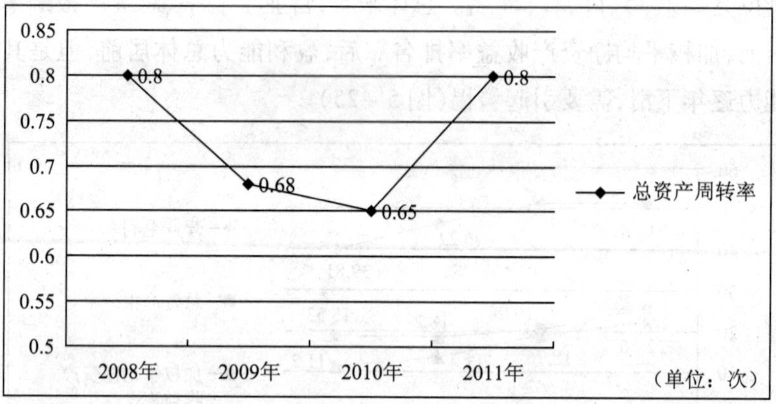

图5－27

（3）偿债能力

流动比率和速动比率逐年上升，短期偿债能力逐年提升；在煤炭上市企业中，流动比率分列第7、5、6、2名，速动比率分列第6、5、5、2名，短期偿债能力排名位居前列，并且在2011年得到提升。总体来看，短期偿债能力指标处于正常范围，显示了较强的短期偿债能力。

资产负债水平逐年下降，在同业中资产负债率分列第19、22、24、26名（由高到低）。总体来看，企业负债水平非常低，几乎没有长期偿债风险，由此也说明企业没有较好地利用财务杠杆，今后应该适度提高负债水平（图5－28、图5－29）。

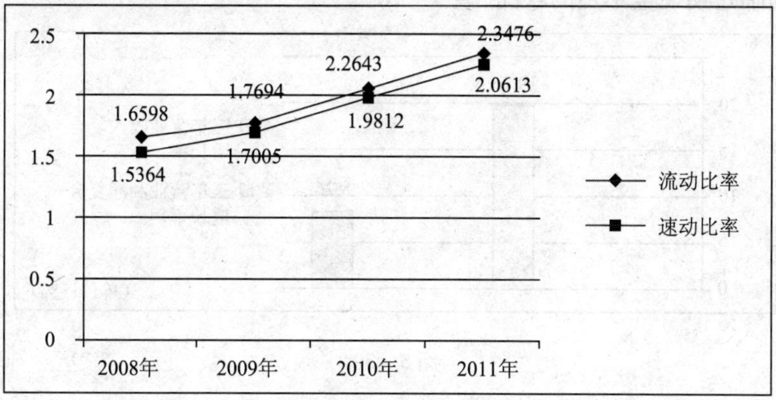

图 5－28

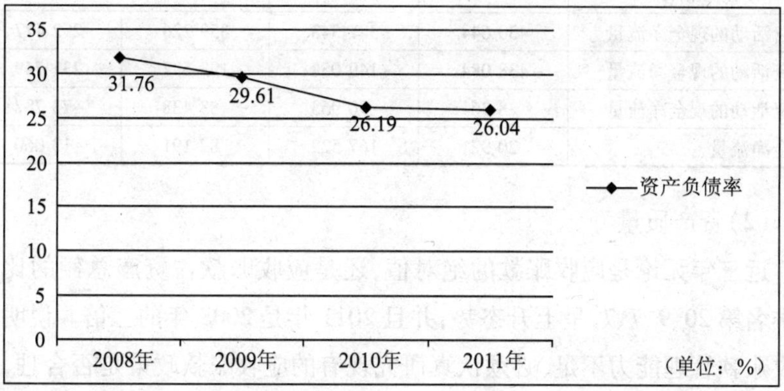

图 5－29

(4)成长性

在 23 家煤炭上市企业中，三年营业收入复合增长率位列 13 名，三年营业利润复合增长率位列 16 名，处于中偏下位置，企业成长性一般。与此同时，三年营业利润复合增长率明显低于营业收入复合增长率，成本费用管理能力有待加强(图 5－30)。

2. 收益质量分析

(1)现金流质量

近三年经营活动的现金净流量逐年减少，对外投资逐年增加，2011

年面临短期现金不足的状况(表5－18)。

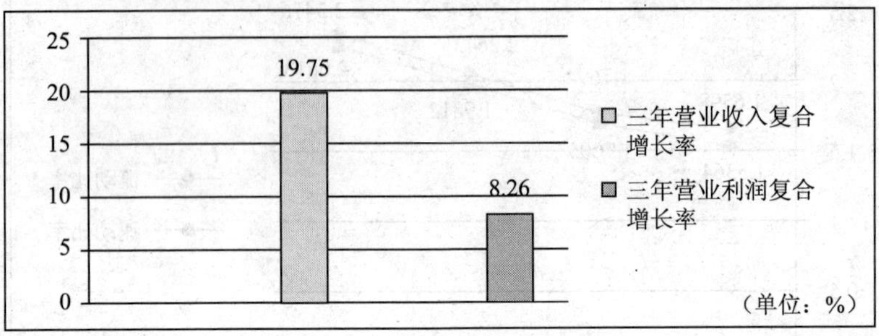

图5－30

表5－18

单位:万元

财务指标＼年份	2008	2009	2010	2011
经营活动的现金净流量	430 644	387 543	359 226	292 477
投资活动的现金净流量	－438 084	－149 058	－193 597	－231 749
筹资活动的现金净流量	28 361	－70 963	－83 438	－73 787
现金净流量	20 921	167 522	82 191	－13 060

(2)资产质量

近三年无论是应收账款的绝对值,还是应收账款占资产总额的比例均排名第20、9、7、7,呈上升态势,并且2011年是2008年的三倍。说明其应收账款管理能力不足,必须认真研究现有的应收账款政策是否合理,以减少应收账款,提高资产质量。

近两年存货数量以及占资产总额比例略有升高,但远远低于2008年;存货占资产总额的比例在业内分列第15、20、25、26名,存货水平低于中国神华、中煤能源和兖州煤业,表明企业存货管理水平较高且逐年提升。

近三年的无形资产总数和无形资产占资产总额的比例在不断下降,与同业相比分列第3、3、4、13位,2011年降幅较大,但仍高于中国神华(表5－19、图5－31)。

表 5－19　　　　单位：万元

财务指标＼年份	2008	2009	2010	2011
资产总额	1 261 870	1 518 406	1 696 706	1 889 510
流动资产	494 248	634 524	750 112	993 966
货币资金	342 237	509 759	591 951	578 741
应收账款	26 742	65 067	77 729	127 982
存　　货	36 741	24 704	29 133	35 249
非流动资产	767 622	883 882	946 594	895 543
固定资产	372 396	412 857	472 319	479 432
无形资产	335 221	326 619	319 461	208 977

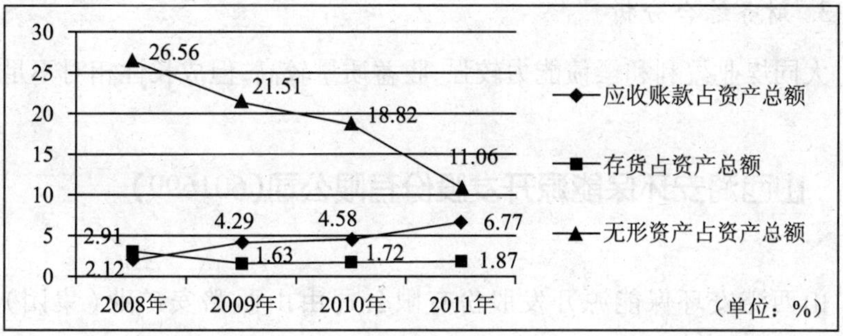

图 5－31

（3）盈利质量

近三年的营业收入逐年增加，投资等非主营业务收入占净利润的比重非常小。营业利润率呈逐年下降趋势，在同业中的排位分列第 4、3、7、9 名，位居中上水平。总体来看，其整体盈利质量不错，但应进一步采取措施提高盈利质量，尤其要研究扭转营业利润率连续下降的态势（表 5－20、图 5－32）。

表 5－20　　　　单位：万元

财务指标＼年份	2008	2009	2010	2011
营业收入	839 520	949 475	1 045 381	1 441 793
营业利润	256 789	269 503	286 152	325 840
投资收益	－	－	230	2 805
营业外收支	－895	－1 381	1	1 983
利润总额	255 894	268 122	286 152	327 824
股东净利润	145 369	149 074	130 365	108 883

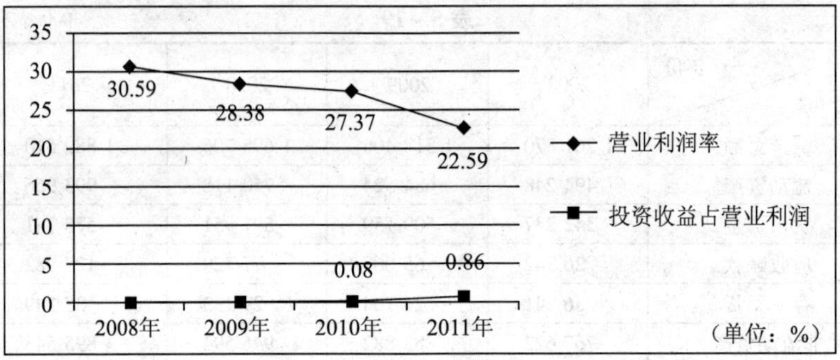

图 5 – 32

3. 财务综合分析

大同煤业盈利和偿债能力较强，收益质量较高，但成长性相对不足。

5.5 山西潞安环保能源开发股份有限公司（601699）

山西潞安环保能源开发股份有限公司由山西潞安矿业（集团）有限责任公司作为主发起人设立，于2006年9月22日在上交所挂牌上市，截止到2011年年末集团持股比例63.99%。公司主营业务为煤焦的生产和销售。

公司所属各矿均为行业特级高产高效矿井，主要煤种为瘦煤、贫瘦煤、贫煤。主要产品有混煤、洗精煤、喷吹煤、洗混块等4大类煤炭产品以及焦炭产品，主要应用于发电、动力、炼焦和钢铁行业。

一、公司生产运营状况

1. 2011年主要产品生产情况

表 5 – 21

产品 \ 年份	2011	2010	较上年增减%
煤炭（万吨）	3 423	3 322	3.04

2. 2011 年主营收入分行业分产品情况

表 5－22

分行业产品 \ 财务指标	营业收入(万元)	较上年增减(%)	毛利率(%)	较上年增减(%)
煤　炭	2 100 277	15.49	48.05	1.24
焦　炭	89 901	6.30	0.36	－2.84
其　他	117	－87.78	100.00	95.45

3. 2012 年主要生产经营目标

煤炭产量力争突破 3 500 万吨；焦炭产量达到 55 万吨；营业收入达到 200 亿元，力争 230 亿元。

二、公司财务分析

1. 财务能力分析

(1)盈利能力

近两年营业毛利率、加权平均净资产收益率逐年上升，2011 年营业毛利率为近年来的最好水平。总资产报酬率同比下滑，为四年最低。在煤炭上市企业中，营业毛利率排名分列第 11、12、9、2 名，2011 年排名前列；加权平均净资产收益率排名分列第 6、9、8、3 名，处于上游位置；总资产报酬率排名分列第 12、8、10、15 名，处于中等位置。总体来看，盈利能力排名提升，居同业上游位置，企业盈利能力较强(图 5－33)。

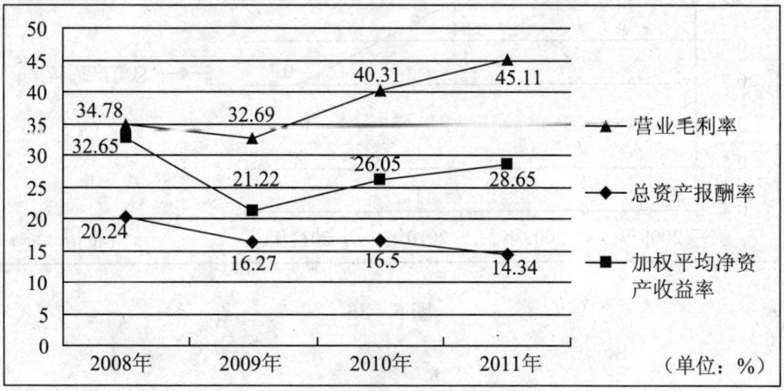

图 5－33

(2)运营能力

近两年应收账款周转率逐年上升,2011 年为四年最好水平,在煤炭上市企业中,应收账款周转率分列第 6、7、10、8 名;存货周转率逐年下降,在同业中分列第 1、1、4、10 名,均居同业上游位置;总资产周转率逐年下降,在同业中分列第 8、6、10、19 名,2011 年度大幅下移。总体来看,企业运营能力尚可,但是应有较大的提升空间(图 5-34、图 5-35)。

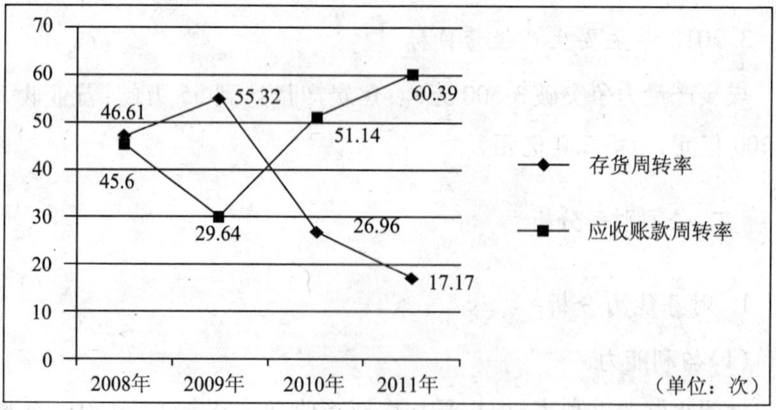

图 5-34

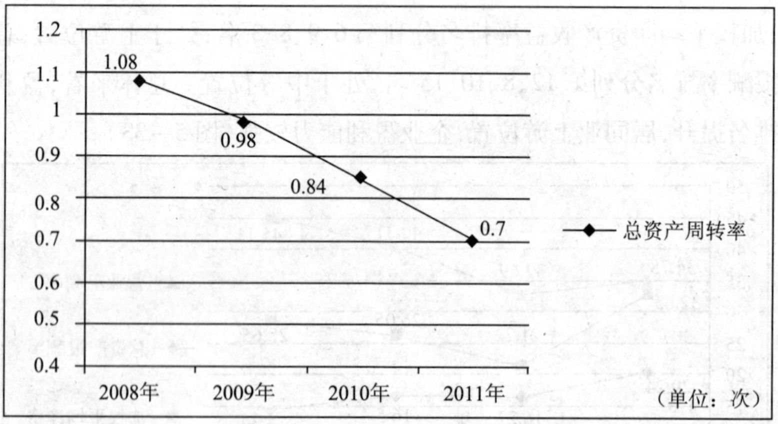

图 5-35

(3)偿债能力

2011 年流动比率、速动比率下降,但仍高于 2008 年,短期偿债能力不足。在煤炭上市企业中,流动比率分列第 14、12、14、16 名,速动比率分列第 13、11、13、15 名。总体来看,偿债能力指标在业内居中等略偏下位置,2011 年短期偿债能力下滑,存在一定的短期偿债风险。

2011 年资产负债率略有回调,资产负债率在业内分列第 9、9、6、10 名,在行业中处于中等偏上的水平。资产负债率较为适中,长期偿债风险尚在可控范围(图 5－36、图 5－37)。

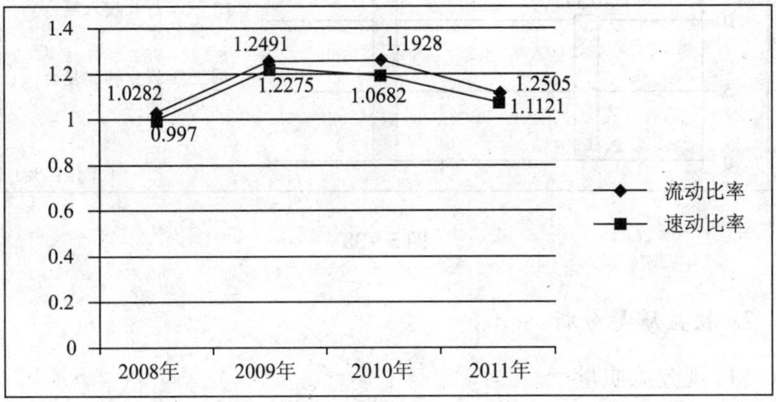

图 5－36

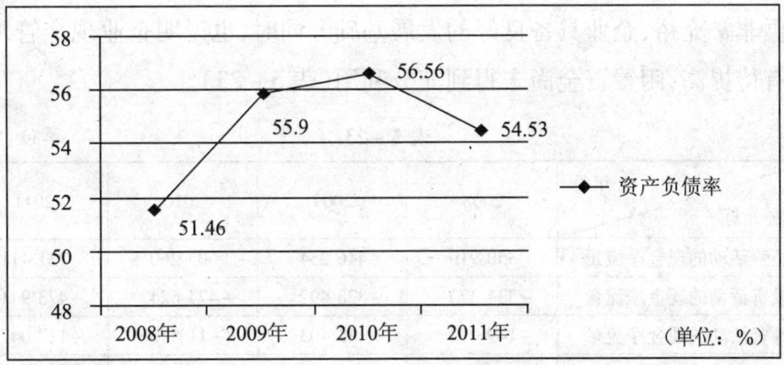

图 5－37

(4)成长性

以2008年为基数计算的三年营业收入复合增长率、营业利润复合增长率均保持增长。在23家煤炭上市企业中,三年营业收入复合增长率排名20,位居中下位置;营业利润复合增长率位列第9名,位居中上位置。总体来看,企业成长性一般。营业利润复合增长超过营业收入复合增长,表明企业的成本费用管控能力水平较高(图5-38)。

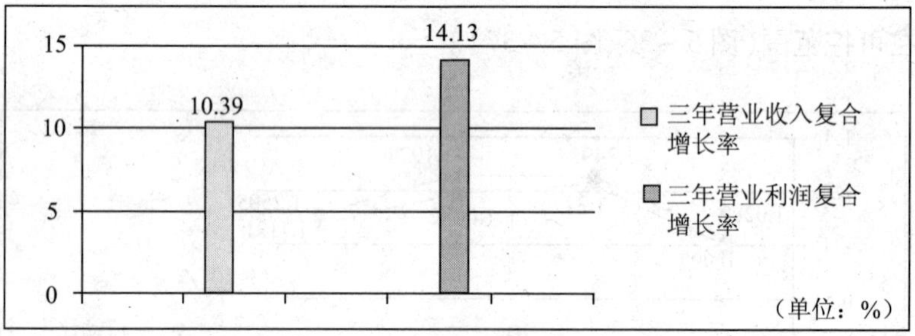

图5-38

2. 收益质量分析

(1)现金流质量

经营活动的现金净流量一直稳定增长,显示其良好的盈利质量和经营管理能力。2011年对外投资活动和偿债现金流需求有所增加,但其现金仍非常充裕,企业具备良好的发展基础。同时,也说明企业现金管理水平有待提高,闲置资金尚未得到充分利用(表5-23)。

表5-23

单位:万元

财务指标 \ 年份	2008	2009	2010	2011
经营活动的现金净流量	350 910	446 254	605 260	731 411
投资活动的现金净流量	-334 373	-328 492	-474 624	-473 941
筹资活动的现金净流量	-149 073	75 403	-11 536	-120 047
现金净流量	-132 536	193 165	119 100	137 423

(2)资产质量

近三年应收账款和存货占资产总额的比例总体运行平稳。与同业相比，应收账款占资产总额的比例分列第 11、14、21、19 名，存货占资产总额的比例分列第 22、24、22、24 名，说明公司应收账款以及存货管理能力总体较好。

近两年无形资产总数以及占资产总额的比例逐年提高，与同业相比分列第 8、13、11、4 位，2011 年无形资产占资产总额的比例大幅上升，低于中煤、兖州和大同，但远高于中国神华（表 5－24、图 5－39）。

表 5－24

单位：万元

财务指标＼年份	2008	2009	2010	2011
资产总额	1 571 826	2 173 004	2 936 369	3 457 156
流动资产	746 936	1 264 393	1 581 766	1 782 020
货币资金	301 749	528 316	721 347	803 848
应收账款	67 252	55 972	27 826	46 447
存　　货	22 614	21 822	73 051	70 280
非流动资产	824 890	908 611	1 354 603	1 675 136
固定资产	450 374	458 828	725 659	698 949
无形资产	181 982	185 501	388 850	573 361

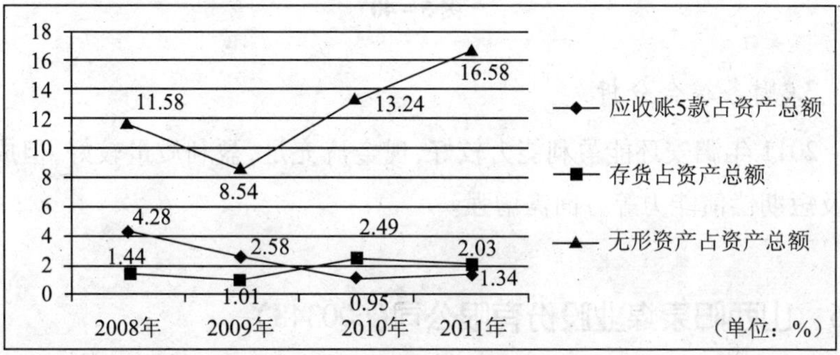

图 5－39

（3）盈利质量

近三年的营业收入、净利润逐年增加，投资等非主营业务收入所占比重较小。2011 年营业利润率达到近年最高，在同业中的排位分列 12、14、11、11 名。总体来看，企业的整体盈利质量逐年向好（表 5－25、图 5－40）。

表 5-25　　单位：万元

财务指标＼年份	2008	2009	2010	2011
营业收入	1 666 990	1 826 109	2 142 768	2 242 628
营业利润	298 120	296 075	416 875	443 216
投资收益	2 327	2 461	4 542	4 522
营业外收支	-975	-2 661	-3 994	-8 146
利润总额	297 145	293 414	412 881	435 070
股东净利润	210 093	210 898	343 673	383 593

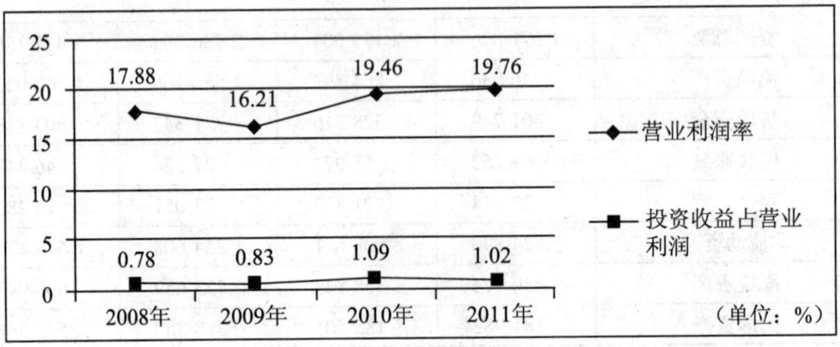

图 5-40

3. 财务综合分析

2011 年潞安环能盈利能力较好，现金流充足，盈利质量较好，但成长性及短期偿债能力等方面需增强。

5.6 山西阳泉煤业股份有限公司（600348）

山西阳泉煤业股份有限公司由阳泉煤业（集团）有限责任公司为主发起设立，于 2003 年 8 月 21 日在上交所正式挂牌交易，截止到 2011 年年末集团持股比例 58.34%。公司主营煤炭采选、发电和热力生产等项业务，煤炭品种主要为无烟煤。

一、公司生产运营状况

1. 2011 年主要产品生产销售情况

表 5-26

产品＼年份	2011	2010	较上年增减%
原煤产量(万吨)	2 757	2 621	5.19
煤炭销量(万吨)	5 111	4 538	12.63
发电(万千瓦时)	104 377	94 841	10.05

2. 2011 年主营收入分行业分产品情况

表 5-27

分行业产品＼指标	营业收入(万元)	较上年增减(%)	毛利率(%)	较上年增减(%)
煤炭	2 800 081	26.07	23.33	-1.25
供电	14 012	23.87	25.65	1.73
供热	3 998	-4.33	35.32	12.01

3. 2012 年主要生产经营目标

2012 年全年预计煤炭产量为 2 975 万吨，预计煤炭销量为 5 287 万吨，预计全年实现营业收入为 581.66 亿元。

二、公司财务分析

1. 财务能力分析

(1)盈利能力

2011 年除加权平均净资产收益率同比有所提高外，营业毛利率、总资产报酬率连续两年下降，企业盈利能力有所下滑。在煤炭上市企业中，营业毛利率排名靠后，分列第 22、19、22、23 名；总资产报酬率分列第 17、4、6、12 名，2011 年排名下滑；加权平均净资产收益率分列第 19、3、6、4 名，其排名位居前列。总体来看，其盈利能力在同业中的排名位居上游，但是，2011 年盈利能力略有下滑，需要引起注意(图 5-41)。

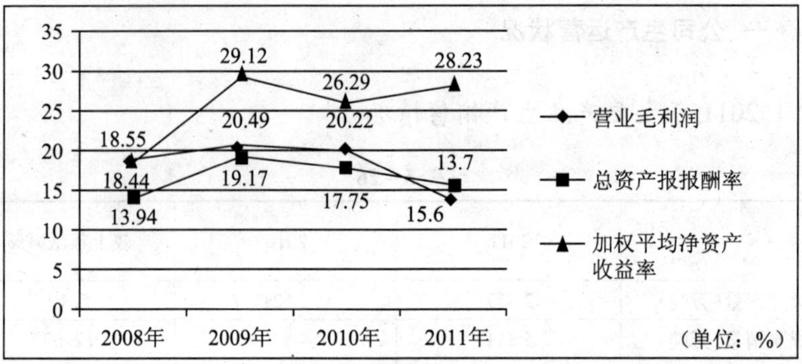

图 5-41

(2)运营能力

2011 年存货周转率大幅上升，应收账款周转率逐年上升，总资产周转率稳中有升。

在煤炭上市企业中，存货周转率分列第 4、3、3、1 名，2011 年排名跃居同业第一位置，显示其有较强的存货管理能力；应收账款周转率分列第 13、8、12、11 名，排名居中等位置，应收账款周转率还有较大的提升空间；总资产周转率分列第 1、2、3、3 名，排名一直处于领先地位。

总体来说，企业运营能力较好，但应收账款管理能力还有进一步提升的空间，应继续强化资产管理，保持资产运营效率在行业中的领先地位(图 5-42)。

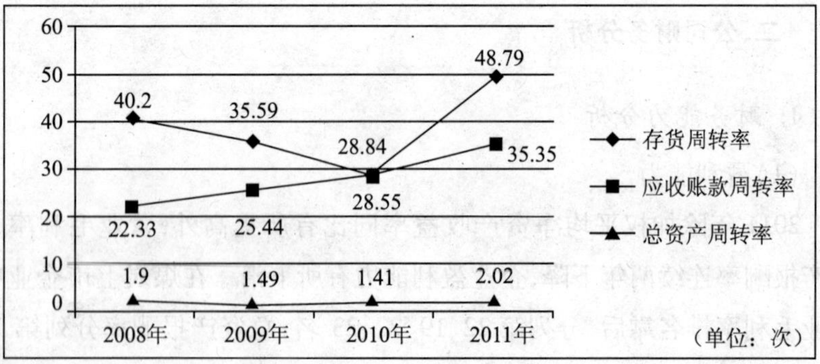

图 5-42

(3)偿债能力

近三年的流动比率、速动比率总体逐年上升,在同业中流动比率分列第 17、16、15、13 位,速动比率分列第 16、15、14、11 位。总体来看,短期偿债能力不断提高,在同业中居中等略偏上水平,短期偿债风险尚可控,但是对短期偿债风险应该有所警惕。

近两年资产负债率稳中有降,在同业中分列第 7、6、8、12 位。总体来看,在同业中负债水平适中,处于正常范围,基本没有长期偿债风险(图 5－43、图 5－44)。

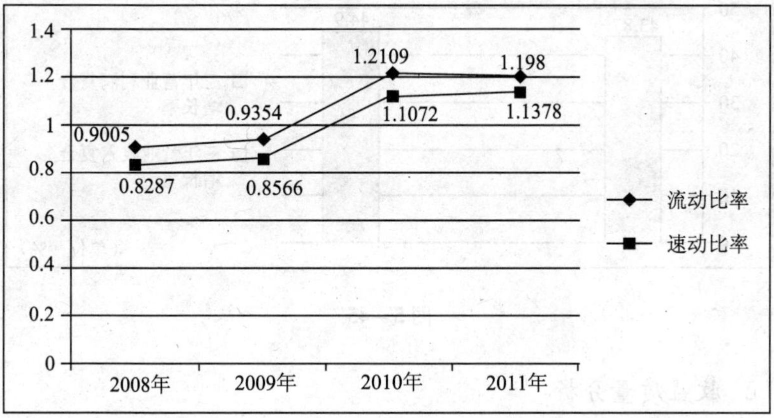

图 5－43

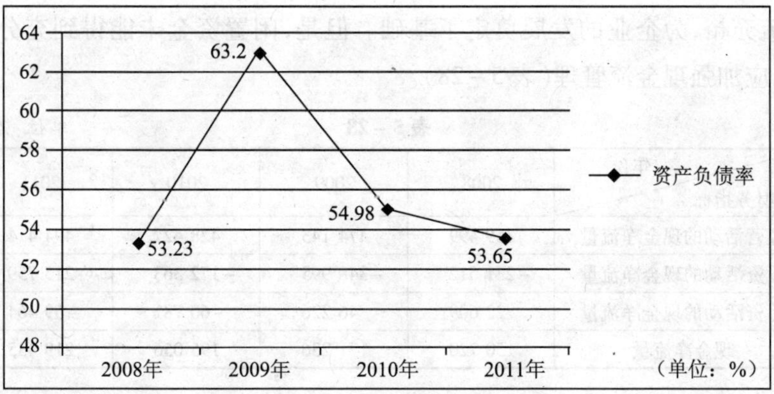

图 5－44

(4)成长性

以2008年为基数计算的三年营业收入复合增长率、营业利润复合增长率同步增长。23家煤炭上市企业中,营业收入复合增长率排名位列第2名,营业利润复合增长率排名位列第2名,位居前列地位。三年内实现了较高的复合增长。

总体来看,尽管营业毛利率明显下降,但是近三年处于高速增长中。与此同时,营业利润复合增长率略高于营业收入复合增长率,显示其成本费用管理尚可(图5-45)。

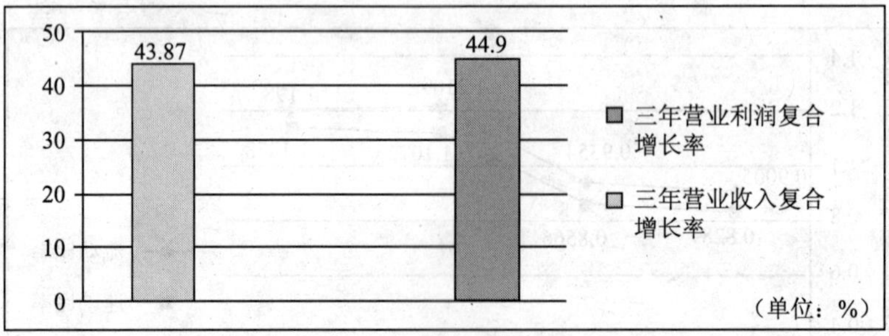

图5-45

2. 收益质量分析

(1)现金流质量

2011年经营活动的现金净流量稳中有升,企业现金流逐年增加,现金流充裕,为企业的发展奠定了基础。但是,闲置资金未能得到充分利用,应加强现金流管理(表5-28)。

表5-28

单位:万元

财务指标 \ 年份	2008	2009	2010	2011
经营活动的现金净流量	359 499	474 143	428 427	494 474
投资活动的现金净流量	-231 512	-348 995	-172 363	-215 759
筹资活动的现金净流量	22 609	46 226	-60 781	-59 464
现金净流量	150 720	171 236	195 056	219 435

(2)资产质量

近两年以来,应收账款的绝对数以及应收账款占资产总额的比例都呈上升态势；近四年应收账款占资产总额的比例在同业中位于第 16、10、8、9 名，处于较高水平，说明应收账款管理能力一般。2011 年存货绝对数同比回落，占资产总额的比例在业内分列第 12、14、15、20 名，存货管理能力有较大幅度的提高。

近两年的无形资产总数逐渐降低；但无形资产占资产总额的比例与同业相比分列第 13、2、3、5 位，无形资产占资产总额的比例低于中煤、昊华、兖州和潞安，但远高于中国神华（表 5－29、图 5－46）。

表 5－29　　单位：万元

财务指标＼年份	2008	2009	2010	2011
资产总额	951 319	1 738 447	2 225 847	2 791 273
流动资产	423 453	659 981	1 157 075	1 601 791
货币资金	222 704	393 994	588 226	809 334
应收账款	85 277	71 971	123 788	163 195
存　货	33 793	55 575	99 021	80 410
非流动资产	527 866	1 078 466	1 068 772	1 189 482
固定资产	416 642	557 201	508 231	610 239
无形资产	78 107	446 846	429 235	443 882

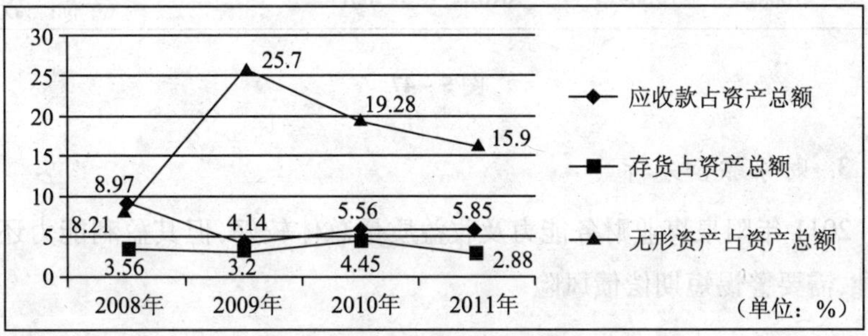

图 5－46

（3）盈利质量

投资等非主营业务收入所占比重较小。近三年的营业收入、营业利润、净利润都逐年增加，2011 年营业收入增幅较大；近两年营业利润率下滑，且 2011 年下降幅度较大，四年营业利润率在同业中的排位分别为 21、16、18、22 名。总体来看，企业的整体盈利质量一般，因此，需要研究提高盈利质量的对策与措施（表 5－30、图 5－47）。

表 5－30　　单位:万元

财务指标＼年份	2008	2009	2010	2011
营业收入	1 703 314	2 000 482	2 794 063	5 072 008
营业利润	123 571	251 526	334 091	375 960
投资收益	96	0	2 205	－9 519
营业外收支	－4 034	－2 828	－1 989	292
利润总额	119 537	248 698	332 102	376 251
股东净利润	93 008	185 633	241 246	281 059

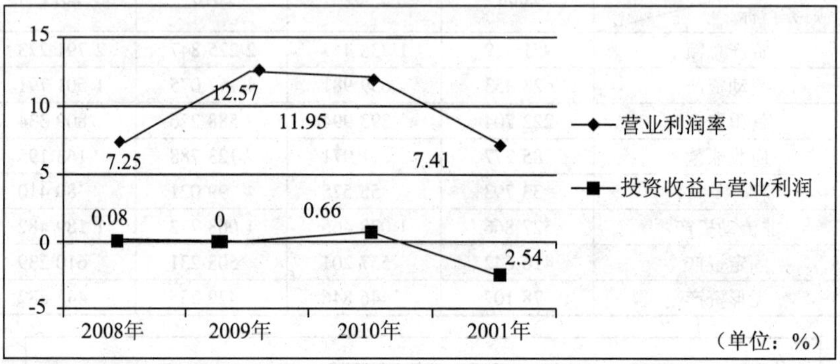

图 5－47

3. 财务综合分析

2011 年阳泉煤业财务能力及收益质量总体较好,但其盈利能力还需提升,需要警惕短期偿债风险。

5.7　山西兰花科技创业股份有限公司(600123)

山西兰花科技创业股份有限公司由山西兰花煤炭实业集团有限公司为主发起设立,1998 年 12 月 17 日在上海证券交易所上市,截止到 2011 年年末集团持股比例 44.11%。公司主要从事煤炭和化肥的生产销售工作。

一、公司生产运营状况

1. 2011 年主要产品产销情况

表 5 -31

产品 \ 年份	2011	2010	同比增长(%)
原煤产量(万吨)	601.28	600.96	0.05
尿素产量(万吨)	140.47	106.41	32.01
煤炭销售(万吨)	530.7	569.71	-6.85
尿素销售(万吨)	145.76	99.07	47.13

2. 2011 年主营业务分产品情况

表 5 -32

分行业分产品 \ 财务指标	营业收入(万元)	较上年增减(%)	毛利率(%)	较上年增减(%)
煤炭产品	441 540	21.99	72.99	5.64
化肥产品	490 965	52.42	3.57	4.90
其他	73 846	11.81	5.01	-12.36
内部交易抵消	-258 416	—	—	—

3. 2012 年主要生产经营目标

2012 年公司的主要经营目标是:生产煤炭 622 万吨,尿素 144 万吨,产销基本平衡,完成销售收入 85 亿元,实现利润 24 亿元。

二、公司财务分析

1. 财务能力分析

(1)盈利能力

与 2010 年相比,2011 年营业毛利率、总资产报酬率和加权平均净资产收益率均略有回升。煤炭上市公司中四年营业毛利率位列第 4、5、5、1 名,总资产报酬率位列第 10、6、15、11 名,加权平均净资产收益率位列第 5、5、14、9 名。总体来看,盈利能力稳居同业上游位置。2011 年营业毛利率虽居业内第一,但总资产报酬率和净资产收益率相对一般,需要进一步提升盈利能力(图 5－48)。

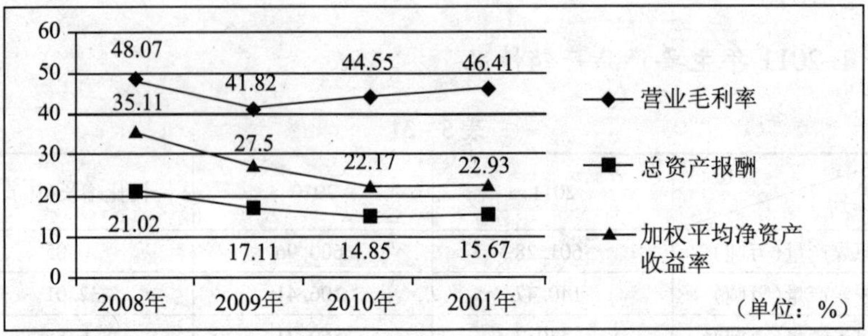

图 5－48

(2)运营能力

存货周转率连续两年下降,总资产周转率 2011 年止跌回升;应收账款周转率一直处在高位,并且近年来应收账款周转率提升速度惊人。煤炭上市公司中,应收账款周转率连续四年位列第 1 名,存货周转率分列第 22、20、24、25 名,总资产周转率排名第 20、18、25、26 位。总体来看,应收账款周转率处于龙头地位,存货周转率和总资产周转率很低,基本居同业最差水平(图 5－49、图 5－50)。

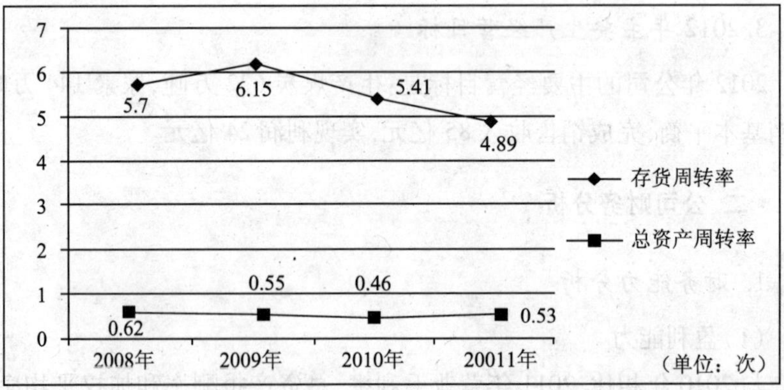

图 5－49

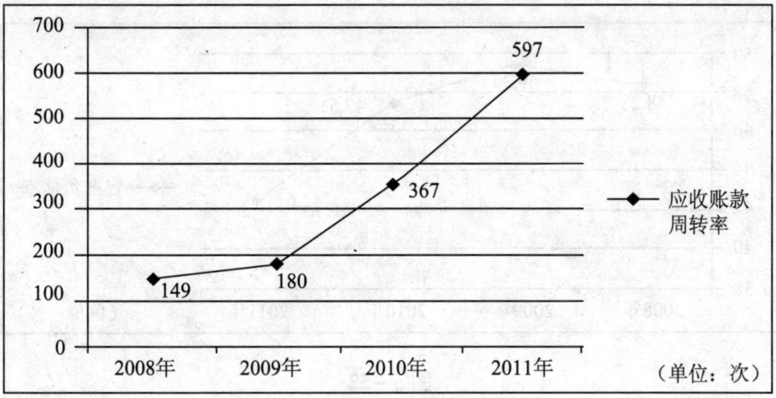

图 5－50

(3)偿债能力

流动比率、速动比率逐年上升，表明其偿债能力不断提高。煤炭上市公司中流动比率排名第 19、20、17、17 位，速动比率排名第 21、19、17、17 位，偿债能力在同业中居中等略偏下位置；总体来看，企业存在一定的短期偿债风险，应对短期偿债风险进行监控。

近两年的资产负债率大幅下降，四年负债水平在同业中分列第 10、14、14、17 位，2011 年负债水平居中等偏下位置。总体来看，负债水平适度，几乎没有长期偿债风险（图 5－51、图 5－52）。

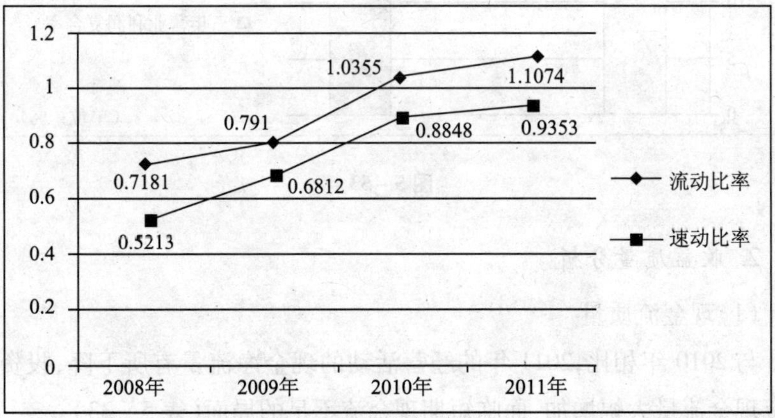

图 5－51

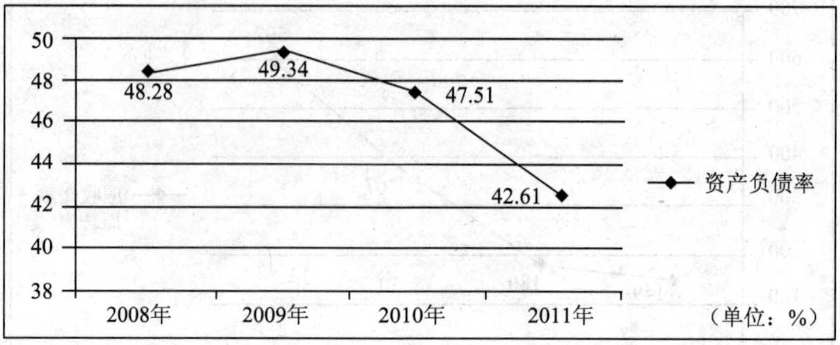

图 5－52

(4)成长性

以2008年为基数计算的三年营业收入和营业利润实现复合增长。23家上市公司中三年营业收入复合增长率排名第16名,营业利润复合增长率排名第11名,居业内中等偏下位置,总体来看,企业的成长性一般。营业利润增长相对较低,企业应进一步加强成本费用管理工作(图5－53)。

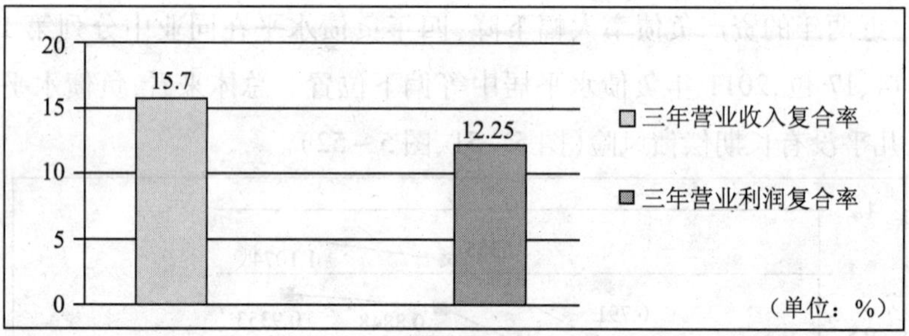

图 5－53

2. 收益质量分析

(1)现金流质量

与2010年相比,2011年的经营活动的现金净流量有所下降,投资及筹资现金流量大幅增加,面临短期现金流不足的局面(表5－33)。

表 5－33　　单位：万元

年份 财务指标	2008	2009	2010	2011
经营活动的现金净流量	158 520	105 685	129 478	117 499
投资活动的现金净流量	－177 272	－100 070	－42 574	－79 629
筹资活动的现金净流量	－10 362	55 340	3 402	－66 321
现金净流量	－29 113	60 955	90 305	－28 451

（2）资产质量

近三年无论是应收账款的绝对值，还是占资产总额的比例都呈下降态势。与同业相比，应收账款占资产总额的比例分列第 23、24、26、27 名，位于行业最低水平。说明公司应收账款管理一直很好，处于同业的最好水平。存货占资产总额的比例连续两年上升，在同业内排名位列第 6、11、10、10 名，位居中上位置，且高于中国神华和中煤能源。说明公司存货管理能力较差，必须认真研究降低存货水平的对策措施。

近三年的无形资产总数逐渐攀升，但无形资产占资产总额的比例却在不断下降，与同业相比分列 6、10、10、8 位，无形资产占资产总额的比例位居中等偏上位置，且高于中国神华。

总体看来，企业资产质量尚好，但要加强存货管理，不断降低存货占资产总额的比例（表 5－34、图 5－54）。

表 5－34　　单位：万元

年份 财务指标	2008	2009	2010	2011
资产总额	897 209	1 162 266	1 356 165	1 518 703
流动资产	215 869	339 103	494 260	609 845
货币资金	83 486	144 441	234 747	206 295
应收账款	4 120	2 121	1 049	1 500
存　货	59 158	47 054	71 955	94 744
非流动资产	681 340	823 163	861 905	908 858
固定资产	442 542	476 017	468 882	463 440
无形资产	150 955	179 164	181 258	189 811

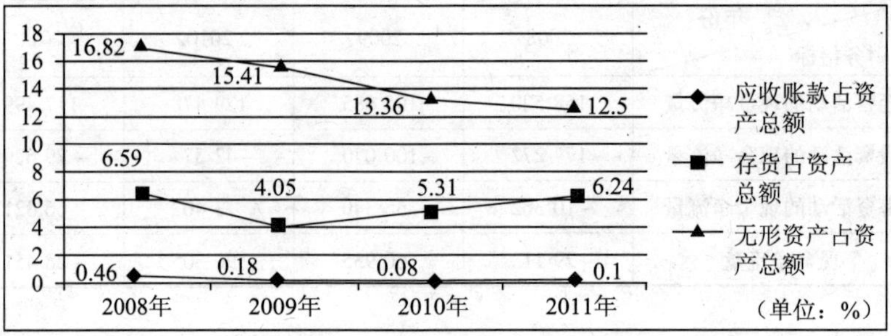

图 5－54

（3）盈利质量

2011 年营业利润率同比有所下滑，企业投资性收益大幅下降。

近三年的营业收入和净利润逐年增加；营业利润率保持在 30% 左右，营业利润率在同业中分列第 3、2、3、2 名，位居业内前列。总体来看，2011 年企业的整体盈利质量良好（表 5－35、图 5－55）。

表 5－35

单位：万元

年份 / 财务指标	2008	2009	2010	2011
营业收入	491 210	561 563	581 157	760 796
营业利润	159 642	168 646	188 126	225 814
投资收益	26 908	42 482	36 410	5 261
营业外收支	－2 042	－7 127	－16 705	－14 565
利润总额	157 600	161 519	171 421	211 249
股东净利润	124 931	127 053	131 423	166 263

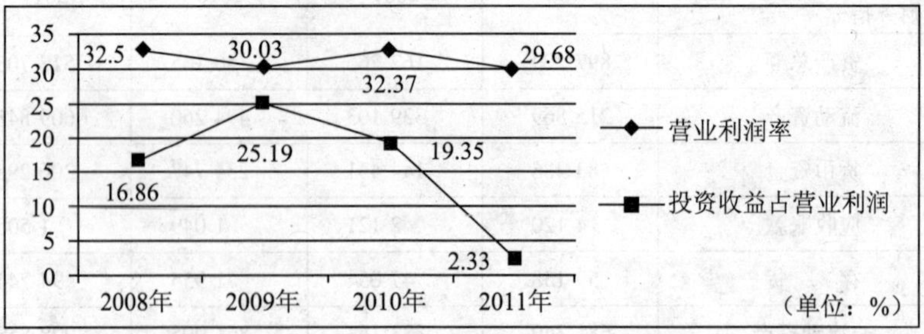

图 5－55

3. 财务综合分析

2011年企业财务能力和收益质量总体较好，但企业盈利能力及短期偿债能力尚有待进一步提升，需要对短期偿债风险进行监控。

5.8 山西西山煤电股份有限公司(000983)

山西西山煤电股份有限公司由原西山煤电集团为主发起设立，2000年7月26日在深交所挂牌上市，现由重组后的山西焦煤集团有限责任公司控股，截止到2011年年末，焦煤集团持股比例54.40%。公司主营煤炭、焦化产品和电力的生产和销售业务。

作为我国稀缺资源焦煤行业的龙头老大，企业煤种齐全，有焦煤、肥煤、1/3焦煤、气煤、瘦煤、贫瘦煤等，产品主要有炼焦精煤、喷吹煤、电精煤、筛混煤、焦炭等。煤质优良，炼焦精煤具有中低灰、中低硫、低磷、粘结指数高、结焦性强等多种优点。

一、公司生产运营状况

1. 2011年主要产品产销情况

表5-36

产品 \ 年份	2011	2010	同比增长(%)
原煤(万吨)	2 943	2 579	14.11
电力(亿度)	95.41	46.88	103.52
焦炭(万吨)	438	34	1 188
焦油(万吨)	12.65	0.46	2 650
煤气(万立方米)	143 668	1 001	14 257
商品煤销量(万吨)	2 132	2 111	1.00

2. 2011 年主营业务分产品情况

表 5－37

财务指标 分行业分产品	营业收入(万元)	较上年增减(%)	毛利率(%)	较上年增减(%)
煤　炭	1 725 348	15.07	50.95	2.01
电力热力	254 044	112.78	3.12	－0.99
煤　气	57 751	8 746	1.90	42.17
焦　炭	868 342	2 008	1.65	31.48
焦　油	32 750	3 163	－8.63	－12.68
其　他	46 530	100	6.12	—

3. 2012 年主要生产经营目标

2012 年预计实现原煤产量 2 950 万吨,洗精煤产量 1 436 万吨,发电量 92.3 亿度,焦炭 396 万吨。

二、公司财务分析

1. 财务能力分析

(1)盈利能力

近两年的营业毛利率呈逐年下降趋势;近三年的总资产报酬和加权平均净资产收益率均呈逐年下降趋势,尤其是总资产报酬率大幅度下降。在煤炭上市公司中,营业毛利率分列第 5、4、7、14 名,总资产报酬率排名第 3、9、13、16 名,加权平均净资产收益率排名第 3、6、12、15 名。总体来看,2011 年企业盈利能力位处行业的偏下游,盈利能力下降趋势明显,需要采取有效措施防止盈利能力进一步下滑(图 5－56)。

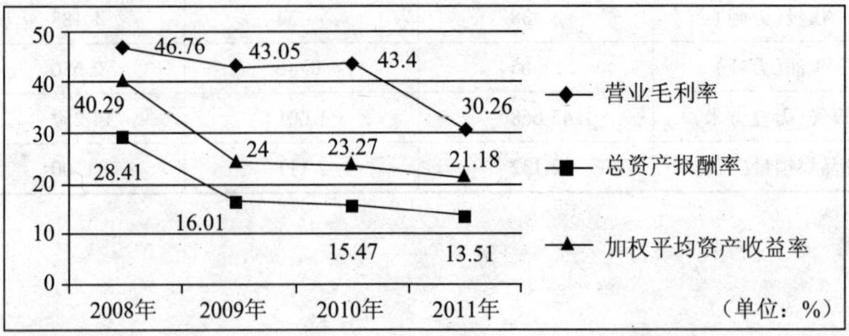

图 5－56

(2)运营能力

近两年的应收账款周转率大幅上升,总资产周转率也有较大幅度的提升,2011 年存货周转率下滑。同业内存货周转率分列第 11、9、10、16 名,应收账款周转率分列第 9、11、11、10 名,总资产周转率分列第 11、16、18、12 名。总体来看,应收账款周转率、总资产周转率居同业中游水平,存货周转率居同业中偏下水平,企业运营能力一般,还有较大的提升空间,尤其要注意提升存货周转率(图 5－57、图 5－58)。

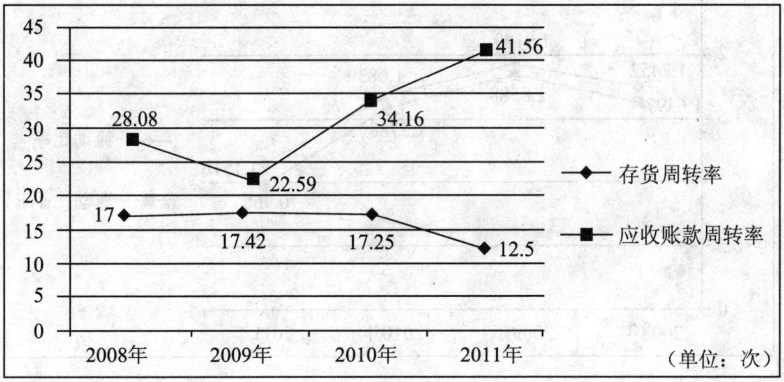

图 5－57

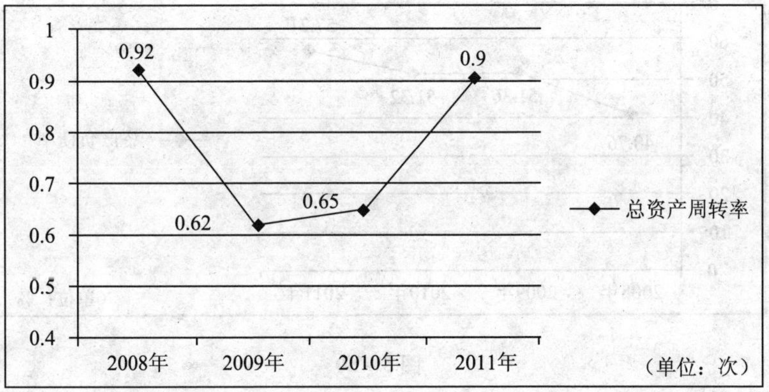

图 5－58

(3)偿债能力

近两年流动比率、速动比率均有所下降,短期偿债能力明显下降。与同业比较流动比率分列第5、3、8、15名,速动比率分列第5、3、8、16名,2011年位居同业中等偏下水平,短期偿债风险有所提高,应对其进行风险监控。

2011年资产负债率明显提升,同业内资产负债率分列第14、12、10、8名,企业负债水平还在可控范围,暂时还没有长期偿债风险,但要注意控制长期负债水平(图5－59、图5－60)。

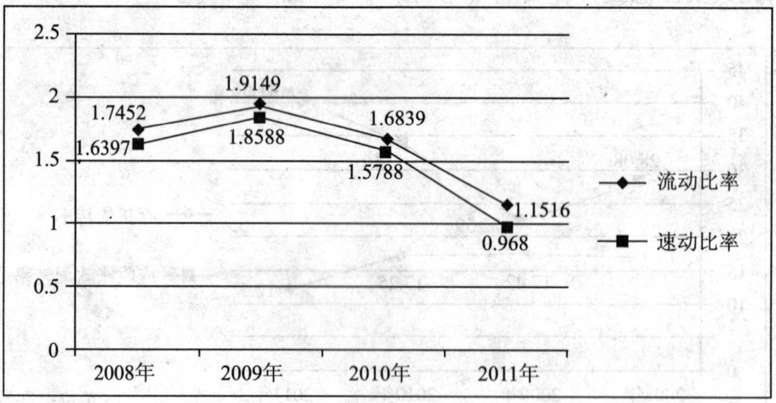

图5－59

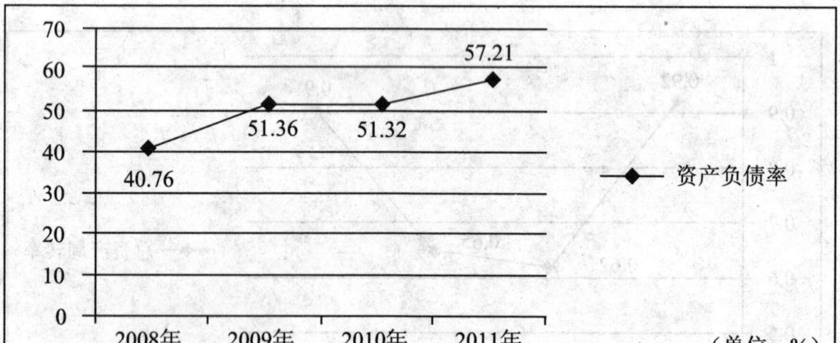

图5－60

(4)成长性

以2008年为基数计算的三年营业收入复合增长率30%以上,企业的成长性较好。与同业23家公司比较,三年营业收入复合增长率排名第6

名，三年营业利润复合增长率排名第 14 名。营业利润的增长明显低于营业收入的增长，说明成本费用有进一步压缩的空间，成本管理有待加强，利润增长有潜力可挖。

总体来看，企业自身的成长性尚可，但与同业相比，成长性还有较大的提升空间（图 5－61）。

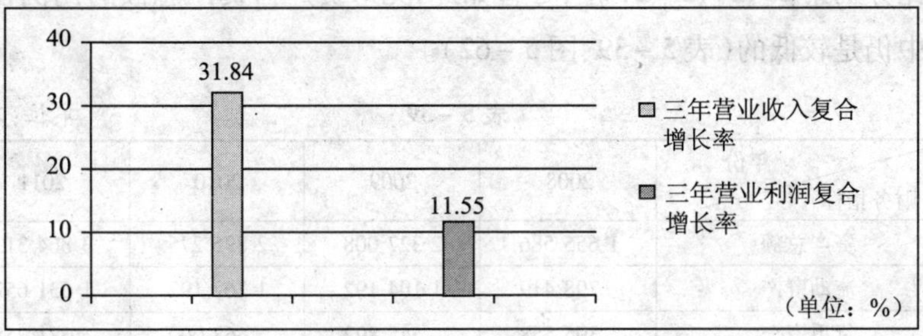

图 5－61

2. 收益质量分析

（1）现金流质量

近两年企业经营活动现金净流量稳步增加，现金净流量逐年下降，2011 年现金净流量维持合理水平，说明近年来企业现金管理能力不断增强，为企业的发展奠定了良好的基础（表 5－38）。

表 5－38　　单位：万元

财务指标＼年份	2008	2009	2010	2011
经营活动的现金净流量	312 816	305 544	336 306	388 194
投资活动的现金净流量	－232 660	－502 136	－210 710	－310 409
筹资活动的现金净流量	14 028	436 925	－3 488	－74 528
现金净流量	94 184	240 334	122 108	3 256

（2）资产质量

2011 年应收账款的绝对值以及占资产总额的比例有所回升，但仍低于 2008 年水平。同业内比较，应收账款占总资产的比例分列第 14、16、17、17 名，位居中下水平并且明显低于神华、中煤、大同和阳泉等企业，说明其应收账款的管理能力在不断提升。

2011年的存货绝对值水平以及占资产总额的比例大幅飙升，同业内比较，存货占资产总额的比例分列第14、22、19、9名，进入同业中的上游位置，需要认真研究2011年存货水平猛增的原因。

2011年无形资产的绝对值以及占总资产的比例也大幅提高，与同业相比分列第23、24、26、21位，尽管如此，无形资产占资产总额的比例在同业中仍是较低的（表5－39、图5－62）。

表5－39

单位：万元

财务指标 \ 年份	2008	2009	2010	2011
资产总额	1 655 586	2 327 008	2 895 275	3 864 312
流动资产	798 419	1 104 192	1 262 192	1 631 652
货币资金	305 558	545 892	668 000	671 255
应收账款	59 866	49 373	49 819	96 333
存　　货	48 256	32 391	78 765	260 227
非流动资产	857 167	1 222 816	1 633 083	2 232 659
固定资产	527 581	653 909	921 738	1 743 167
无形资产	19 303	18 510	28 567	201 441

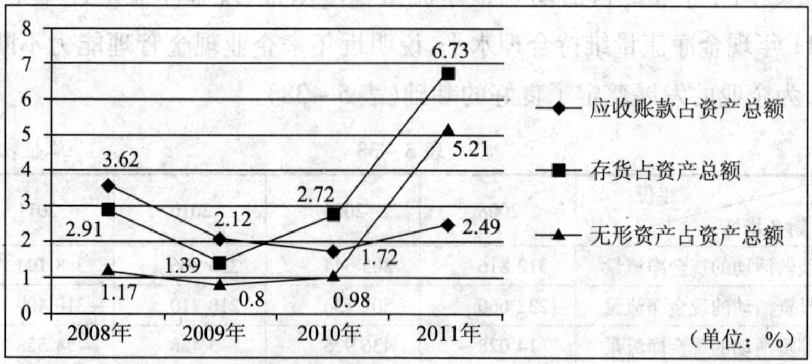

图5－62

（3）盈利质量

近两年的营业收入、利润总额和净利润逐年增加，投资及营业外收支占营业利润的比例很小。营业利润率逐年下降且2011年降幅较大，与同业比较，分列第5、6、10、17名。总体来看，2011年企业的整体盈利质量严重下滑。因此,需要认真分析盈利质量下滑的原因并采取相应的措施(表 5－40、图 5－63)。

表 5－40

单位:万元

财务指标＼年份	2008	2009	2010	2011
营业收入	1 325 491	1 233 703	1 694 235	3 037 242
营业利润	399 356	299 645	383 311	413 353
投资收益	－4 242	－11 871	－13 242	2 963
营业外收支	－1 620	7 684	385	－701
利润总额	397 736	307 329	383 696	412 652
股东净利润	295 936	222 967	264 437	281 542

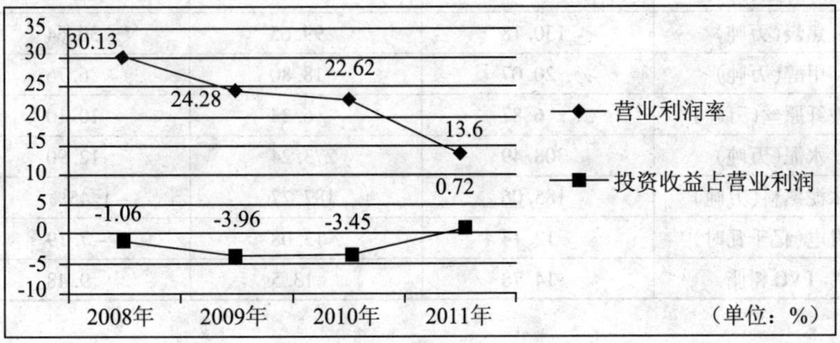

图 5－63

3. 财务综合分析

2011 年西山煤电的财务能力及收益质量在业内相对较好,但盈利能力及盈利质量呈下滑态势,且需要对偿债风险予以监控。

5.9 冀中能源股份有限公司(000937)

冀中能源股份有限公司系在原金牛能源(1999 年 9 月 9 日深交所上市)的基础上,通过发行股份购买冀中能源旗下峰峰、邯矿和张矿相关资产的方式实现上市。截止到 2011 年年末,集团直接持股比例为 36.45%。公司主营煤炭、煤化工和建材的生产销售业务。

冀中能源煤炭品种齐全,主要有焦煤、肥煤、贫煤、瘦煤、无烟煤等煤种，品质优良，主要产品为焦精煤、肥精煤、烧结煤、喷吹煤、发电动力和建材化工用煤等。

一、公司生产运营状况

1. 2011年主要产品生产情况

表5－41

年份 产品	2011	2010	较上年增减(%)
原煤产量(万吨)	3414.58	3102.07	10.07
精煤产量(万吨)	2050.97	1774.47	15.58
焦炭(万吨)	130.18	99.65	30.64
甲醇(万吨)	20.07	18.80	6.76
玻纤原丝(万吨)	6.87	6.24	10.10
水泥(万吨)	308.49	273.24	12.90
水泥熟料(万吨)	185.06	187.77	－1.45%
发电(亿千瓦时)	12.14	13.08	－7.19
PVC树脂	14.78	13.5	9.48

2. 2011年主营收入分行业分产品情况

表5－42

财务指标 分行业产品	营业收入(万元)	较上年增减(%)	毛利率(%)	较上年增减(%)
煤　炭	3 121 580	26.12	28.84	－1.06
化　工	446 763	12.37	3.33	－2.09
建　材	118 170	21.17	16.68	4.26

3. 2012年主要生产经营目标(年报未披露数据)

二、公司财务分析

1. 财务能力分析

(1)盈利能力

近三年的营业毛利率逐年下滑，2011年下滑趋势放缓；近三年的总资产报酬率基本稳定，但远低于 2008 年；近三年的加权平均净资产收益率基本稳定，但远低于 2008 年。同业内比较，营业毛利率分列第 12、16、18、19 名，总资产报酬率分列第 1、12、11、13 名，加权平均净资产收益率分列第 2、12、13、8 名。企业盈利能力位处行业中游，总体看来，盈利能力远没有达到 2008 年的水准，需要进一步提升盈利能力（图 5－64）。

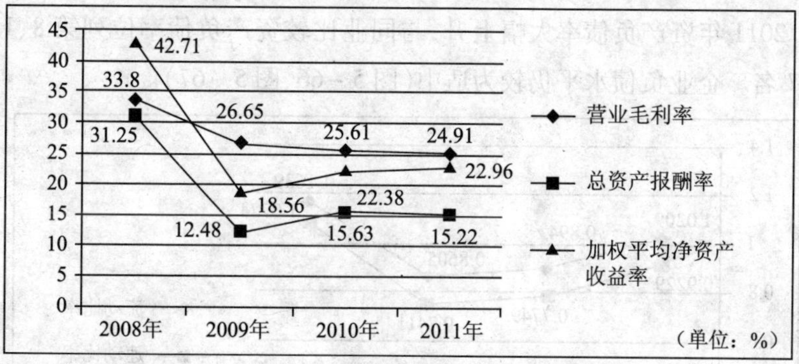

图 5－64

（2）运营能力

近两年的存货周转率逐年上升，但远不及 2008 年；2011 年应收账款有所下降，但好于 2008 年和 2009 年；近三年的总资产周转率总体稳定，但不如 2008 年。同业内比较，存货周转率分列第 6、8、6、5 名，应收账款周转率分列第 16、20、16、18 名，总资产周转率第 3、5、5、6 名。总体来看，企业运营能力良好，但还有一定的提升空间，尤其是存货周转率具有较大的潜力（图 5－65）。

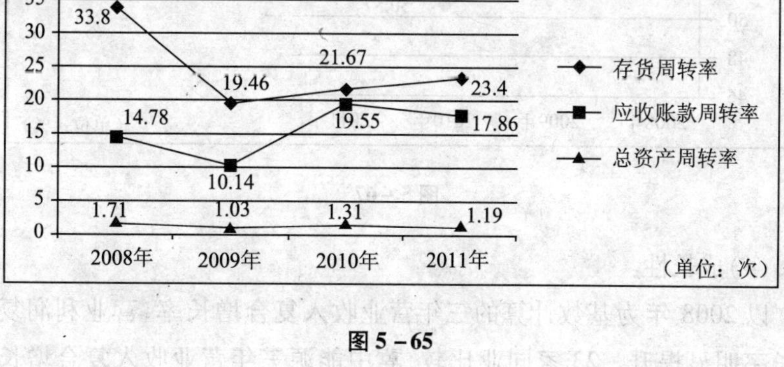

图 5－65

(3)偿债能力

2011 年流动比率、速动比率大幅回升,创近年来最好水平,流动比率已经处于正常范围,速动比率还是偏低;与同业比较,流动比率分列第15、18、21、14 名,速动比率分列第 14、18、20、14 名,短期偿债能力在同业中位居中游,存在一定的短期偿债风险。

2011 年资产负债率大幅上升,与同业比较资产负债率位列第 8、11、11、7 名。企业负债水平仍较为适中(图 5-66、图 5-67)。

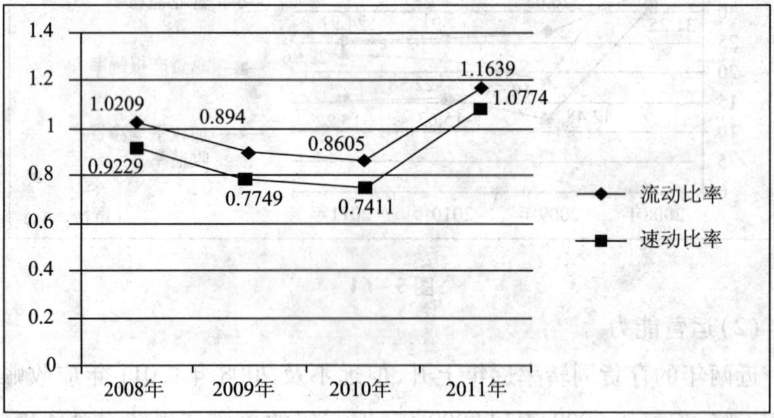

图 5-66

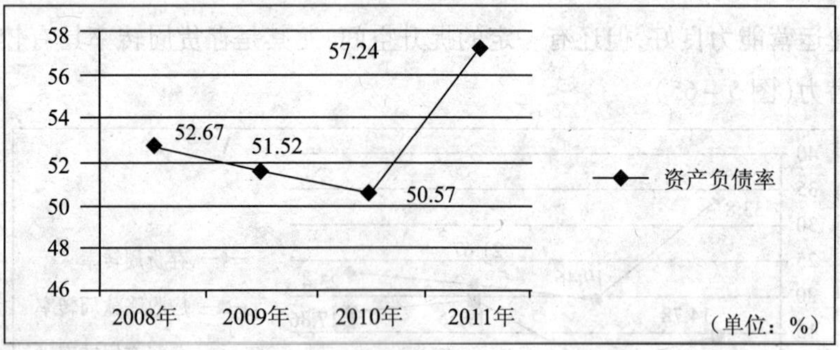

图 5-67

(4)成长性

以 2008 年为基数计算的三年营业收入复合增长率、营业利润复合增长率明显提升。23 家同业比较,冀中能源三年营业收入复合增长率排名第 12 名,营业利润复合增长率排名位列第 18 名,利润增长水平过低。

总体来看,企业的成长性与同业相比还有较大的提升空间,应大力强化成本费用管控力度(图 5-68)。

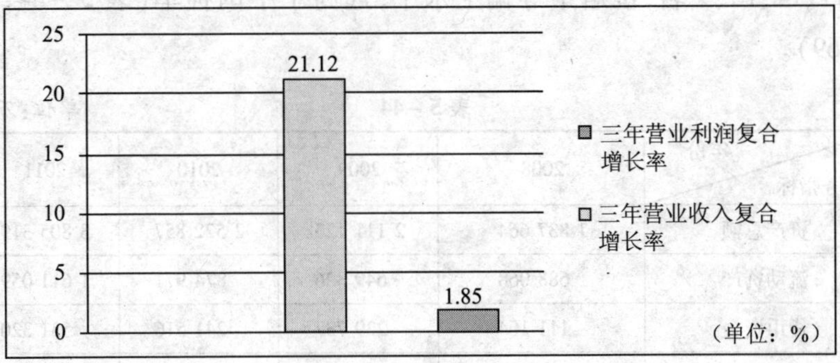

图 5-68

2. 收益质量分析

(1)现金流质量

与 2010 年相比,2011 年的经营活动现金流量显著下降,筹资活动现金流量大幅增加,企业现金充裕,筹措的资金应尽快投入使用(表 5-43)。

表 5-43　　单位:万元

财务指标＼年份	2008	2009	2010	2011
经营活动的现金净流量	269 724	497 774	349 163	304 739
投资活动的现金净流量	-309 256	-368 038	-410 038	-598 046
筹资活动的现金净流量	21 480	-11 422	60 986	590 833
现金净流量	-18 056	118 314	111	297 523

(2)资产质量

2011 年应收账款占资产总额的比例低于 2010 年,但与同业相比较,应收账款占资产总额的比例分列第 3、6、5、8 名,仍处于较高水平。总体来看,其应收账款管理能力不足,需认真研究现有的应收账款政策是否合理,同时强化收账能力,以减少应收账款,提高资产质量。

2011年存货占资产总额的比例大幅下降，为四年来的最低水平，同业比较分列第11、10、12、18名，位居业内中下水平，2011年存货管理能力有较大幅度的提升。

无形资产总数逐渐上升，与同业相比，无形资产占资产总额的比例分列11、14、16、9名，位居中等偏上水平，远高于中国神华（表5－44、图5－69）。

表5－44

单位：万元

财务指标＼年份	2008	2009	2010	2011
资产总额	1 837 664	2 111 123	2 522 857	3 805 319
流动资产	688 068	649 326	874 971	1 611 059
货币资金	111 164	229 737	241 516	531 320
应收账款	267 474	131 811	178 101	242 686
存货	66 019	86 549	121 409	119 719
非流动资产	1 149 596	1 461 797	1 647 886	2 194 260
固定资产	769 219	1 079 053	1 220 572	1 318 127
无形资产	177 887	178 953	219 903	467 070

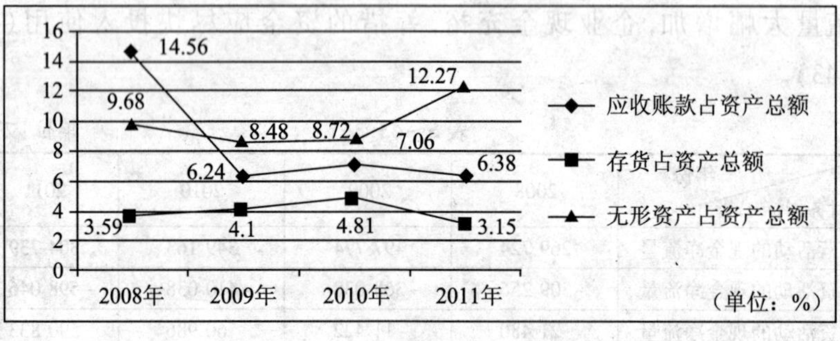

图5－69

（3）盈利质量

近两年的营业收入、利润总额和净利润逐年增加。2011年营业利润率止跌回升但远低于2008年水平，与同业比较分列13、17、20、19名。总体来看，企业的整体盈利质量较差。因此，需要认真分析盈利质量不高的原因，采取有效的措施提高盈利质量（表5－45、图5－70）。

表 5－45　　单位:万元

年份 财务指标	2008	2009	2010	2011
营业收入	2 114 262	2 024 554	3 028 916	3 756 908
营业利润	377 886	229 934	303 878	399 287
投资收益	11	50	－19 549	7 904
营业外收支	－5 405	－4 988	28 230	18 293
利润总额	372 481	224 946	332 108	417 580
股东净利润	264 436	167 338	239 616	304 934

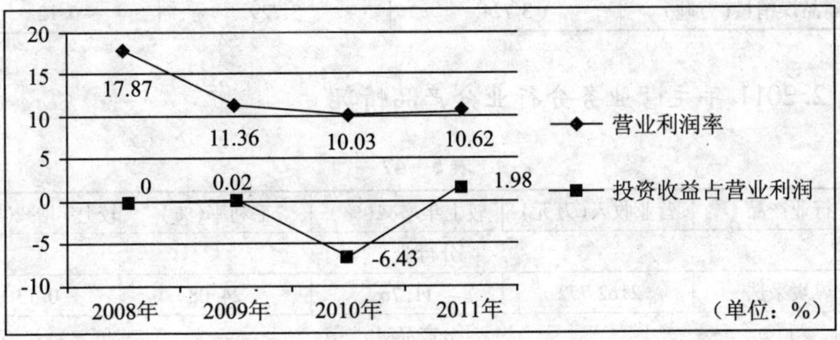

图 5－70

3. 财务综合分析

2011 年企业财务能力和收益质量总体较好,但企业盈利能力有待着力提升。

5.10 平顶山天安煤业股份有限公司(601666)

平顶山天安煤业股份有限公司由中国平煤神马能源化工集团有限责任公司为主设立,公司股票于 2006 年 11 月 23 日在上海证券交易所上市交易,截止到 2011 年末集团持股比例为 56.12%。

公司主营煤炭采选业务。煤炭品种主要有 1/3 焦煤、焦煤及肥煤;煤炭产品主要有动力煤和冶炼精煤两大类。

一、公司生产运营状况

1. 2011 年主要产品生产销售情况

表 5－46

年份 产品名称	2011	2010	较上年增减(%)
原煤产量(万吨)	3 861	3 981	－3.01
精煤产量(万吨)	639	594	7.06
其他洗煤产量(万吨)	420	398	5.32
商品煤销量(万吨)	3 724	3 729	－0.12

2. 2011 年主营业务分行业分产品情况

表 5－47

行业产品	营业收入(万元)	较上年增减(%)	毛利率(%)	较上年增减(%)
分行业				
煤炭采选	2162 772	11.76	24.08	－0.13
分产品				
混煤	1 124 863	7.89	21.27	－2.25
冶炼精煤	878 156	18.63	30.62	1.84
其他洗煤	44 269	17.60	21.15	1.02
材料销售	114 640	0.74	2.16	0.75
产品代销	843	－11.16	100	—

3. 2012 年主要生产经营目标

原煤产量 3 780 万吨，精煤产量 600 万吨，营业收入 252 亿元，成本费用 234 亿元。

二、公司财务分析

1. 财务能力分析

(1)盈利能力

与 2010 年相比，2011 年营业毛利率略有上升，总资产报酬率和加权平均净资产收益率有所下降，近三年盈利基本稳定但远低于 2008 年水平。同业内比较，营业毛利率排名第 15、21、20、22 名，总资产报酬率排名第 5、14、16、18 名，加权平均净资产收益率排名第 4、15、15、17 名。总体来看，企业盈利能力位居行业中等偏下游位置，盈利能力有巨大的提升空间（图 5－71）。

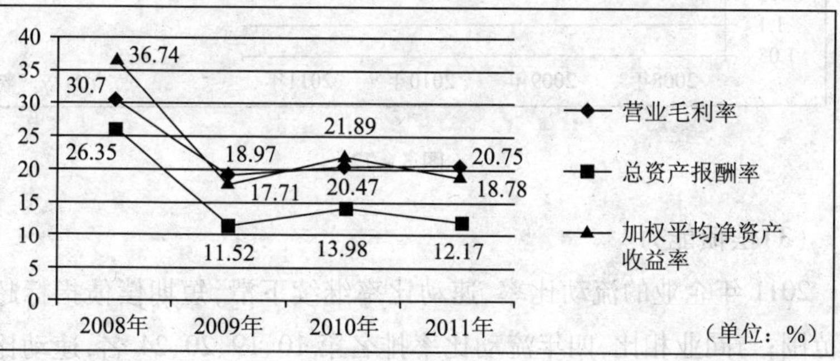

图 5－71

（2）运营能力

近三年存货周转率基本稳定，2011 年略有提升，应收账款周转率和总资产周转率小幅回落。与同业比较，近四年存货周转率排名第 3、4、1、2 名，应收账款周转率排名第 4、3、3、4 名，总资产周转率排名第 4、4、4、5 名。总体来看，企业运营能力居同业前列（图 5－72、图 5－73）。

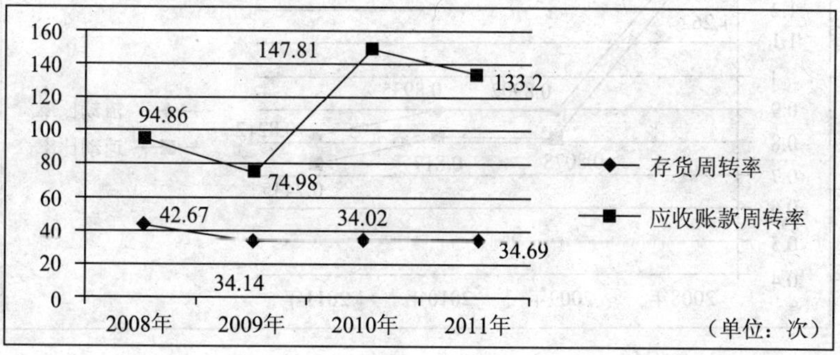

图 5－72

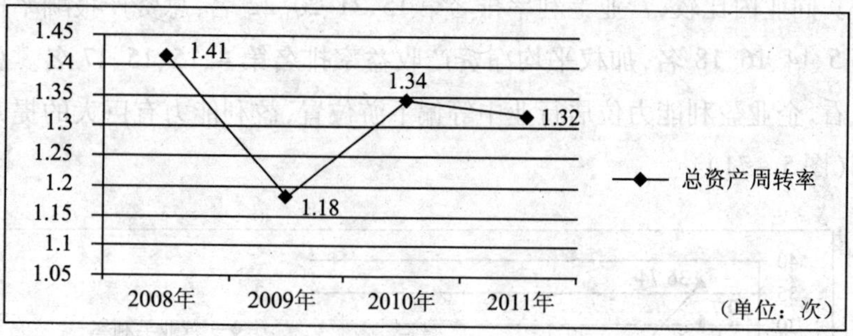

图 5 - 73

(3)偿债能力

2011 年企业的流动比率、速动比率继续下滑,短期偿债指标超出正常范围;与同业相比,四年流动比率排名第 10、19、20、24 名,速动比率排名第 9、16、19、23 名,短期偿债能力在同业中位居下游。总体来看,企业存在较大的短期偿债风险。

2011 年资产负债率继续走低,为四年来的最低水平;与同业比较,四年资产负债率排名第 12、13、16、16 名。总体来看,资产负债率处于适度水平(图 5 - 74、图 5 - 75)。

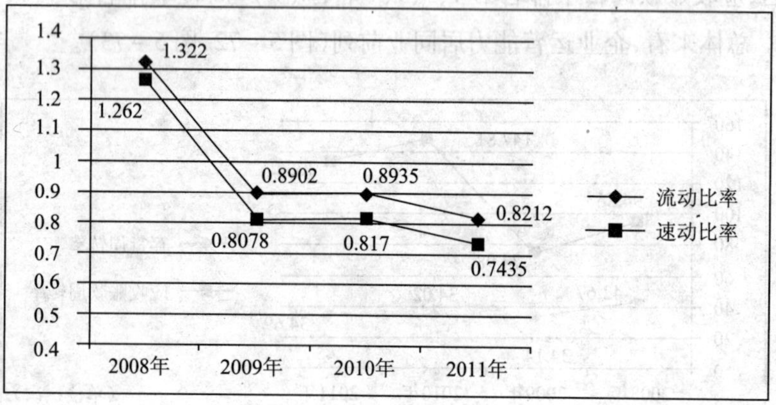

图 5 - 74

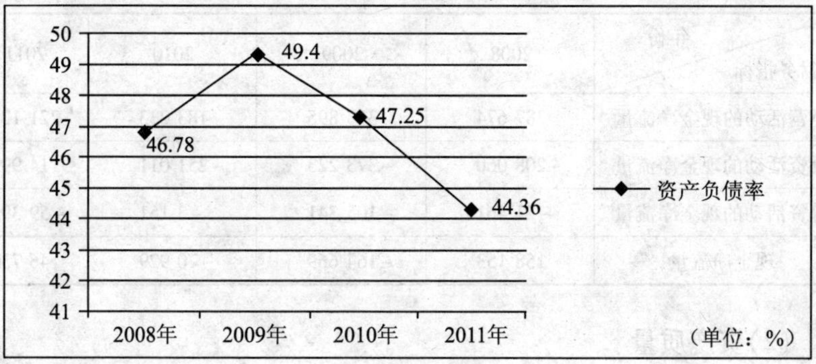

图 5－75

（4）成长性

以 2008 年为基数计算的三年营业收入实现小幅增长，而营业利润却为负增长。与 23 家同业比较，三年营业收入复合增长率排名第 22 名，营业利润复合增长率排名第 21 名，公司成长性差（图 5－76）。

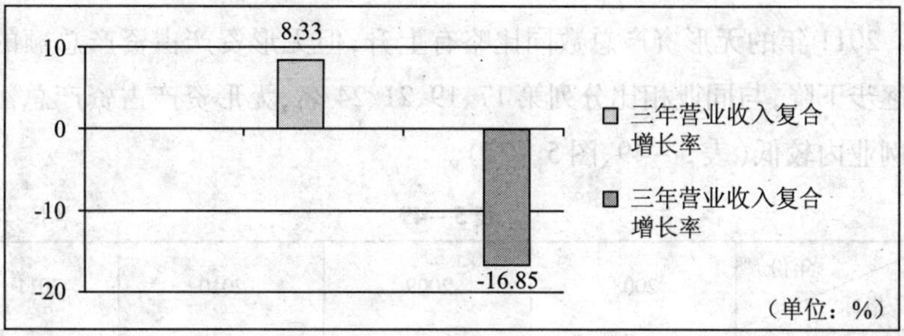

图 5－76

2. 收益质量分析

（1）现金流质量

与 2010 年相比，2011 年的经营活动现金净流量回升，投资流量大幅降低，偿债流量增加，企业现金流量同比明显改善（表 5－48）。

表5－48

单位：万元

财务指标＼年份	2008	2009	2010	2011
经营活动的现金净流量	387 674	313 895	183 233	221 121
投资活动的现金净流量	－208 060	－373 223	－251 011	－114 995
筹资活动的现金净流量	－21 461	－105 341	－3 151	－59 395
现金净流量	158 153	－164 669	－70 929	46 730

（2）资产质量

2011年应收账款的绝对值以及占资产总额的比例略高于2010年，但仍远低于2008年。与同业相比，应收账款占资产总额的比例分列第18、20、20、21名，其应收账款处于较低水平。总体来看，其应收账款管理能力较好。

2011年存货的绝对数以及占资产总额的比例有所上升，与同业相比，存货占资产总额的比例分列第20、13、17、19名，存货管理水平尚可。

2011年的无形资产总数同比略有上升，但无形资产占资产总额的比例逐步下降，与同业相比分列第17、19、21、24名，无形资产占资产总额的比例业内较低（表5－49、图5－77）。

表5－49

单位：万元

财务指标＼年份	2008	2009	2010	2011
资产总额	1 599 074	1 584 856	1 842 066	1 966 471
流动资产	807 951	571 274	634 021	636 994
货币资金	448 697	357 528	285 718	259 829
应收账款	37 325	12 953	18 040	19 599
存　　货	36 623	52 852	54 246	60 279
非流动资产	791 123	1 013 582	1 208 045	1 329 477
固定资产	516 124	809 442	868 517	902 788
无形资产	67 267	66 012	68 123	71 017

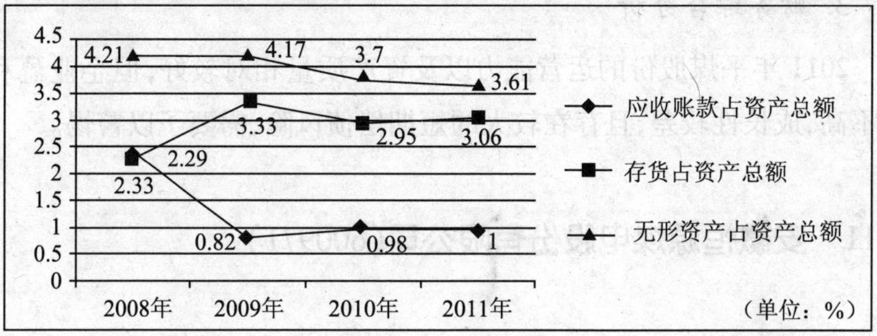

图5-77

(3)盈利质量

企业盈利基本来自主营业务。2011年营业收入同比增加，但利润总额、股东净利润和营业利润率却同比下降，并且总体盈利水平大幅低于2008年。与同业相比，四年营业利润率分列第8、19、19、20名，总体来看，企业的盈利质量较差。因此，需要认真分析近年盈利质量不高的原因，并采取措施提高盈利质量（表5-50、图5-78）。

表5-50　单位：万元

财务指标＼年份	2008	2009	2010	2011
营业收入	1 972 005	1 885 040	2 290 456	2 506 864
营业利润	427 651	181 014	237 487	245 817
投资收益	129	312	618	456
营业外收支	-61 101	564	-978	-17 549
利润总额	366 550	181 578	236 509	228 268
股东净利润	266 880	140 940	184 991	184 653

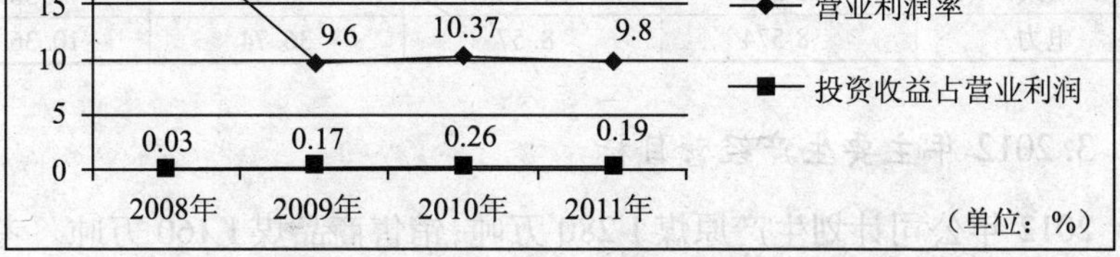

图5-78

3. 财务综合分析

2011年平煤股份的运营能力以及资产质量相对较好，但企业盈利能力不高，成长性较差，且存在较大的短期偿债风险，需要予以警惕。

5.11 安徽恒源煤电股份有限公司（600971）

安徽恒源煤电股份有限公司以安徽省皖北煤电集团有限责任公司为主发起设立，2004年8月17日在上海证券交易所上市交易，截止到2011年末集团持股比例59.96%。

公司主营煤炭和电力的生产和销售业务。煤炭品种主要有贫瘦煤、1/3焦煤、气肥煤、无烟煤、主焦煤，煤炭产品主要有混煤、洗末煤、冶炼精煤等。

一、公司生产运营状况

1. 2011年主要产品生产销售情况

表5－51

指标 \ 年份	2011	2010	较上年增减%
煤炭产量（万吨）	1 280.0	1 226.0	4.40
煤炭销量（万吨）	1 150.9	1 041.8	10.47

2. 2011年主营业务分行业分产品情况

表5－52

行业产品 \ 指标	营业收（万元）	较上年增减（%）	毛利率（%）	较上年增减（%）
煤炭	791 288	21.90	28.42	1.58
电力	8 574	8.57	36.74	－10.36

3. 2012年主要生产经营目标

2012年公司计划生产原煤1 280万吨，销售商品煤1 160万吨。考虑煤炭市场售价下行的预期，预计2012年营业总收入79亿元。

二、公司财务分析

1. 财务能力分析

(1)盈利能力

近两年营业毛利率和总资产报酬率均呈上升态势；与 2010 年比，2011 年加权平均净资产收益率有所下降，但只略低于 2008 年的水平。与同业比较四年营业毛利率排名第 16、17、17、16 名，总资产报酬率排名第 20、21、18、19 名，加权平均净资产收益率排名第 20、17、9、20 名。总体来看，盈利能力比较平稳，但在同业中居中等偏下水平，盈利能力还有较大的提升空间(图 5－79)。

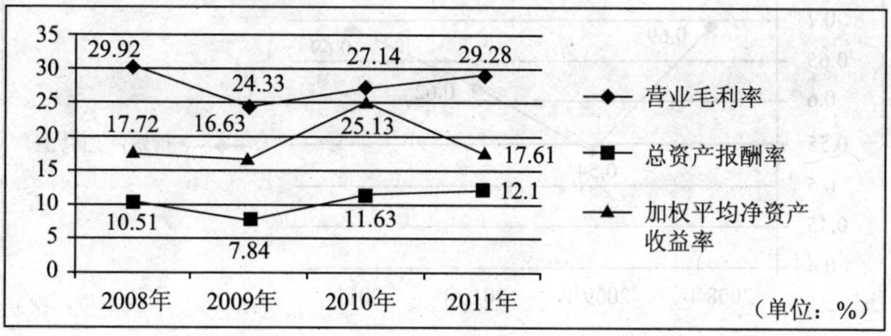

图 5－79

(2)运营能力

近两年的存货周转率逐年下降，总资产周转率逐年提升，应收账款周转率大幅度提高。与同业比较，四年存货周转率排名第 5、6、7、9 名，应收账款周转率排名第 11、13、9、7 名，总资产周转率排名第 18、19、20、20 名。总体来看，企业运营能力尚可，但应采取措施扭转存货周转率下滑趋势(图 5－80、图 5－81)。

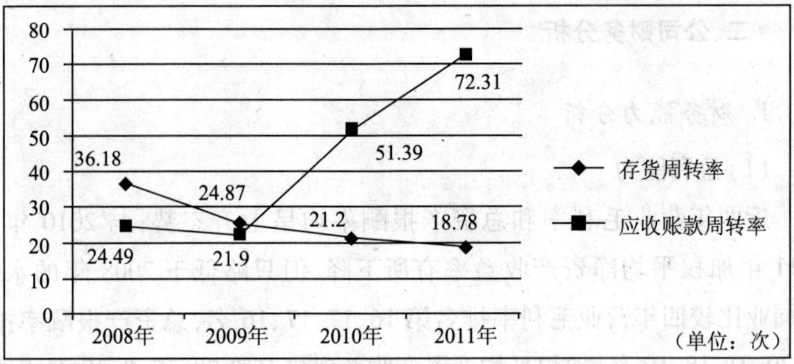

图 5-80

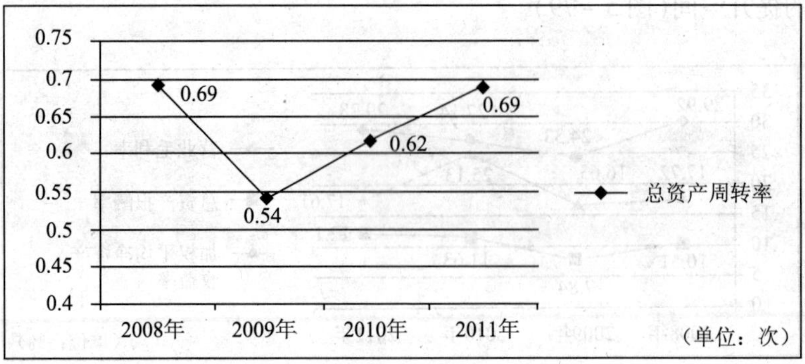

图 5-81

(3)偿债能力

近两年流动比率、速动比率逐年稳步提高，与同业相比，四年流动比率排名第 21、21、22、22 名，速动比率排名第 19、21、21、21 名，排名靠后。总体来看，企业短期偿债能力虽近年有所提升，但仍存在一定的短期偿债风险。

近两年资产负债率明显下降；与同业相比，四年资产负债率排名第 4、3、9、13 名。总体来看，2011 年的负债水平已经处于适中水平，今后应继续防止资产负债高企(图 5-82、图 5-83)。

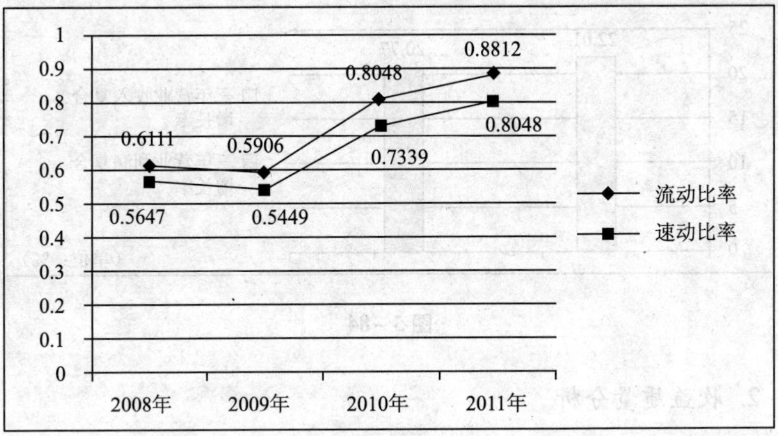

图 5－82

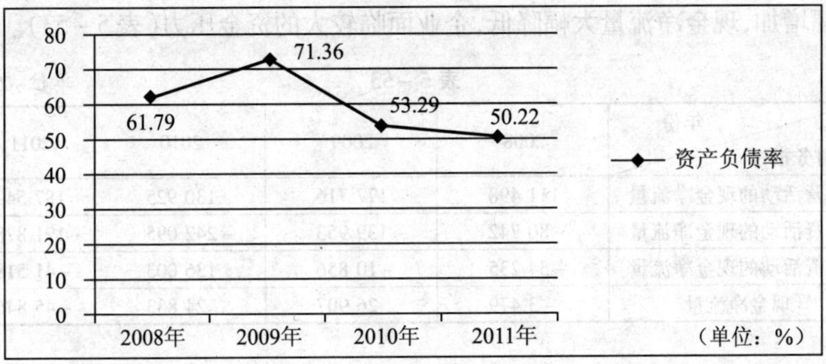

图 5－83

(4)成长性

以 2008 年为基数计算的三年营业收入复合增长率、营业利润复合增长率同步提升。与 23 家同业比较，三年营业收入复合增长率排名第 11 名，营业利润复合增长率排名第 6 名。总体来看，企业成长性较好(图 5－84)。

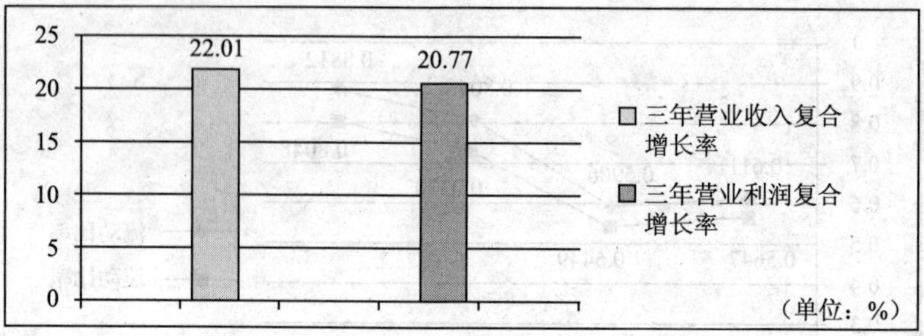

图5-84

2. 收益质量分析

(1)现金流质量

与2010年相比,2011年的经营现金净流量明显上升,但偿债现金流量大幅增加,现金净流量大幅降低,企业面临较大的资金压力(表5-53)。

表5-53

单位:万元

财务指标＼年份	2008	2009	2010	2011
经营活动的现金净流量	111 498	177 716	130 925	187 549
投资活动的现金净流量	-80 742	-139 953	-242 095	-191 878
筹资活动的现金净流量	-34 235	-10 856	136 003	-41 518
现金净流量	-3 479	26 907	24 833	-45 846

(2)资产质量

尽管近几年应收账款占资产总额的比例逐年下降,但与同业相比,处于较低水平,四年排名第15、18、22、22名,说明其应收账款的管理能力在不断提升,但还要继续努力做好应收账款的回收工作。

近两年存货绝对值以及占资产总额的比例有所提高,表明其存货管理水平在不断提升,但与同业相比并不太好,四年排名第21、19、21、21名,应认真研究2010年以来存货上升较快的原因,分析2008年和2009年存货较低的经验,从而不断提高存货管理水平。

近三年的无形资产总数和无形资产占资产总额的比例逐渐降低,但与同业相比,四年排名分列第4、5、7、7名,无形资产占资产总额的比例位于上游水平,高于中国神华和冀中能源等企业(表5-54、图5-85)。

表5－54　　单位：万元

年份 财务指标	2008	2009	2010	2011
资产总额	911 833	1 078 310	1 181 217	1 243 643
流动资产	196 729	233 819	340 510	375 888
货币资金	56 199	89 863	110 475	63 863
应收账款	32 734	16 051	11 152	11 839
存　货	14 957	18 055	29 989	32 595
非流动资产	715 104	844 491	840 707	867 755
固定资产	402 662	432 178	589 211	587 381
无形资产	211 517	202 323	192 106	182 024

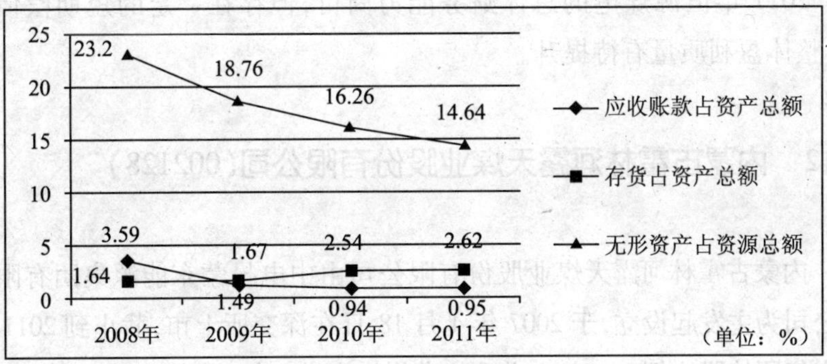

图5－85

(3)盈利质量

企业盈利全部来自主营业务。近两年的营业收入、营业利润、利润总额和净利润都逐年增加。营业利润率基本保持平稳，在同业中的排位分列第15、15、14、14名。总体来看，企业的整体盈利质量一般，与同业先进水平相比，盈利质量还有较大的提升空间(表5－55、图5－86)。

表5－55　　单位：万元

年份 财务指标	2008	2009	2010	2011
营业收入	457 600	534 218	699 025	831 215
营业利润	80 378	72 549	127 413	141 577
投资收益	—	—	—	—
营业外收支	229	552	－180	786
利润总额	80 607	73 101	127 233	142 363
股东净利润	60 359	52 031	95 107	101 321

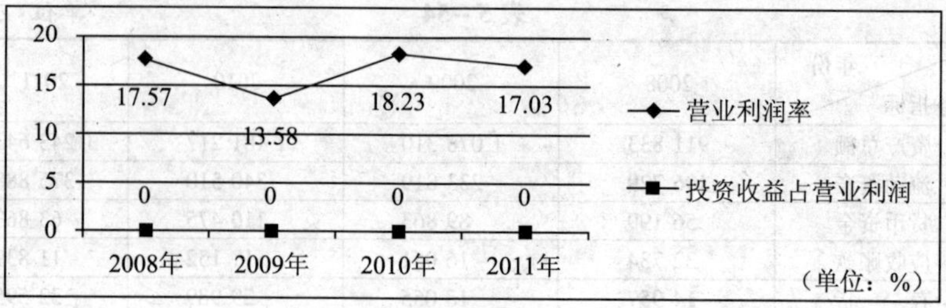

图 5－86

3. 财务综合分析

2011 年恒源煤电的总体财务能力尚可，但存在一定的短期偿债风险，整体盈利质量有待提升。

5.12　内蒙古霍林河露天煤业股份有限公司（002128）

内蒙古霍林河露天煤业股份有限公司由中电投蒙东能源集团有限责任公司为主发起设立，于 2007 年 4 月 18 日在深交所上市，截止到 2011 年年末集团持股比例 69.4%。公司主营煤炭产销业务，煤炭品种为褐煤。

一、公司生产运营状况

1. 2011 年主要产品生产销售情况

表 5－56

年份 指标	2011	2010	较上年增减%
煤炭产购（万吨）	4 400	4 243	3.70
煤炭销量（万吨）	4 396	4 245	3.56

2. 2011 年主营业务分行业和产品情况

表 5－57

指标 分行业产品	营业收入（万元）	较上年增减（%）	毛利率（%）	较上年增减（%）
煤炭采选业	644 072	16.08	37.93	－2.97

3. 2012 年主要生产经营目标

2012 年计划原煤生产、收购量 4 250 万吨，比 2011 年 4 400 万吨降低 3. 41%；计划原煤销售量 4 250 万吨，比 2011 年 4 396 万吨降低 3. 32%；利润总额预计比 2011 年降低 1% ~10%。

二、公司财务分析

1. 财务能力分析

(1)盈利能力

企业盈利能力逐年稳步提高，2011 年营业毛利率、加权平均净资产收益率同比略有回落，但总资产报酬率仍呈逐年上升的态势。与同业比较，四年营业毛利率排位分列第 14、11、8、9 名，加权平均净资产收益率排位分列第 11、2、1、1 名，总资产报酬率排位分列第 7、2、1、2 名。

总体来看，企业的盈利能力不断攀升，位居同业的前列，企业有非常强的盈利能力(图 5 -87)。

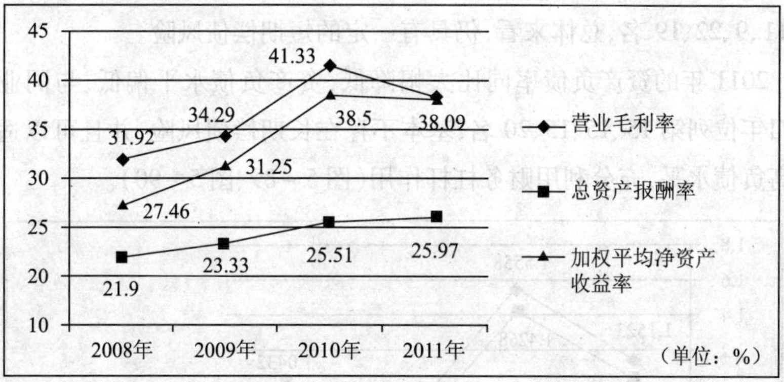

图 5 -87

(2)运营能力

2011 年的存货周转率和应收账款周转率下调幅度较大，为四年来最低水平；总资产周转率同比小幅回升。与同业比较，四年存货周转率排位分列第 8、5、8、11 第名，应收账款周转率排位分列第 19、18、20、24 名，总资产周转率排位分列第 9、11、12、13 名。总体来看，2011 年企业运营能力一般，应收账款周转率、存货周转率、总资产周转率都还有较大的提升空间(图5－88)。

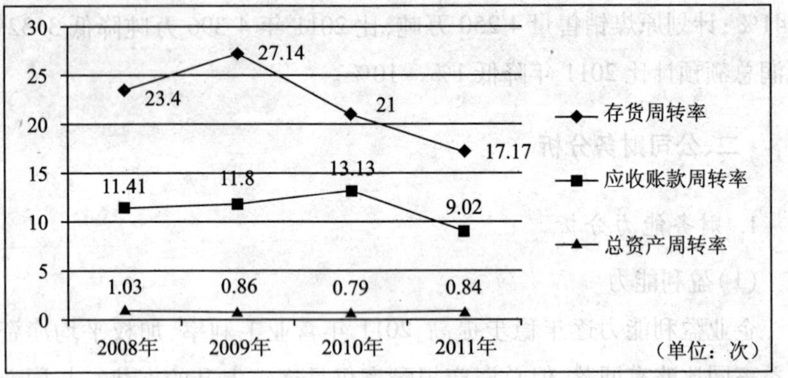

图5－88

(3)偿债能力

2011年的流动比率、速动比率有所回升，短期偿债能力同比略有增强。与同业相比较，四年流动比率排名第12、10、23、18名，速动比率排名第11、9、22、19名，总体来看，仍具有一定的短期偿债风险。

2011年的资产负债率同比大幅降低，资产负债水平偏低，与同业比较四年位列第15、15、15、20名，基本不存在长期偿债风险，并且可以适度提高负债水平，充分利用财务杠杆作用(图5－89、图5－90)。

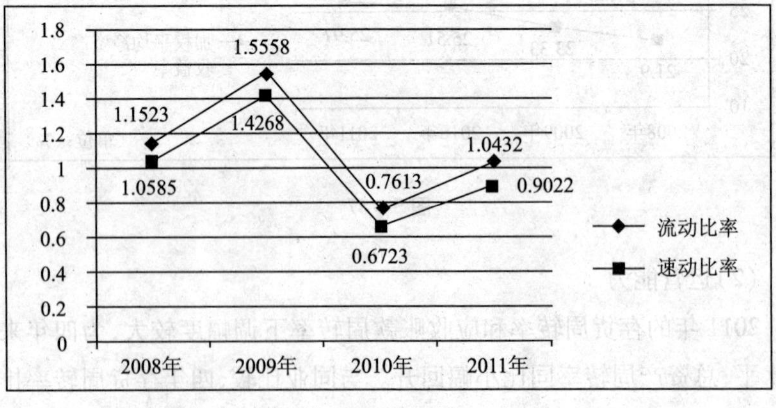

图5－89

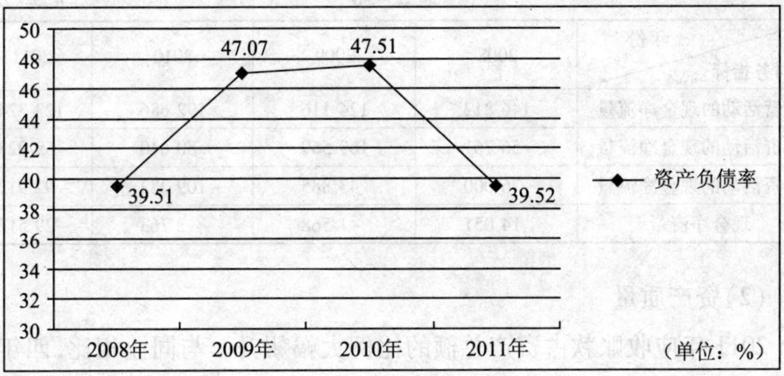

图 5－90

(4)成长性

以 2008 年为基数计算的三年营业收入和营业利润复合增长率呈现较快增长。与 23 家同业比较,三年营业收入复合增长率排名第 15 位,三年营业利润复合增长率排名第 3 位。

总体来看,企业有很高的成长性。营业利润复合增长率远远高于营业收入复合增长率,表明企业的成本费用控制非常好(图 5－91)。

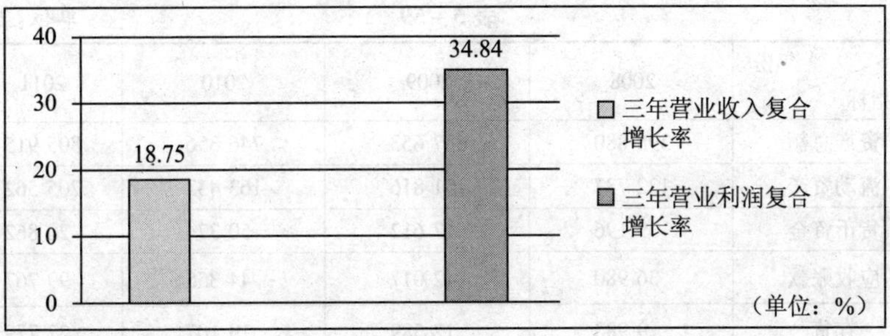

图 5－91

2. 收益质量分析

(1)现金流质量

与 2010 年相比,由于 2011 年的经营现金净流量明显下降,虽然投资及偿债现金流量同比减少,企业面临现金不足的局面(表 5－58)。

表 5－58

单位：万元

财务指标 \ 年份	2008	2009	2010	2011
经营活动的现金净流量	146 812	124 116	192 686	123 324
投资活动的现金净流量	－56 761	－169 569	－80 640	－59 923
筹资活动的现金净流量	－76 000	43 885	－109 283	－92 913
现金净流量	14 051	－1 568	2 763	－29 512

（2）资产质量

2011 年应收账款占资产总额的比例大幅飙升。与同业相比，四年应收账款占资产总额的比例分列第 5、7、6、4 名，一直处于较高水平，因此，必须认真研究进一步降低应收账款的措施，以提高资产质量。

近年存货占资产总额的比例也基本呈现逐步走高状况，但与同业相比，四年位列第 18、18、20、16 名，处于中下位置，说明其存货管理水平尚可。

无形资产占资产总额的比例在 2009 年处于最高值，近两年有所下降。与同业相比四年分列第 10、12、15、16 名，无形资产占资产总额的比例居中，与中国神华接近（表 5－59、图 5－92）。

表 5－59

单位：万元

财务指标 \ 年份	2008	2009	2010	2011
资产总额	398 880	687 653	746 356	805 915
流动资产	122 737	151 816	163 432	205 562
货币资金	39 196	47 612	50 374	20 862
应收账款	36 980	42 017	44 355	99 767
存货	9 983	12 589	19 107	27 779
非流动资产	276 143	535 837	582 924	600 353
固定资产	207 081	277 170	399 933	421 423
无形资产	38 657	72 303	70 846	68 380

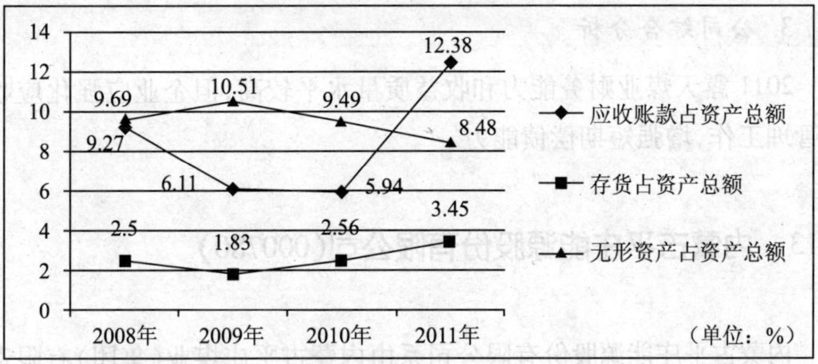

图 5 -92

(3)盈利质量

近三年的营业收入、营业利润、利润总额和净利润都逐年增加。2011 年营业利润率同比有所回调,但仍高于 2008 和 2009 年。与同业相比,四年营业利润率分列 9、7、4、3 名。总体来看,企业的整体盈利质量较好,盈利质量在业内逐步提升。但值得关注的是,2011 年投资收益占营业利润的比例跃居同业第一,投资收益所占比重过高(表 5 -60、图 5 -93)。

表 5 -60　　单位:万元

年份 财务指标	2008	2009	2010	2011
营业收入	388 309	466 186	567 233	650 247
营业利润	78 551	108 856	179 085	192 584
投资收益	3 666	4 079	9 172	17 261
营业外收支	-490	16 262	971	565
利润总额	78 061	125 118	180 056	193 149
股东净利润	63 793	97 758	145 559	160 035

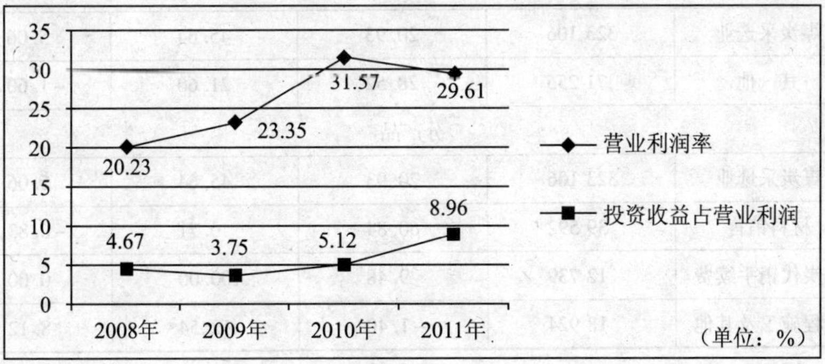

图 5 -93

3. 公司综合分析

2011露天煤业财务能力和收益质量水平较高,但企业应强化应收账款管理工作,增强短期偿债能力。

5.13 内蒙古平庄能源股份有限公司(000780)

内蒙古平庄能源股份有限公司系由内蒙古平庄煤业(集团)有限责任公司于2007年5月借壳草原兴发实现上市,截止到2011年年末集团持股比例61.42%,实际控制人中国国电集团公司。公司主营煤炭采选业务,煤种主要是老年褐煤和部分长焰煤(发热量2 900~4 800千卡/千克)。

一、公司生产运营状况

1. 2011年主要产品生产销售情况

表5-61

指标 \ 年度	2011	2010	较上年增减(%)
煤炭销量(万吨)	1 069.82	962.22	11.18

2. 2011年主营业务分行业和产品情况

表5-62

分行业分产品	营业收入(万元)	较上年增减(%)	毛利率(%)	较上年增减(%)
分行业				
煤炭采选业	323 106	20.93	45.64	5.06
其　他	71 255	28.52	21.60	-1.60
分产品				
煤炭采选业	323 106	20.93	45.64	5.06
材料销售	39 592	60.84	0.71	-0.83
煤炭代销手续费	12 739	9.48	100.00	0.00
工程施工及其他	18 924	-1.40	12.54	8.12

3. 2012 年主要生产经营目标

平庄能源依托中国国电，煤炭销售市场较为稳固。公司 2012 年计划生产原煤 1 020 万吨，销售收入达到 38. 66 亿元。

二、公司财务分析

1. 财务能力分析

(1)盈利能力

近两年营业毛利率、总资产报酬率和加权平均净资产收益率均有一定的提升，其中营业毛利率达近年来最好水平。与同业相比，四年营业毛利率位列第 7、10、10、5 名，总资产报酬率位列第 8、11、14、6 名，加权平均净资产收益率位列第 13、16、18、12 名。总体来看，2011 年企业的盈利能力跃居同业的上游位置，但是还有一定的提升空间(图 5－94)。

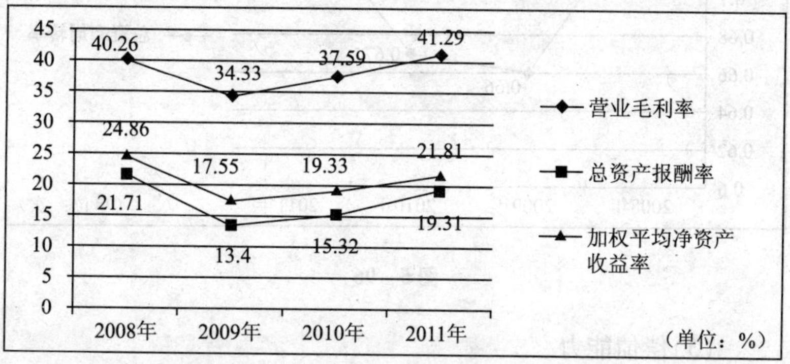

图 5－94

(2)运营能力

2011 年存货周转率明显下降，总资产周转率回升到 2008 年水平，应收账款周转率同比较为平稳。与同业相比，四年存货周转率位列第 2、2、2、6，名应收账款周转率位列第 20、19、21、22 名，总资产周转率位列第 17、14、15、16 名。总体来看，企业运营能力一般，应收账款周转率应有较大的提升空间，同时要分析存货周转率明显下降的原因(图 5－95、图 5－96)。

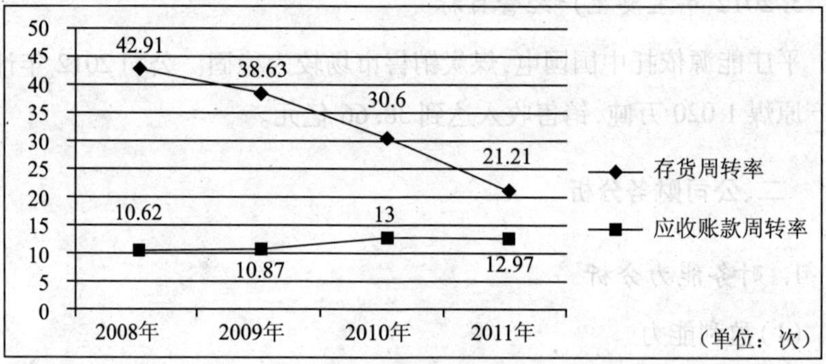

图 5－95

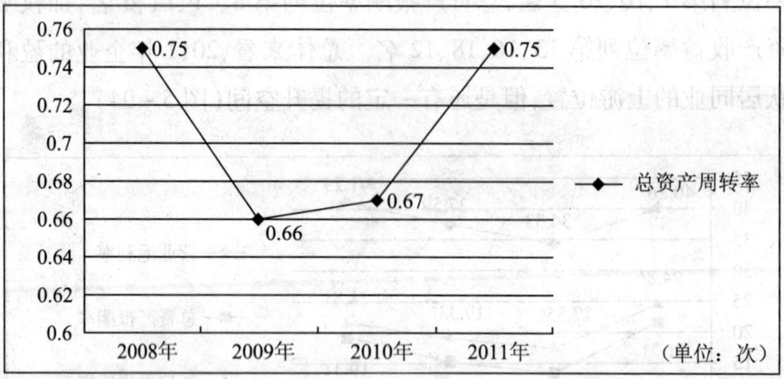

图 5－96

（3）偿债能力

流动比率和速动比率逐年上升，近两年更是大幅度上升。与同业相比，四年流动比率排名分列第 8、2、2、1 名，速动比率排名分列第 7、2、1、1 名。总体来看，企业短期偿债能力非常强，几乎没有短期偿债风险。但是，资金利用效率不高。

长期负债水平逐年下降，2011 年更是大幅下降。在同业中资产负债率分列第 18、19、22、27 名，居同业最低水平，企业没有长期偿债风险。同时也说明，企业的资本运营能力不足，基本没有有效利用财务杠杆为股东赚取利润，管理层在利用债务资金方面过于保守，今后应该在调整资本结构上下工夫，适度提高负债资金的比例，以充分发挥财务杠杆的作用（图

5－97、图5－98)。

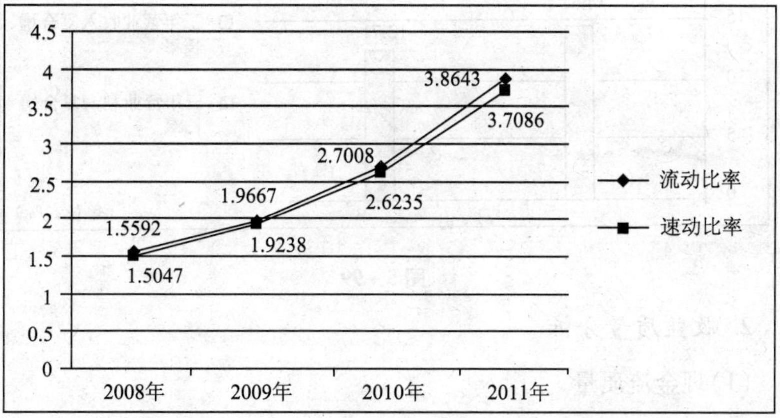

图5－97

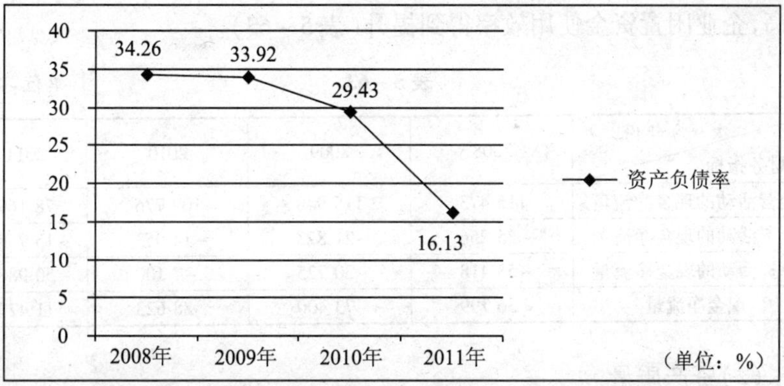

图5－98

(4)成长性

以2008年为基数计算的三年营业收入和营业利润复合增长明显。与23家同业比较,三年营业收入复合增长率排名第18,营业利润复合增长率排名第10位。

总体来看,企业自身成长性尚可。但其成长性排名居同业中下游,其成长性还有巨大的提升空间。与此同时,营业利润复合增长率较低于营业利润复合增长率,企业的成本费用控制尚需加强(图5－99)。

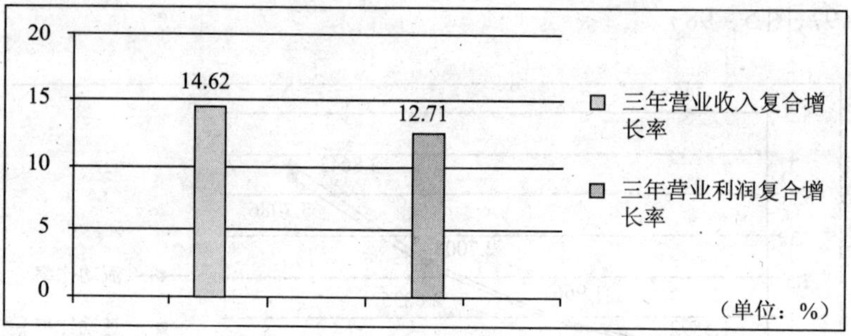

图 5－99

2. 收益质量分析

(1)现金流质量

与往年相比,2011 年的经营活动现金净流量明显减少,偿债现金流量大幅增加,现金净流量同比大幅下降。说明现金流管理水平有较大的提高,企业闲置资金使用效率得到提升(表 5－63)。

表 5－63

单位:万元

财务指标＼年份	2008	2009	2010	2011
经营活动的现金净流量	115 473	115 948	109 776	78 169
投资活动的现金净流量	－25 256	－21 823	－14 053	－15 758
筹资活动的现金净流量	－53 418	－20 725	－7 100	－50 988
现金净流量	36 799	73 400	88 623	11 423

(2)资产质量

无论应收账款的绝对数,还是应收账款占资产总额的比例,2011 年达到近年来的最高值。与同业相比,四年应收账款比例分列第 9、4、12、6 名,也处于同业前列位置,因此需要认真研究减少应收账款的措施,提高资产质量。

近两年的存货绝对值以及占资产总额的比例也逐年上升。但是与同业相比,四年存货比例分列第 23、23、26、23 名,处于行业较低水平,说明企业存货管理能力较好。

近三年的无形资产总数和无形资产占资产总额的比例逐渐降低,但与同业相比分列第 2、4、6、6 位,无形资产占资产总额的比例居前,远远高于中国神华和露天煤业(表 5－64、图 5－100)。

表 5－64

单位：万元

年份 财务指标	2008	2009	2010	2011
资产总额	363 857	449 318	519 028	537 796
流动资产	127 081	214 909	296 107	331 702
货币资金	72 290	145 689	234 312	245 735
应收账款	18 049	31 820	17 812	42 986
存货	4 446	4 692	8 467	13 364
非流动资产	236 776	234 409	222 921	331 702
固定资产	133 982	133 472	123 185	111 611
无形资产	98 064	92 257	86 450	80 888

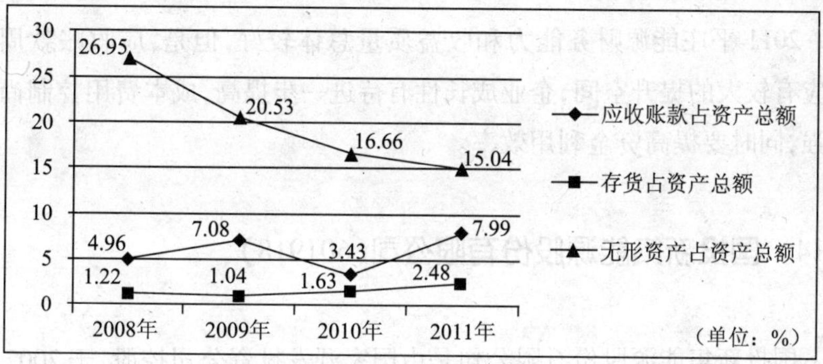

图 5－100

(3)盈利质量

企业利润全部源于主营业务，近两年的营业收入、营业利润、利润总额和净利润逐年增加。2011 年营业利润率同比有所增加，但仍低于 2008 年。与同业比较，营业利润率排位分列第 6、9、9、5 名。总体来看，企业的整体盈利质量较好，但仍有一定的提升空间（表 5－65、图 5－101）。

表 5－65

单位：万元

年份 财务指标	2008	2009	2010	2011
营业收入	261 857	268 784	322 624	394 361
营业利润	73 394	55 007	76 148	105 096
投资收益	—	—	—	—
营业外收支	－478	－204	－74	623
利润总额	72 916	54 803	76 074	105 719
股东净利润	51 725	46 861	64 775	90 236

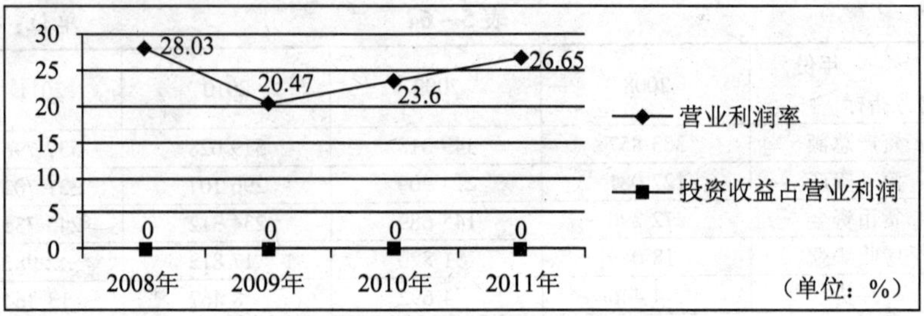

图 5 - 101

3. 财务综合分析

2011 平庄能源财务能力和收益质量总体较好，但是，应收账款周转率应有较大的提升空间，企业成长性有待进一步提高，成本费用控制尚需加强，同时要提高资金利用效率。

5.14 国投新集能源股份有限公司（601918）

国投新集能源股份有限公司是由国家开发投资公司控股，于 2007 年 12 月 19 日在上交所成功上市，截止到 2011 年末国投持股比例 42.36%。公司主要经营煤炭采选销售业务。

新集矿区所产煤炭属气煤和 1/3 焦煤，具有高挥发份、高发热量、低硫、特低磷等特性，目前商品煤有洗精煤、洗混煤、筛混煤等品种，是适宜的动力用煤、优质的配焦煤和造气用煤。

一、公司生产运营状况

1. 2011 年主要产品产销量

表 5 - 66

指标 产品	2011	2010	较上年增减（%）
原煤（万吨）	1 534	1 511	1.51
商品煤（万吨）	1 388	1 338	3.75
商品煤销量（万吨）	1 384	1 331	4.00

2. 2011 年主营业务分行业和产品情况

表 5－67

分行业产品	营业收入（万元）	较上年增减（%）	营业利润率（%）	较上年增减（%）
煤炭采选业	739 363	12. 04	34. 81	－0. 58

3. 2012 年主要生产经营目标

预计生产原煤 1 845 万吨，生产商品煤 1 670 万吨，实现主营业务收入 95. 28 亿元。

二、公司财务分析

1. 财务能力分析

(1)盈利能力

与 2010 年相比，2011 年营业毛利率、总资产报酬率和加权平均净资产收益率均有小幅回落。与其他同业公司相比，四年营业毛利率分列第 6、8、11、11 名，总资产报酬率分列第 19、19、20、21 名，加权平均净资产收益率分列第 16、19、19、19 名。总体来看，2011 年企业的盈利能力位居同业的中等偏下位置，远低于 2008 年水平，盈利能力还有较大的提升空间(图 5－102)。

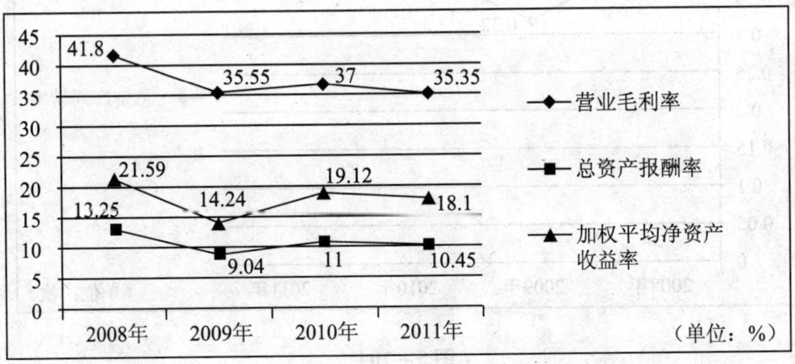

图 5－102

(2)运营能力

存货周转率逐年下降,应收账款周转率同比回调,总资产周转率维持上年水平。与同业比较,四年存货周转率排名第 18、19、21、24,应收账款周转率排名第 14、10、6、9,总资产周转率排名第 23、24、26、27,2011 年运营能力水平较低。总体来看,企业运营能力较差,尤其存货周转率有非常大的提升空间(图 5-103、图 5-104)。

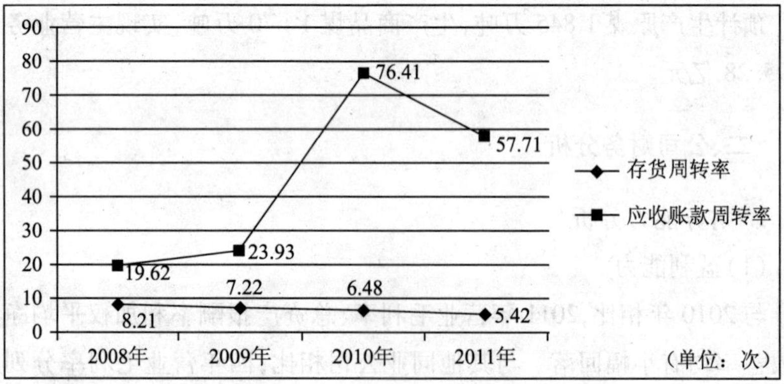

图 5-103

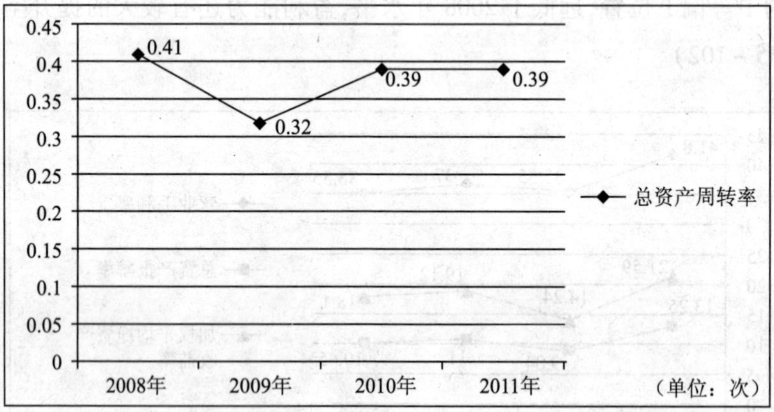

图 5-104

(3)偿债能力

流动比率和速动比率逐年下降,并且一直完全处于正常范围之外。

与同业相比，四年流动比率排名第 20、24、26、27，速动比率排名第 20、24、26、27，企业的短期偿债能力居同业最差位置，存在较大的短期偿债风险，急需研究制定相应的办法措施，缓解短期偿债风险。

企业负债水平逐年缓慢上升，但是基本上处于正常范围。在同业中资产负债率分列第 5、7、5、5 位，需要防止长期负债水平继续攀升，监控长期偿债风险（图 5－105、图 5－106）。

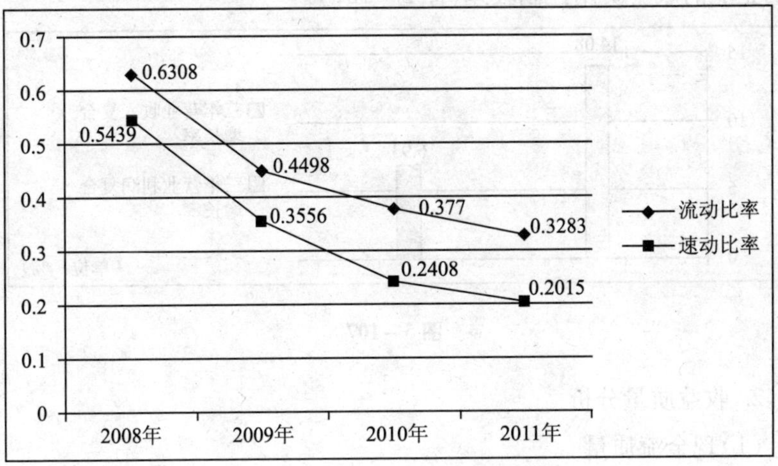

图 5－105

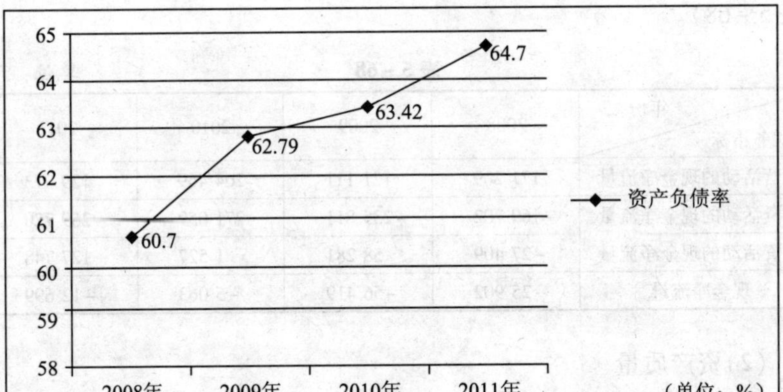

图 5－106

(4)成长性

以2008年为基数计算的三年营业收入和营业利润均现一定增长。与23家同业相比,三营业收入复合增长率排名第19,营业利润复合增长率排名第17。

总体来看,企业成长性排名居同业中等偏下位置,成长性还有较大的提升空间。与此同时,营业利润复合增长率远低于营业收入复合增长率,表明企业的成本费用控制较差(图5-107)。

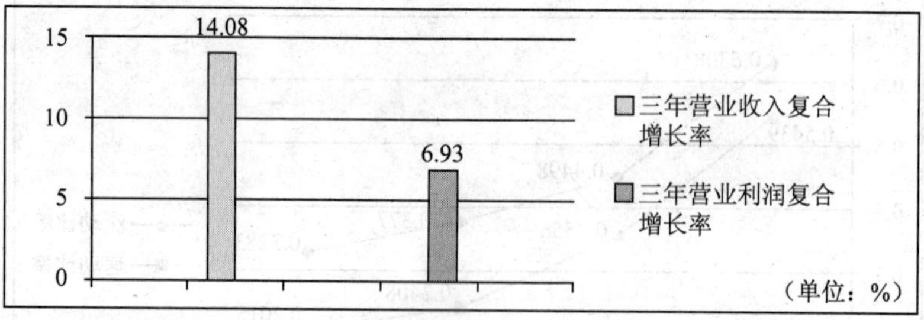

图5-107

2. 收益质量分析

(1)现金流质量

分析:2011年经营现金流量大幅下降,同时,企业对外投资扩张居高不下,虽然2011年筹资大幅增加,但企业现金不足的状况仍未改善(表5-68)。

表5-68 单位:万元

财务指标＼年份	2008	2009	2010	2011
经营活动的现金净流量	171 209	121 111	264 469	129 273
投资活动的现金净流量	-169 702	-235 811	-271 059	-269 720
筹资活动的现金净流量	-27 409	58 281	1 527	127 748
现金净流量	-25 902	-56 419	-5 063	-12 699

(2)资产质量

2011年应收账款绝对值的总数以及占资产总额的比例有所回升,但与同业相比,应收账款占比四年排名第19、23、24、24位,一直处于较低水平,说明公司应收账款的管理能力较好。

近两年来，无论是存货的绝对水平，还是存货占资产总额的比例，都呈现不断上升的势头，2011 年更是存货水平高企。与同业相比，四年存货比例排位分列第 17、15、14、13 名，表明企业的存货管理水平有待提高，应该研究降低存货水平的对策措施。

2011 年无形资产总数以及占资产总额的比例有所下降，与同业相比，无形资产占比资产总额比例四年排名第 1、18、18、20 位，2010 年无形资产占资产总额的比例业内较低（表 5－69、图 5－108）。

表 5－69 单位：万元

财务指标＼年份	2008	2009	2010	2011
资产总额	1 443 899	1 660 747	1 945 922	2 223 144
流动资产	291 112	230 462	243 443	270 036
货币资金	155 964	99 545	97 919	86 035
应收账款	32 805	8 566	9 778	18 140
存　　货	40 097	48 282	87 900	104 303
非流动资产	1 152 787	1 430 285	1 702 479	1 953 107
固定资产	533 504	711 373	742 579	753 981
无形资产	453 560	83 570	137 231	133 502

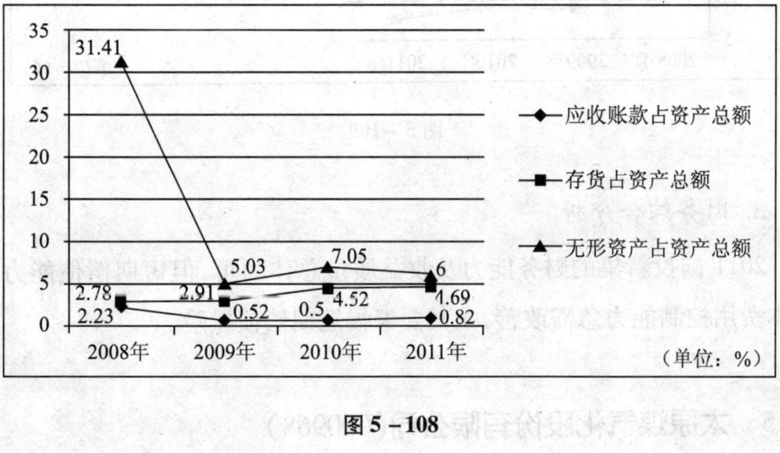

图 5－108

（3）盈利质量

近三年企业利润全部来自主营业务，营业收入、营业利润、利润总额和净利润都在 2011 年达到最高。营业利润率 2011 年有所回调，在同业中的排位四年分列第7、8、8、8名。总体来看,企业的整体盈利质量较好,但与先进水平的同业公司相比,盈利质量还有一定的提升空间(表5-70、图5-109)。

表5-70 单位:万元

财务指标\年份	2008	2009	2010	2011
营业收入	542 626	494 989	700 853	805 559
营业利润	149 932	109 543	172 859	183 335
投资收益	1 207	-1 193	-1 728	-4 393
营业外收支	-23	5 716	-1 293	377
利润总额	149 909	115 259	171 566	183 712
股东净利润	108 515	83 314	125 109	134 763

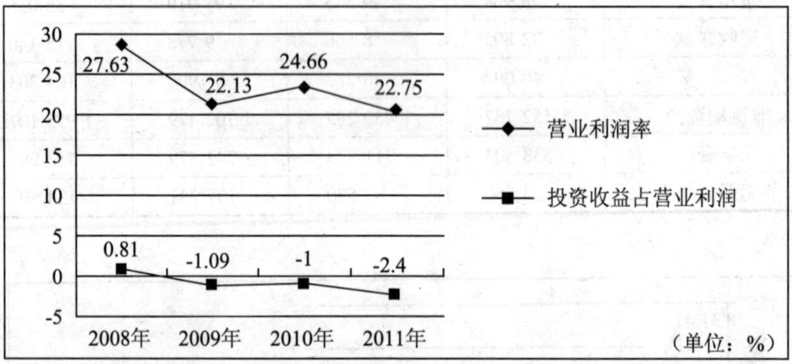

图5-109

3. 财务综合分析

2011国投新集的财务能力及收益质量总体尚可,但短期偿债能力和成本费用控制能力急需改善,尤其要警惕短期偿债风险。

5.15 太原煤气化股份有限公司(000968)

太原煤气化股份有限公司由太原煤炭气化(集团)有限责任公司为主发起设立,于2000年6月22日在深交所成功上市,截止到2011年年末集团持股比例 49.45%。公司主营煤焦、煤气及相关仪表的生产销售业务。煤炭品种主要为焦煤,主要产品为精煤、焦炭、煤气、化工产品等。

一、公司生产运营情况

1. 2011 年主要产品产销情况(年报未披露)

2. 2011 年主营业务分行业分产品情况

表 5-71

分行业产品 \ 指标	营业收入(万元)	较上年增减(%)	毛利率(%)	较上年增减(%)
分行业				
煤　炭	351 372	10.09	33.54	-3.48
城市公用	6 129	-6.21	-288.0	-3.35
化工产品	15 397	-1.34	23.11	2.75
其　他	13 450	110.13	25.15	-10.1
分产品				
原　煤	84 888	48.68	61.00	-0.45
焦　炭	198 238	-5.07	17.85	-10.14
煤　气	5 250	-10.38	-306.79	-12.19
精　煤	55 659	21.84	49.56	-1.57
化工产品	15 396	-1.34	23.11	2.75
中　煤	12 588	66.77	24.58	15.28
电　力	685	48.36	-216.37	67.69
蒸　汽	194	-9.82	-32.07	-17.00
其　他	1 350	110.13	25.15	-10.12

3. 2012 年主要生产经营目标(年报未披露数据)

二、公司财务分析

1. 财务能力分析

(1)盈利能力

营业毛利率、总资产报酬率和加权平均净资产收益率连年呈逐年下降的态势。与同业比较,四年营业毛利率排名第 8、13、16、18 位,总资产报酬率排名第13、15、24、26位，加权平均净资产收益率排名第10、18、24、25位。总体来看，企业的盈利能力逐年大幅下滑，近年已位居同业的下游水平，企业盈利能力急需改善(图5－110)。

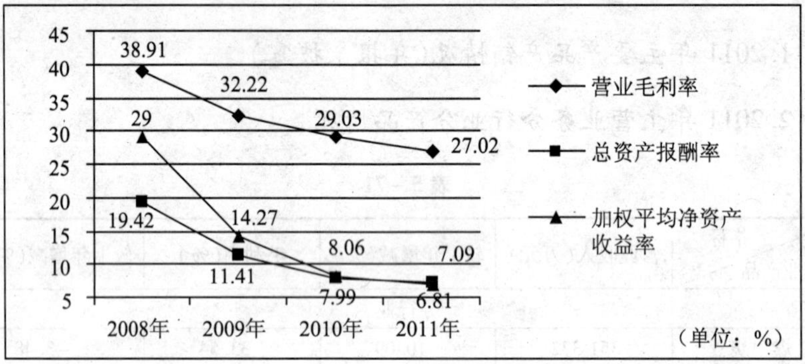

图5－110

(2)运营能力

近两年存货周转率、应收账款周转率有所提升，但未达到2008年的水平；总资产周转率呈现逐年下降的趋势。与同业比较，四年存货周转率排名第17、22、22、23位，应收账款周转率排名第17、21、23、23位，总资产周转率排名第7、15、21、25位。总体来看，企业运营能力相对很低，还有较大的提升空间(图5－111、图5－112)。

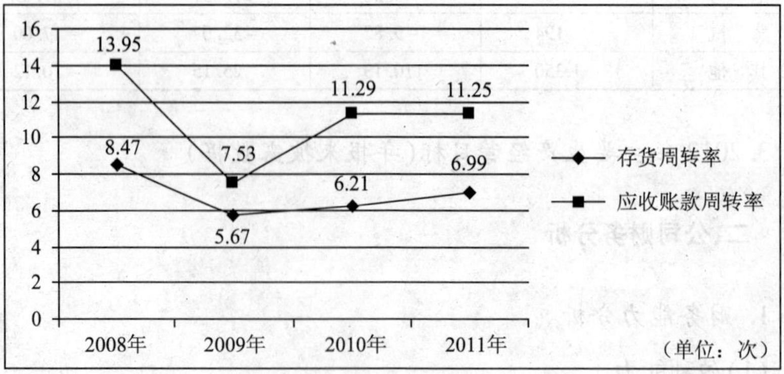

图5－111

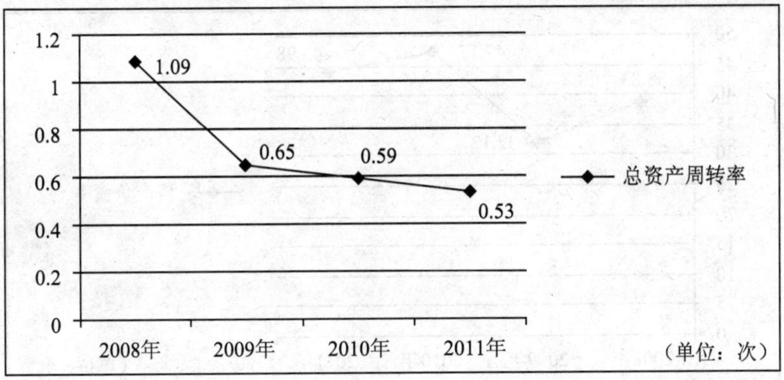

图 5-112

(3)偿债能力

2011 年流动比率和速动比率较往年有较大幅度下降。与同业相比，四年流动比率排名第 11、11、12、19 位；速动比率排名第 10、10、11、20 位；2011 年位居同业中等偏下位置，短期偿债风险明显加大，应引起高度重视。

企业负债水平总体上升，但一直处于正常范围之内。资产负债率在业内四年排名第 16、20、17、15 位。总体来看，负债水平适中，基本没有长期偿债风险（图 5-113、图 5-114）。

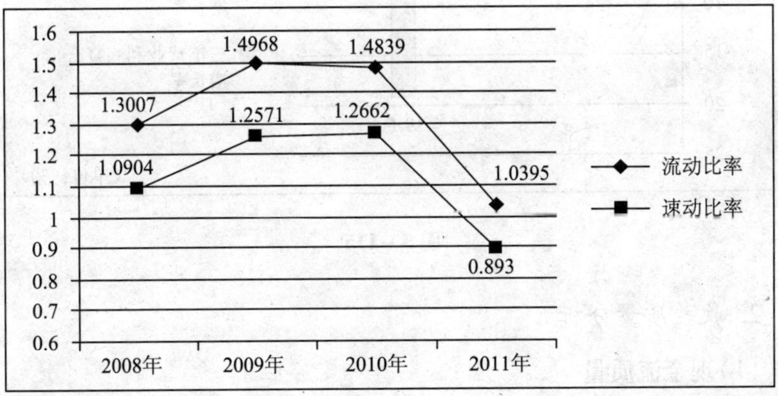

图 5-113

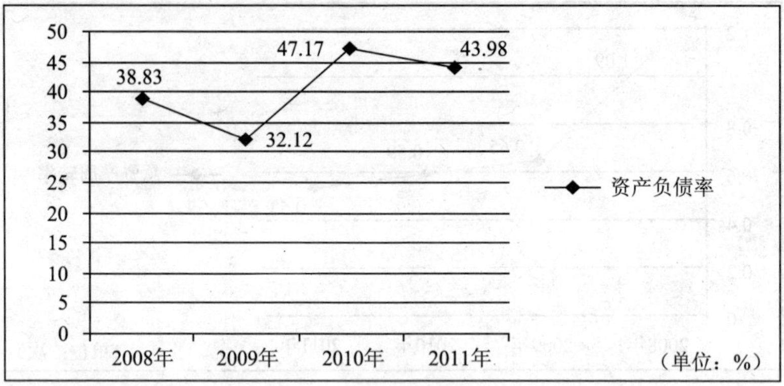

图 5－114

(4)成长性

以2008年为基数计算的三年营业收入和营业利润复合增长均现负值。23家三年营业收入和营业利润复合增长率位列业内最低水平。

总体来看，近三年内企业成长性很差，还有非常大的提升空间(图5－115)。

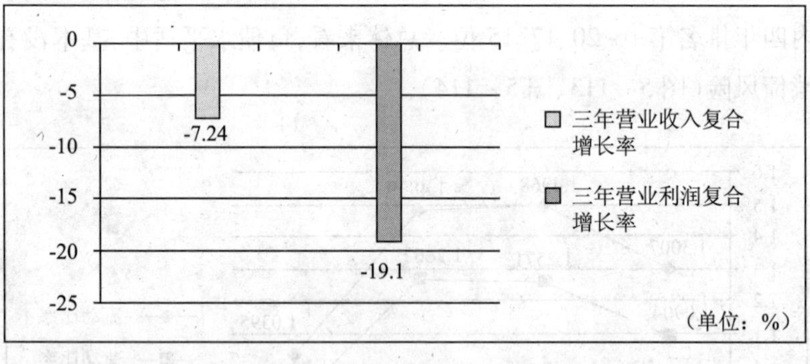

图 5－115

2. 收益质量分析

(1)现金流质量

近两年经营活动的现金流逐年下降，投资活动的现金流量逐年提高，现金流净流量逐年大幅度降低，企业面临非常大的资金压力(表5－72)。

表 5－72　　单位：万元

年份 财务指标	2008	2009	2010	2011
经营活动的现金净流量	73 008	80 454	10 102	7 810
投资活动的现金净流量	－34 230	－67 126	－72 352	－80 768
筹资活动的现金净流量	－14 062	24 858	74 022	372
现金净流量	24 716	38 186	11 772	－72 586

（2）资产质量

2011 年应收账款绝对值及占资产总额的比例同比出现反弹。与同业相比，四年占资产总额比例位列第 4、5、9、10 名，应收账款的管理能力虽在同业中相对提升，但应收账款的比例仍处于同业较高水平。

近三年存货占资产总额的比例呈现不断下降的势头，2011 年存货总额同比下降明显。表明该企业的存货管理水平有所提高，与同业相比，四年占资产总额比例排名位列第 3、3、9、12 名，居同业中等偏上水平。需要认真研究降低存货水平的对策措施。

近两年无形资产的绝对值及占资产总额的比例有较大上升，与同业相比四年分列第 14、16、14、14 位，无形资产占资产总额的比例居中等，但远高于西山煤电和平煤股份（表 5－73、图 5－116）。

表 5－73　　单位：万元

年份 财务指标	2008	2009	2010	2011
资产总额	474 041	521 768	667 169	761 962
流动资产	234 874	244 158	282 766	265 454
货币资金	61 791	102 994	112 980	46 406
应收账款	50 740	35 558	26 882	40 307
存　　货	38 549	39 108	41 485	37 391
非流动资产	239 167	277 610	384 403	496 508
固定资产	185 470	198 503	220 232	236 805
无形资产	30 844	33 572	65 854	78 794

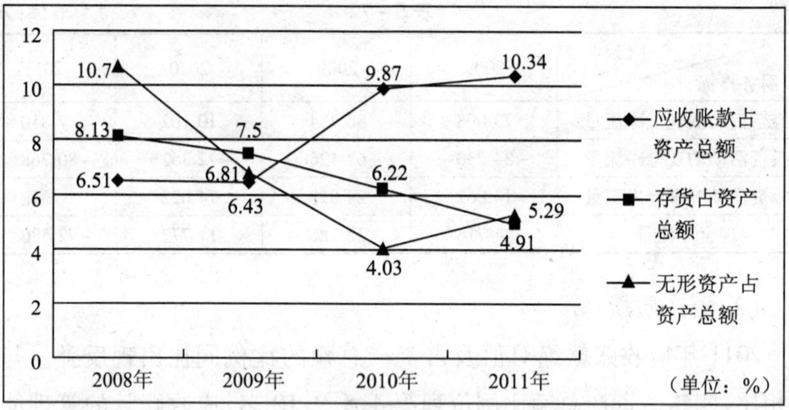

图 5－116

（3）盈利质量

总体来看，企业近四年的营业利润、利润总额、营业利润、股东净利润和营业利润率都呈逐年下降态势。与同业比较，四年营业利润率的排位分列第 14、11、17、18 名。总体来看，企业的整体盈利质量不高。与相关同业企业相比，盈利质量还有非常大的提升空间（表 5－74、图 5－117）。

表 5－74　　单位：万元

财务指标＼年份	2008	2009	2010	2011
营业收入	473 528	324 838	352 344	377 920
营业利润	83 747	56 278	47 342	44 343
投资收益	2 167	0. 52	0. 36	21. 03
营业外收支	－1 746	－1 371	－2 424	1 222
利润总额	82 001	54 907	44 918	45 565
股东净利润	63 430	37 951	23 487	20 665

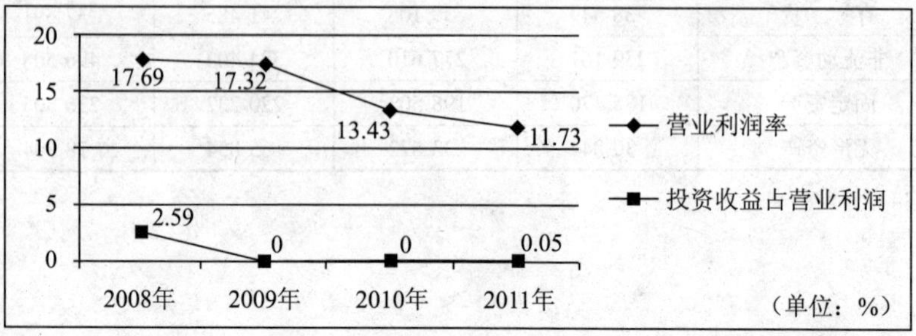

图 5－117

3. 财务综合分析

2011 年企业财务能力继续呈下滑态势，需要认真研究，采取对策，提高生产经营管理水平，努力控制成本费用，提高企业的财务管理水平。

5.16 上海大屯能源股份有限公司(600508)

上海大屯能源股份有限公司为中国中煤能源股份有限公司控股子公司，由大屯煤电(集团)有限责任公司为主发起设立，于 2001 年 8 月 29 日在上交所上市，截止到 2011 年年末中煤能源控股比例 62.43%。

公司煤炭产地位于江苏省大屯矿区，主营煤炭开采加工、火力发电、铝锭产销等业务。公司主要煤种为 1/3 焦煤和气煤、气肥煤，主要产品为五级精煤、六级精煤、九级精煤、洗混中块、混末煤和动力精煤。其中精煤产品具有低灰、低硫、低磷、高灰熔点、高热值等特点，是良好的炼焦用煤和优质的动力用煤。

一、公司生产运营状况

1. 2011 年主要产品产量情况

表 5-75

年份 产品	2011	2010	较上年增减(%)
原　煤(万吨)	905.59	909.22	-0.40
洗精煤(万吨)	390.67	344.90	13.30
发　电(亿度)	26.33	27.60	4.60
电解铝(万吨)	11.00	10.87	1.20

2. 2011 年主营业务分行业分产品情况

表 5-76

指标 分行业产品	营业收入(万元)	较上年增减(%)	主营利润率(%)	较上年增减(%)
原　煤	195 476	11.39	40.04	11.44
洗　煤	509 492	23.12	39.46	-5.39

续表

指标 分行业产品	营业收入(万元)	较上年增减(%)	主营利润率(%)	较上年增减(%)
电解铝	136 000	5.07	8.85	-0.33
铝加工	76 681	-4.92	-1.03	-0.24
其　他	70 938	17.81	-3.48	-6.98

3. 2012 年主要生产经营目标

原煤产量 910 万吨，精煤产量 340 万吨，掘进综合进尺 45 500 米，发电量 25 亿度，电解铝产量 105 000 吨，铝材加工产量 100 000 吨，铁路货运总量 1 250 万吨，设备制修量 16 500 吨。

二、公司财务分析

1. 财务能力分析

(1)盈利能力

与 2010 年相比，2011 年总资产报酬率和加权平均净资产收益率均有一定的小幅回落。近四年的营业毛利率基本保持稳定。与同业相比，四年营业毛利率排名第 17、14、15、15 位，总资产报酬率排名第 11、7、3、5 位，加权平均净资产收益率排名第 8、8、10、14 位。

总体来看，公司盈利能力虽有所下滑但基本平稳，稳居上市煤炭公司同业的中游位置(图 5－118)。

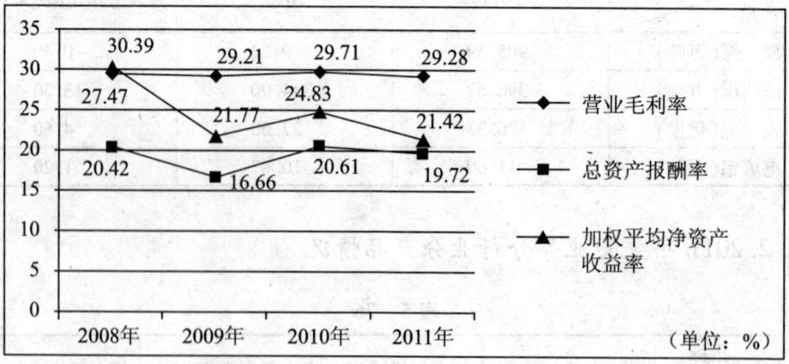

图 5－118

(2)运营能力

2011 年的存货周转率同比回落,应收账款周转率以及总资产周转率有所提升,但低于近年最好水平。与上市的煤同行相比,近四年存货周转率排名第 12、15、11、13 位,应收账款周转率排名第 2、2、5、5 位,总资产周转率排名第 5、8、8、9 位。总体来看,企业运营能力较好,但是应有一定的提升空间(图 5-119、图 5-120)。

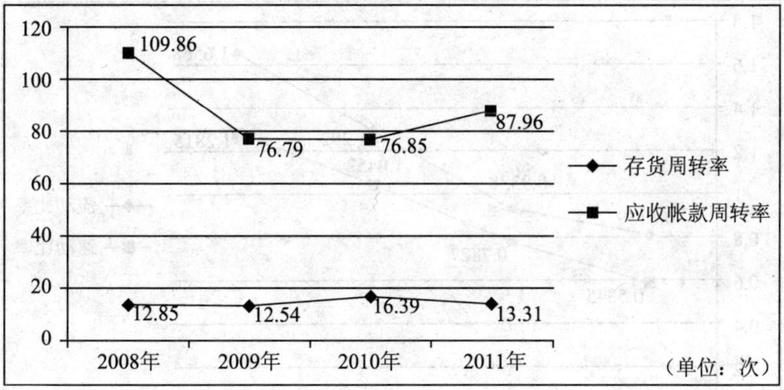

图 5-119

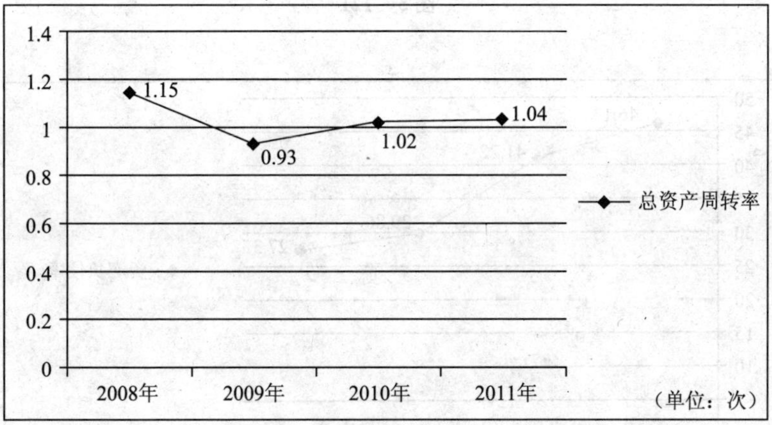

图 5-120

(3)偿债能力

流动比率、速动比率逐年提高,基本处于正常范围。与同业比较,四年流动比率排名第18、17、13、8位，速动比率排名第18、17、15、7位。总体来看，企业短期偿债能力逐年向好，短期偿债风险较小。

资产负债率逐年降低，并且在2010年达到了较低的水平；资产负债率在业内排名第13、17、21、25位。总体来看，资产负债近两年位于业内的低水平，今后应适度提高资产负债率，以充分发挥财务杠杆拉动力（图5－121、图5－122）。

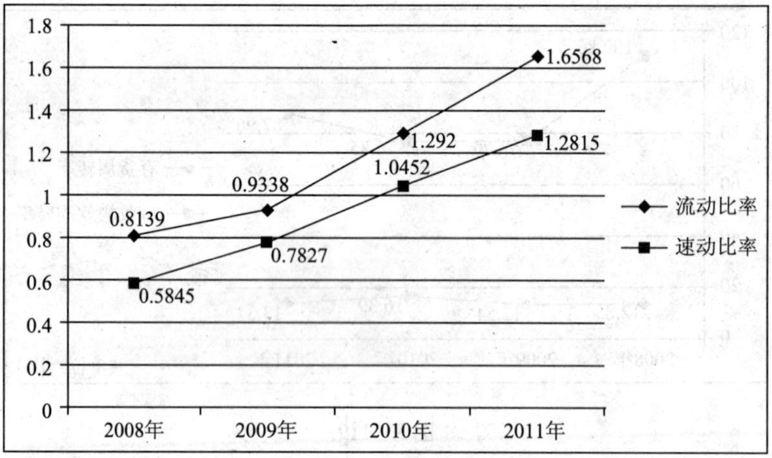

图5－121

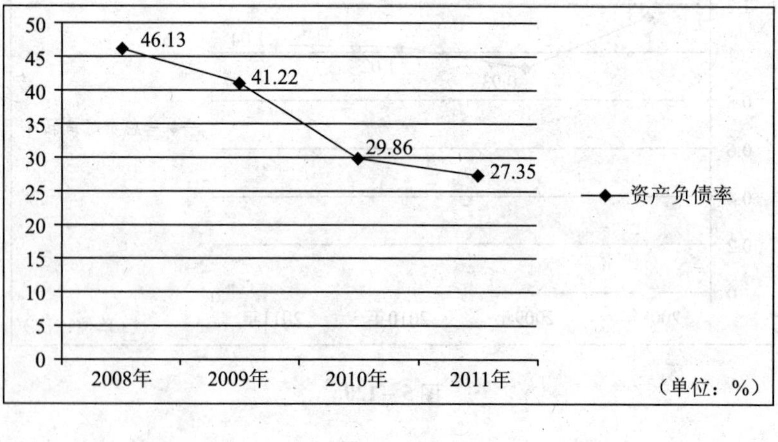

图5－122

(4)成长性

以 2008 年为基数计算的三年营业收入和营业利润均呈现增长。与 23 家同业比较,三年营业收入复合增长率排名第 21 位,营业利润复合增长率排名第 12 位。总体来看,企业近三年成长性不足。

营业利润复合增长超过营业收入增长水平,说明企业成本费用控制较好(图 5－123)。

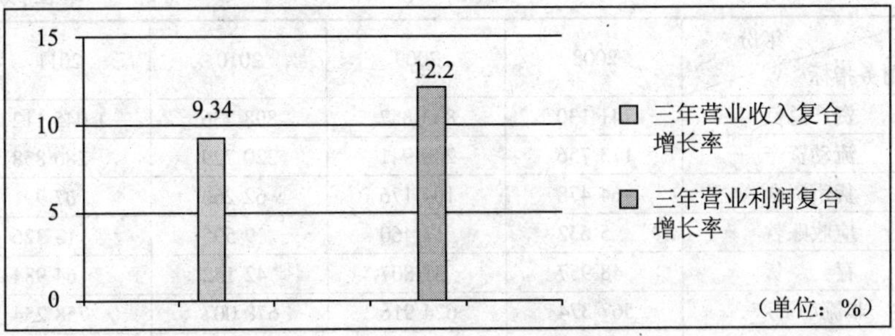

图 5－123

2. 收益质量分析

(1)现金流质量

与 2010 年相比,2011 年的经营活动现金净流量明显增加,投资现金流减少,现金净流量回复正常水平(表 5－77)。

表 5－77　　单位:万元

财务指标＼年份	2008	2009	2010	2011
经营活动的现金净流量	163 886	185 187	114 629	146 930
投资活动的现金净流量	－98 318	－118 790	－135 402	－112 044
筹资活动的现金净流量	－25 049	－26 463	－21 210	－25 414
现金净流量	40 503	39 933	－41 985	9 473

(2)资产质量

2011 年应收账款的绝对数、占资产总额的比例同比小幅上升;与同业相比,四年应收账款占总资产比位列第 22、17、19、20 名,一直处于较低水平,表明其应收账款管理能力尚可。

2011 年存货绝对值及占资产总额的比例上升较快；与同业相比，存货占资产总额的比例四年位列第 5、12、13、11 名，一直处于中偏上水平。总体来看，近年存货管理能力总体不佳。

尽管近三年无形资产占资产总额的比例整体呈现上升，但与同业相比，四年分列第 22、23、20、23 名，一直处于同业较低位置（表 5－78、图 5－124）。

表 5－78

单位：万元

财务指标 \ 年份	2008	2009	2010	2011
资产总额	741 130	833 857	898 736	1 045 112
流动资产	173 756	208 941	220 729	286 858
货币资金	64 478	104 176	62 266	67 991
应收账款	5 632	13 460	9 595	13 326
存　　货	48 957	33 807	42 152	64 984
非流动资产	567 374	624 916	678 007	758 254
固定资产	474 756	478 596	450 463	573 103
无形资产	8 831	20 839	41 978	41 727

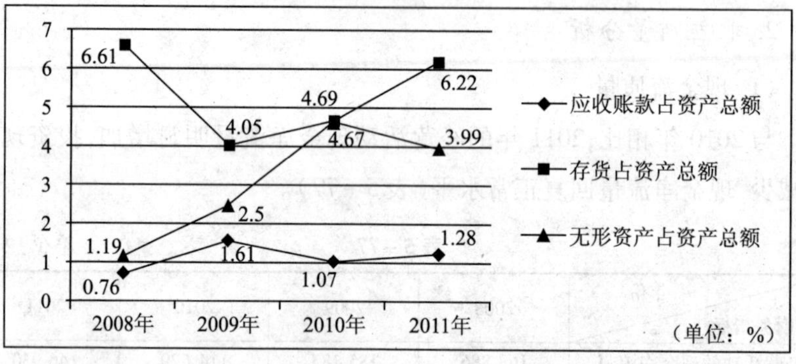

图 5－124

（3）盈利质量

近两年的营业收入、营业利润、利润总额和净利润连续上升，2011 年为四年来最高水平。营业利润率 2011 年小幅回调但总体平稳，在同业中的排位四年分列第 16、12、12、12 名，投资收益占营业利润的比例一直较小。总体来看，企业的整体盈利质量尚可，但与同业绩优水平相比，盈利质量还有较大的提升空间(表 5－79、图 5－125)。

表 5－79　　单位:万元

财务指标＼年份	2008	2009	2010	2011
营业收入	771 274	733 030	885 875	1 008 063
营业利润	130 972	125 713	171 154	185 008
投资收益	1 810	－270	121	253
营业外收支	－524	746	2 998	3 681
利润总额	130 448	126 459	174 152	188 689
股东净利润	103 583	94 978	133 248	141 785

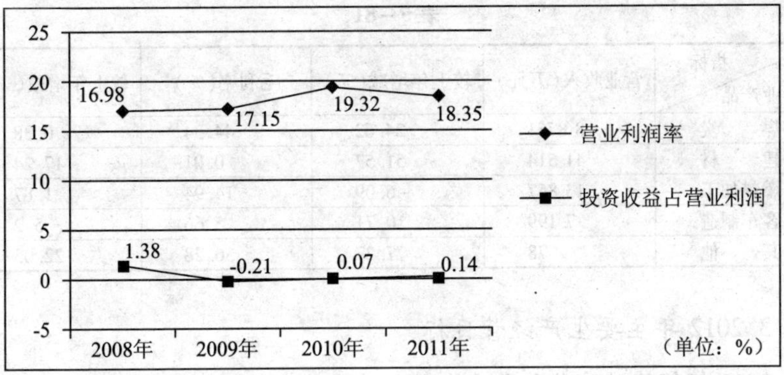

图 5－125

3. 财务综合分析

2011 年企业财务能力以及收益质量基本平稳运行,但是,应适度提高产负债水平,充分发挥财务杠杆利益,为股东创造更多的财富。

5.17　安源实业股份有限公司(600397)

安源实业股份有限公司由萍乡矿业集团有限责任公司为主发起设立,于 2002 年 7 月 2 日在上交所挂牌上市,现由江西省煤炭集团公司控股,截止到 2011 年年末持股比例 43.75%。公司主要以煤炭生产加工为主,非煤业务有客车制造、浮法玻璃等。

一、公司生产运营状况

1. 2011 年主要产品产量情况

表 5-80

产品＼年份	2011	2010	较上年增减(%)
原煤(万吨)	80.87	78.01	3.67

2. 2011 年主营业务分行业分产品情况

表 5-81

分行业产品＼指标	营业收入(万元)	较上年增减(%)	毛利率(%)	较上年增减(%)
煤　　炭	8 8751	24.62	44.34	0.38
建　　材	41 514	51.57	0.01	-17.24
燃料加工	13 857	-6.09	14.94	1.87
客车制造	7 199	10.71	5.66	5.2
其　　他	78	77.27	56.28	22.03

3. 2012 年主要生产经营目标

2012 年年初玻璃业务及客车业务将彻底退出公司，公司将积极开展煤炭物流业务。2012 年力争实现主营收入 185 亿元，成本费用支出争取控制在 178 亿元以内。

二、公司财务分析

1. 财务能力分析

(1)盈利能力

2011 年营业毛利率和加权平均净资产收益率均呈现回落态势。与同业比较，四年营业毛利率排名第 21、15、14、17 位，总资产报酬率排名第 23、23、25、24 位，加权平均净资产收益率排名第 23、24、26、27 位，净资产收益连续四年位居同业最低水平。总体来看，企业的盈利能力一直位居同业的末端，盈利能力相对而言是最差的，提高盈利能力是公司必须予以重视的问题(图 5-126)。

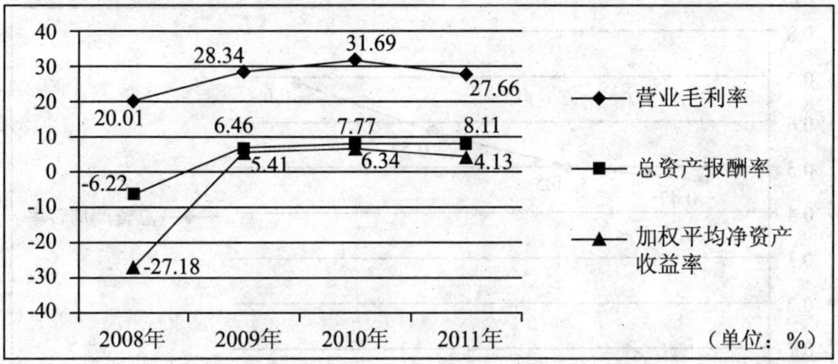

图 5－126

(2)运营能力

存货周转率、应收账款周转率和总资产周转率连续两年明显提升,并且均高于2008 年的水平。与同业相比,近四年存货周转率排名第 20、21、20、22 位,应收账款周转率排名第 22、22、22、20 位,总资产周转率排名第 21、21、22、21 位。总体来看,企业运营能力逐年好转,但与同业相比运营能力还是很低,运营能力还有较大的提升空间(图 5－127、图 5－128)。

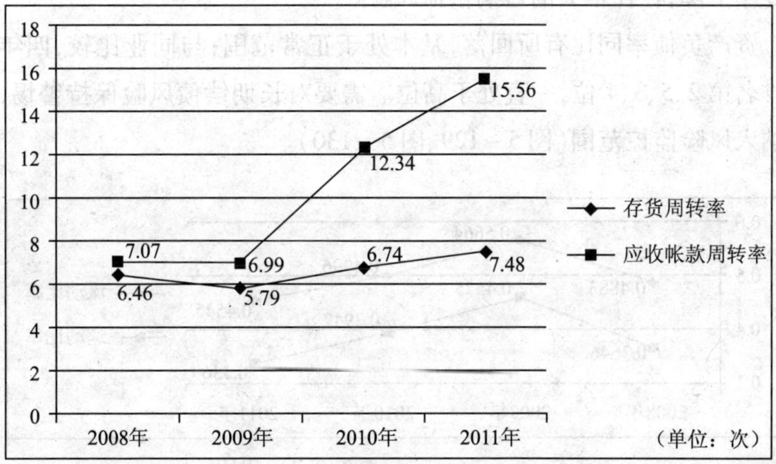

图 5－127

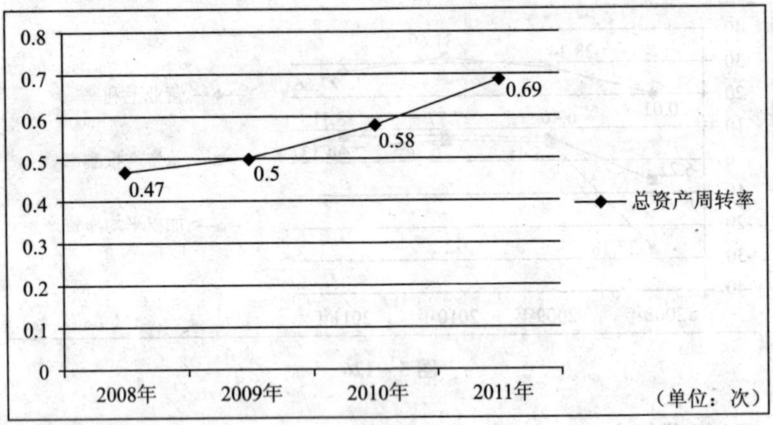

图 5－128

(3)偿债能力

近两年流动比率、速动比率连续下滑，为近四年来最低水平，短期偿债能力一直处于非正常范围。与同业相比，四年流动比率排名第22、22、25、26位，速动比率排名第23、22、25、26位。总体来看，企业短期偿债能力逐年下降，存在很大的短期偿债风险。

资产负债率同比有所回落，基本处于正常范围；与同业比较，四年业内排名第2、5、3、4位，一直处于高位。需要对长期偿债风险保持警惕，将其纳入风险监控范围(图5－129、图5－130)。

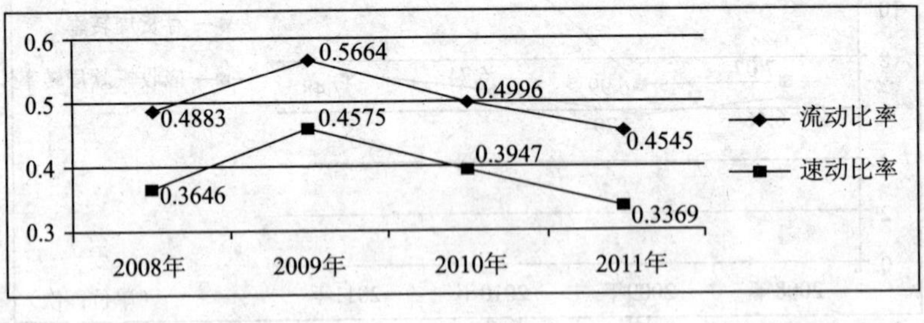

图 5－129

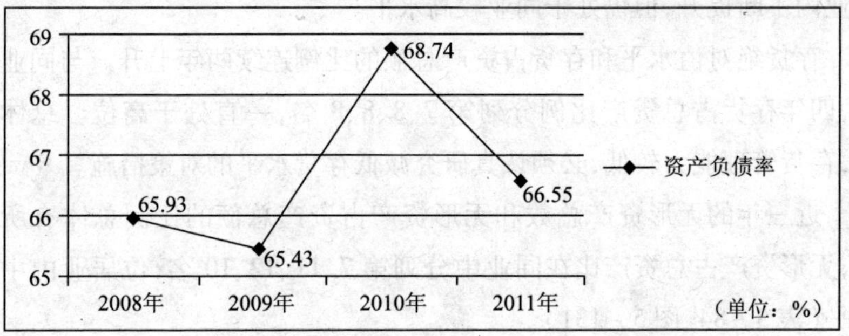

图 5－130

(4)成长性

与 23 家同业相比，三年营业收入复合增长率位列第 17 位（因 2008 年亏损，三年营业利润复合增长率无法计算），企业成长性较低（表 5－82）。

表 5－82

单位：%

财务指标	营业收入	营业利润
三年复合增长率	15	－（2008 年亏损）

2. 收益质量分析

(1)现金流质量

与 2010 年相比，由于 2011 年经营活动的现金净流量大幅降低，尽管投资现金流缩减，企业现金出现严重不足（表 5－83）。

表 5－83

单位：万元

财务指标 \ 年份	2008	2009	2010	2011
经营活动的现金净流量	12 906	16 296	27 539	3 548
投资活动的现金净流量	－9 468	－3 227	－14 210	－3 977
筹资活动的现金净流量	－4 984	－2 177	－10 462	－11 649
现金净流量	－1 540	10 918	2 843	－12 093

(2)资产质量

2011 年应收账款占资产总额的比例总体呈下降趋势，2011 有所回升，与同业相比，四年分列第 6、8、10、12 名，尽管其应收账款的管理能力在业内不断提升，但仍处于同业较高水平。

存货绝对值水平和存货占资产总额的比例连续两年上升。与同业比较，四年存货占总资产比例分列第7、8、8、8名，一直处于高位。总体来看，存货管理能力较低，必须认真研究减低存货水平的对策措施。

近三年的无形资产总数和无形资产占资产总额的比例总体有所下降，无形资产占总资产比在同业中分列第7、11、12、10名，位居业内中上水平（表5－84、图5－131）。

表5－84

单位：万元

财务指标＼年份	2008	2009	2010	2011
资产总额	187 537	193 030	222 757	217 696
流动资产	45 620	53 840	66 492	59 240
货币资金	9 885	19 710	22 266	10 666
应收账款	14 887	10 459	8 967	10 490
存　　货	11 557	10 353	13 954	15 333
非流动资产	141 917	139 190	156 265	158 456
固定资产	106 588	104 627	103 894	122 859
无形资产	27 631	26 895	25 878	25 850

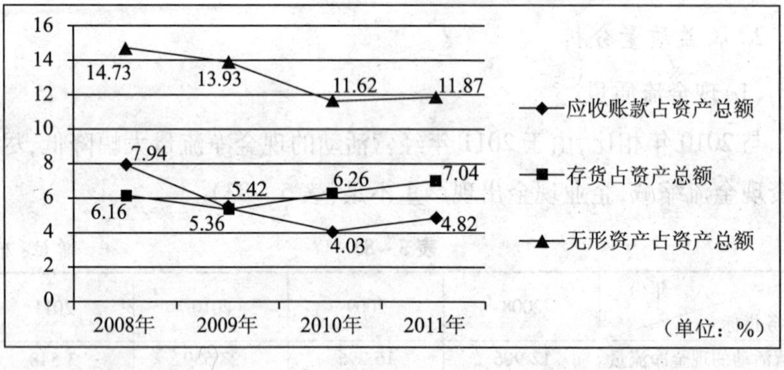

图5－131

（3）盈利质量

2011年营业收入、营业利润和利润总额同比上升，但股东净利润同比下降，营业利润率同比也有所回调。与同业比较，营业利润率四年排位分列第23、24、24、23名。总体来看，企业的整体盈利质量较差（表5－85、

图 5 - 132）。

表 5 - 85

单位：万元

财务指标 \ 年份	2008	2009	2010	2011
营业收入	99 545	88 571	119 907	151 400
营业利润	- 16 909	2 249	8 555	10 296
投资收益	140	536	211	83
营业外收支	- 3 113	3 518	1 385	80
利润总额	- 20 022	5 767	9 940	10 376
股东净利润	- 21 178	3 404	4 244	2 933

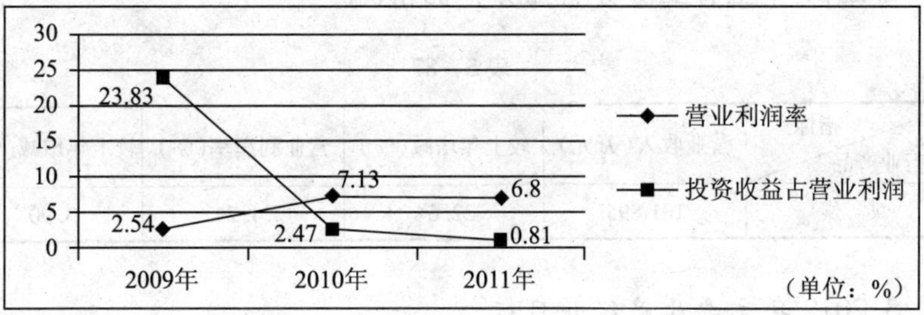

图 5 - 132

3. 财务综合分析

2011 年企业的财务能力和盈利能力基本位处同业企业的末端。做好生产经营管理、强化财务管理、提高盈利能力、提升营运能力、警惕偿债风险是必须予以重视的问题，尤其要监控短期偿债风险，同时警惕长期财务风险。否则，公司将陷入经营困境和财务困境。

5.18　甘肃靖远煤电股份有限公司（000552）

靖远煤电股份有限公司由甘肃靖远煤业有限责任公司为主发起设立，于 1994 年 1 月 6 日在深交所挂牌上市，截止到 2011 年年末集团持股比例 47.33%。公司主营煤炭生产销售业务。

一、公司生产运营状况

1. 2011 年主要产品产销情况

表 5－86

产品＼指标	2011	2010	较上年增减（%）
原煤产量（万吨）	260	245	6.12
煤炭销量（万吨）	260	243	6.70

2. 2011 年主营业务分行业分产品情况

表 5－87

分行业产品＼指标	营业收入（万元）	较上年增减（%）	营业利润率（%）	较上年增减（%）
煤　炭	101 895	32.64	24.24	3.90

3. 2012 年主要生产经营目标

2012 年力争原煤产量达到 270 万吨，力争产销平衡。

二、公司财务分析

1. 财务能力分析

（1）盈利能力

2011 年营业毛利率、总资产报酬率和加权平均净资产收益率同比都略有提升，但仍低于 2008 年的水平。与同业比较，四年营业毛利率分列第 13、18、21、21 名，总资产报酬率排名第 14、18、19、17 名，加权平均净资产收益率排名第 17、21、22、21 名。总体来看，企业的盈利能力位居同业的下游位置，盈利能力相对较差，还有较大的提升空间（图5－133）。

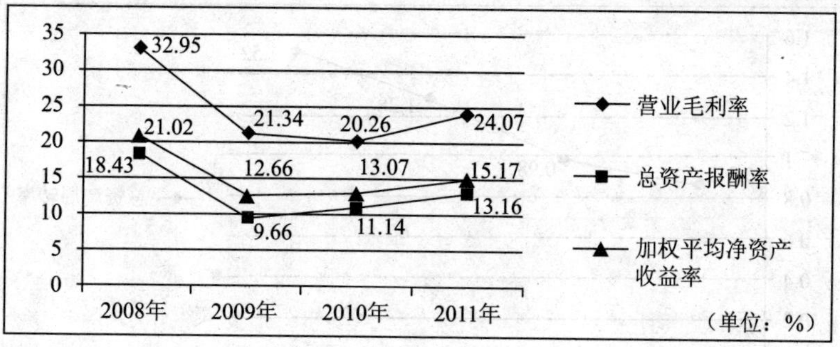

图 5－133

（2）运营能力

2011 年存货周转率同比有所回调，应收账款周转率略有上升、总资产周转率连年保持上升势头。与同业相比较，四年存货周转率排名第 14、14、13、14 位，应收账款周转率排名第 21、23、24、25 位，总资产周转率排名第 15、7、6、4 位。总体来看，企业运营能力总体逐步好转。但与同业相比运营能力一般，尤其是应收账款周转率指标在业内很低，还有较大的提升潜力（图 5－134、图 5－135）。

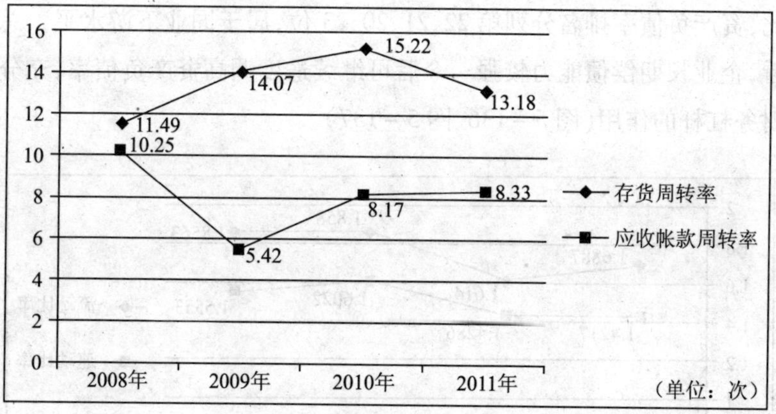

图 5－134

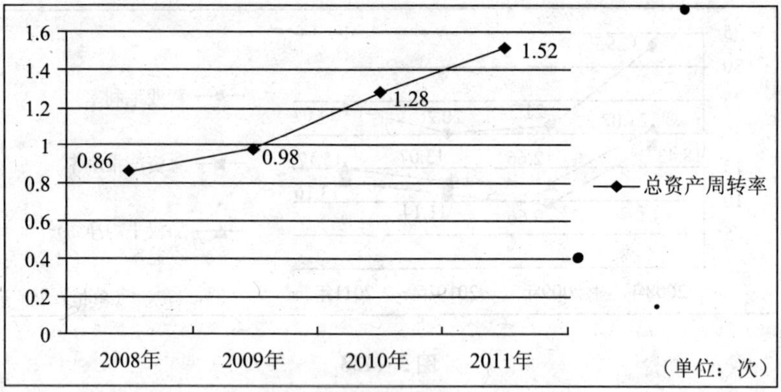

图 5－135

(3)偿债能力

2011 年的流动比率和速动比率基本保持上年水平,短期偿债能力指标一直处于正常范围之内。与同业相比,四年流动比率排名分列第 6、8、7、5 位,速动比率排名分列第 8、8、7、6 位,连续保持同业上游水平。总体来看,企业的短期偿债能力较强,短期偿债风险较低。

近三年的资产负债率不断上升,但一直处于正常范围之内。与同业相比,资产负债率排名分列第 22、21、20、23 位,居于同业下游水平。总体来看,企业长期偿债能力较强。今后可继续适度调高资产负债率,充分发挥财务杠杆的作用(图 5－136、图 5－137)。

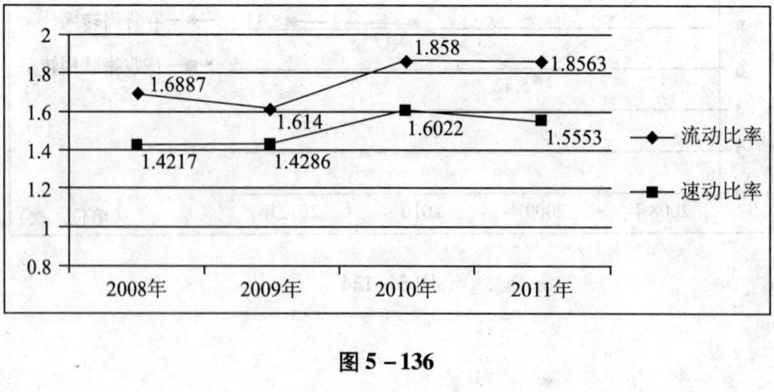

图 5－136

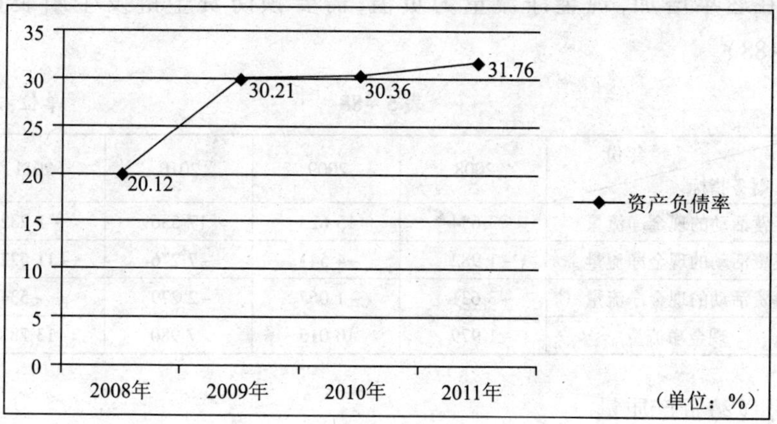

图 5－137

(4)成长性

以 2008 年为基数计算的三年营业收入复合增长率业内位列 23 家同业第 4 名，营业利润复合增长率位居第 15 名。总体来看，企业营收成长性较好，但营业利润成长水平较差，成本费用控制能力需要提高(图 5－138)。

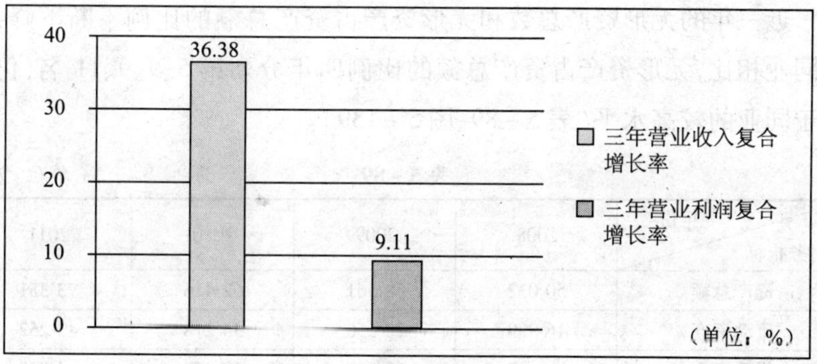

图 5－138

2. 收益质量分析

(1)现金流质量

2011 年经营活动现金净流量大幅度下降，呈现负值，同时对外投资仍在逐年增加，现金净流量为负值，需要预防资金链发生断裂（表5－88）。

表5－88

单位：万元

年份 / 财务指标	2008	2009	2010	2011
经营活动的现金净流量	3 634	15 623	17 536	－1 232
投资活动的现金净流量	－1 982	－4 541	－7 276	－11 522
筹资活动的现金净流量	－3 631	－1 067	－2 279	－534
现金净流量	－1 979	10 015	7 980	－13 288

（2）资产质量

应收账款的绝对数和应收账款占资产总额的比例，在2011年达到近年最高值。与同业相比，四年应收账款占资产总额的比例分列第2、1、3、1名，位居同业第一位置，应收账款比例处于非常高的状态，因此必须认真研究减少应收账款的措施，提高资产质量。

存货绝对值水平和存货占资产总额的比例也呈现逐年上升。与同业相比，四年占总资产比例位列第8、6、6、5名，位居同业前列水平，企业存货管理能力同样较差。

近三年的无形资产总数和无形资产占资产总额的比例不断下降，但与同业相比，无形资产占资产总额的比例四年分列第5、9、9、11名，仍位处于同业的较高水平（表5－89、图5－139）。

表5－89

单位：万元

年份 / 财务指标	2008	2009	2010	2011
资产总额	50 032	58 561	62 416	73 351
流动资产	16 999	28 556	35 218	43 252
货币资金	62	10 077	18 057	4 769
应收账款	7 711	11 984	6 998	17 735
存　　货	2 688	3 279	4 848	7 013
非流动资产	33 033	30 005	27 198	30 099
固定资产	23 081	20 420	17 957	19 358
无形资产	9 795	9 427	9 063	8 700

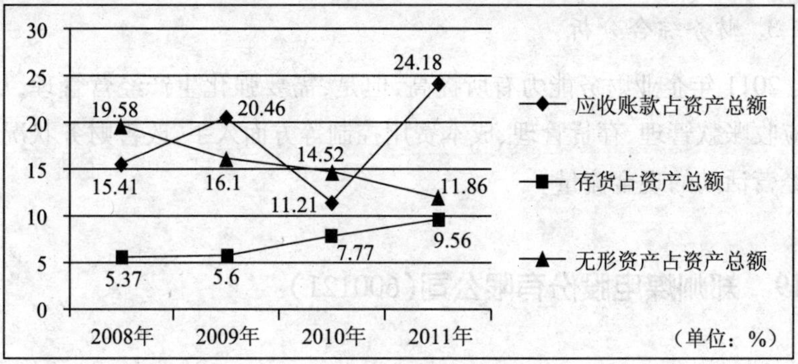

图 5－139

(3)盈利质量

企业收入全部源于主营业务。近两年的营业收入、营业利润、利润总额、净利润和营业利润率逐年增加。与同业比较,营业利润率四年分列第 11、20、22、21 名,且远低于 2008 年水平,总体来看盈利质量不高(表 5－90、图 5－140)。

表 5－90　　单位:万元

财务指标＼年份	2008	2009	2010	2011
营业收入	40 586	53 361	77 588	102 952
营业利润	7 365	4 559	6 852	9 567
投资收益	–	–	–	–
营业外收支	1 079	719	－45	－544
利润总额	8 444	5 278	6 807	9 023
股东净利润	7 172	5 329	5 655	7 081

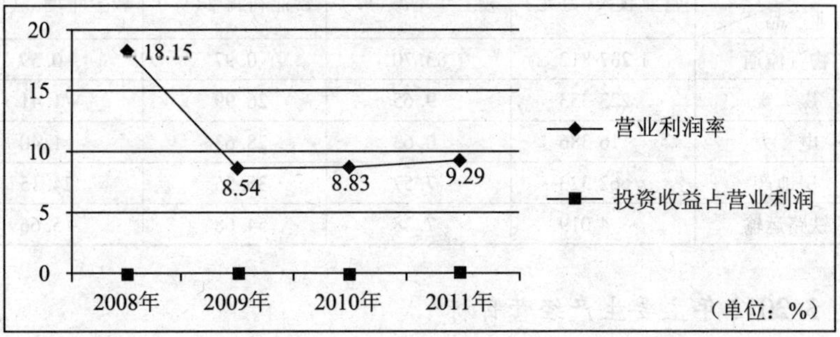

图 5－140

3. 财务综合分析

2011年企业财务能力有所提高，但是，需要强化生产经营管理，从加强应收账款管理、存货管理、成本费用控制等方面入手，改善财务状况，提高经营活动的现金流量。

5.19 郑州煤电股份有限公司(600121)

郑州煤电股份有限公司由郑州煤炭工业(集团)有限责任公司发起设立，于1998年1月7日在上海证券交易所挂牌交易，集团持股比例52.62%。公司主营煤炭产销、发电和输变电等业务，主要煤种为贫煤、贫瘦煤和无烟煤。

一、公司生产运营状况

1. 2011年主要产品产销情况

表5-91

年份 产品	2011	2010	较上年增减(%)
原煤产量(万吨)	486	489	-0.61
发电量(万度)	40 647	42 087	-3.42

2. 2011年主营业务分行业分产品情况

表5-92

指标 分行业产品	营业收入(万元)	较上年增减(%)	营业利润率(%)	较上年增减(%)
物资流通	1 237 812	83.70	0.97	-0.59
煤　炭	223 353	9.65	26.99	-1.41
电　力	16 386	0.63	-28.63	1.40
房地产	62 323	-7.57	35.55	24.15
铁路运输	4 019	7.28	54.68	-5.66

3. 2012年主要生产经营目标

2012年力争原煤产量达到480万吨，营业收入达到150亿元。

二、公司财务分析

1. 财务能力分析

(1)盈利能力

2011年营业毛利率、加权平均净资产收益率呈现继续下滑的势头，总资产报酬率略有提升。与同业比较，营业毛利率排名第23、24、26、27位，总资产报酬率排名第22、24、26、27位，加权平均净资产收益率排名第22、23、25、26位，盈利能力指标四年一直位居同业最低水平。总体来看，企业的盈利能力非常差，应有非常大的提升空间(图5－141)。

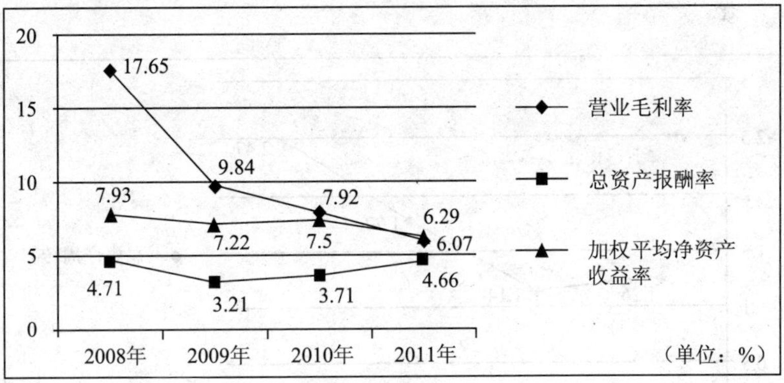

图5－141

(2)运营能力

存货周转率、应收账款周转率和总资产周转率逐年提高，尤其是应收账款和总资产周转率逐年大幅提升。与同业相比，四年存货周转率排名第21、23、23、21位，应收账款周转率排名第10、5、4、3位，总资产周转率排名第6、3、2、1位。总体来看，企业运营能力逐年好转，在业内明显提升；尤其是应收账款周转率、总资产周转率在业内大幅提升已经位居同业前列，而存货周转率则相对较低(图5－142、图5－143)。

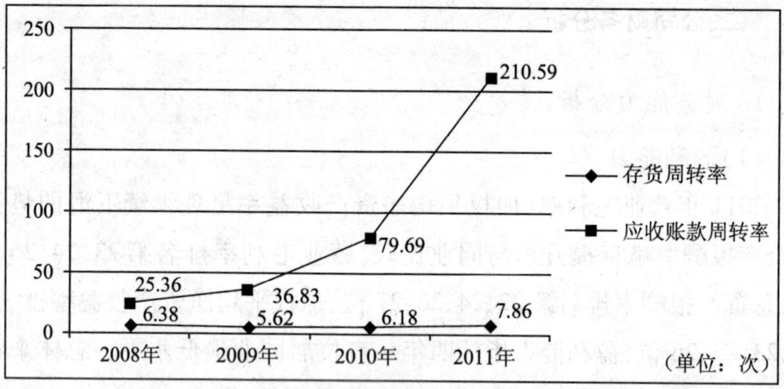

图 5-142

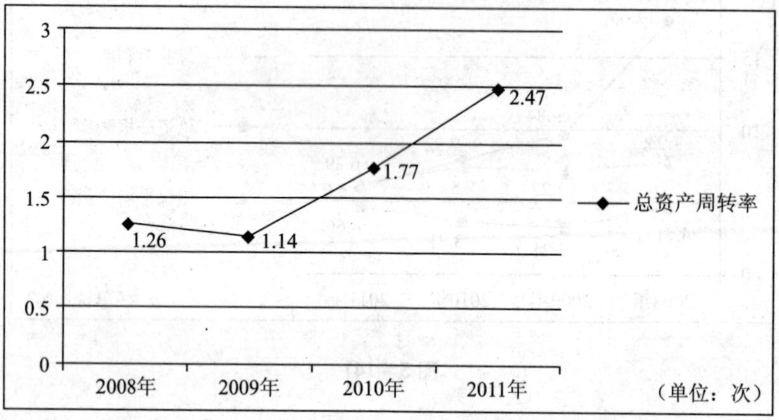

图 5-143

(3)偿债能力

近年以来流动比率和速动比率逐年下降,短期偿债能力指标一直处于非正常范围。与同业比较,四年流动比率排名第16、15、19、23位,速动比率排名第17、20、24、25位,排名居后。总体来看,2011年企业短期偿债能力很弱,短期偿债风险较高,短期偿债能力应纳入风险监控范围。

近三年的资产负债率不断上升,资产负债率同业排名第3、4、4、2位,一直处于相对高位,但是,还处于可控范围内,但是需要将长期偿债能力纳入风险监控范围(图5-144、图5-145)。

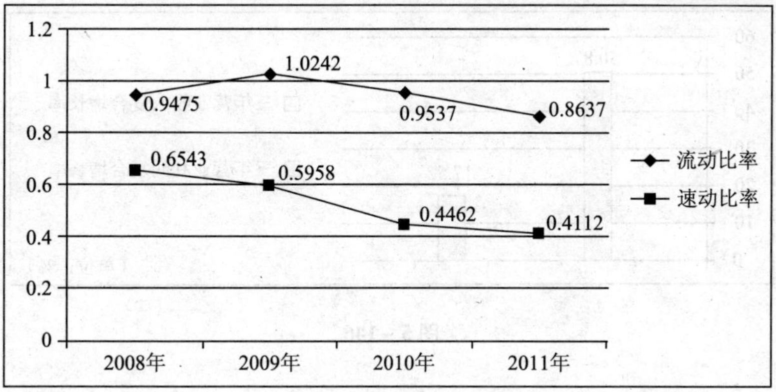

图 5－144

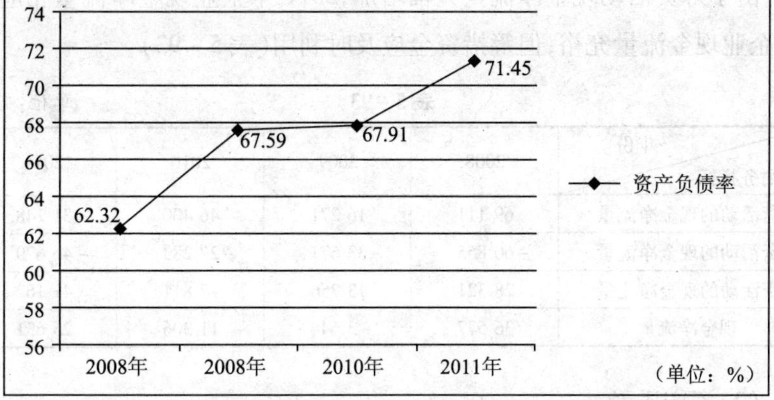

图 5－145

(4)成长性

与 23 家同业比较,以 2008 年为基数计算的三年企业营业收入复合增长率位居第 1 位,三年营业利润复合增长率位居同业第 8 位。

总体来看,三年来企业的成长性很好,但营业利润复合增长率远远低于营业收入复合增长率,意味着企业的成本费用控制能力需要着力提升(图 5－146)。

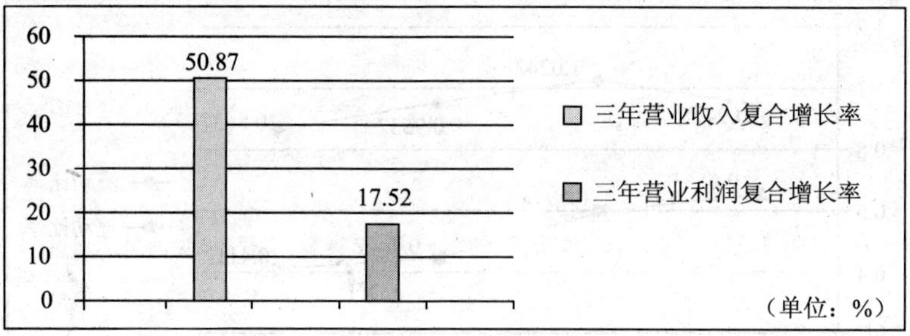

图 5-146

2. 收益质量分析

(1)现金流质量

由于筹资活动现金净流量大幅增加,2011 年企业现金净流量相应改善,企业现金流量充裕,但筹措资金应及时利用(表 5-93)。

表 5-93

单位:万元

财务指标 \ 年份	2008	2009	2010	2011
经营活动的现金净流量	69 111	16 271	46 400	31 148
投资活动的现金净流量	-60 855	-33 671	-27 283	-46 679
筹资活动的现金净流量	28 321	13 756	-7 811	41 162
现金净流量	36 577	-3 644	11 306	25 631

(2)资产质量

近三年来的应收账款总数和占资产总额的比例都在不断下降,与同业相比位居第 12、13、18、25 位,2011 年达到同业很低水平,表明企业应收账款的管理能力很高。

存货绝对值水平和存货占资产总额的比例都逐年上升,2011 年达到惊人水平,与同业相比,存货占资产总额的比例四年分列第 2、1、1、1 名,位居同业企业之首。总体来看,企业存货管理能力非常差,必须认真研究降低存货水平的对策措施。

无形资产占总资产的比例总体逐步回落,在同业中分列第 19、22、22、27 名。2011 年处于业内最低水平(表 5-94、图 5-147)。

表 5－94　　单位：万元

财务指标＼年份	2008	2009	2010	2011
资产总额	452 536	531 811	575 058	685 722
流动资产	244 337	293 414	317 171	388 771
货币资金	99 995	96 351	107 656	133 287
应收账款	18 714	14 868	9 665	5 138
存　货	75 604	122 714	168 788	203 677
非流动资产	208 199	238 397	257 887	296 952
固定资产	113 384	154 039	174 314	211 941
无形资产	15 650	13 390	19 367	16 744

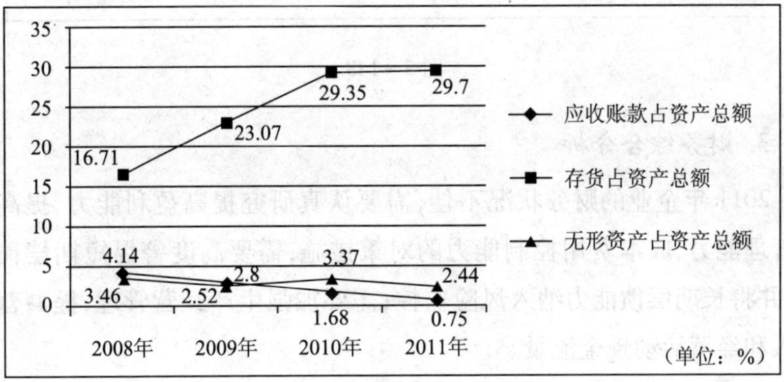

图 5－147

(3)盈利质量

企业净利润来自主营业务。营业利润率逐年有所降低，在同业中的排名为第 22、23、26、27 位，位居业内最低水平，企业盈利质量差（表 5－95、图5－148）。

表 5－95　　单位：万元

财务指标＼年份	2008	2009	2010	2011
营业收入	453 852	618 448	977 572	1 558 688
营业利润	16 991	17 486	18 182	27 578
投资收益	－159. 69	56. 30	－2. 05	－1. 34
营业外收支	－933	－3 366	－391	－1 358
利润总额	16 058	14 120	17 791	26 220
股东净利润	11 915	11 456	12 945	11 594

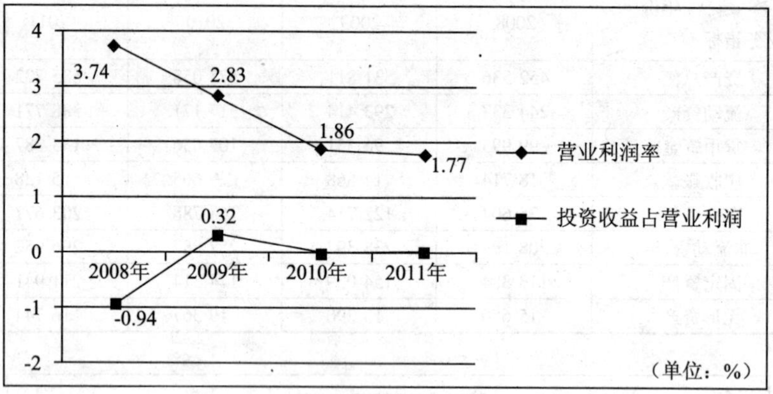

图 5－148

3. 财务综合分析

2011 年企业的财务状况不佳，需要认真研究提高盈利能力、提高存货管理能力、成本费用控制能力的对策措施；需要高度警惕短期偿债风险，并将长期偿债能力纳入风险监控；需要加强生产经营管理，提高营业收入和经营活动现金流量。

5.20 贵州盘江精煤股份有限公司（600395）

贵州盘江精煤股份有限公司由贵州盘江煤电有限责任公司为主发起设立，于 2001 年 5 月 31 日上交所挂牌上市。截止到 2011 年年末，盘江煤电有限责任公司和盘江投资控股（集团）有限公司合并持股比例 75.86%。公司主营煤炭生产、发电等业务。

盘江矿区煤炭储量丰富，煤炭远景储量为 383 亿吨，矿区地质条件较好，煤层赋存稳定。煤种齐全，主要有气煤、肥煤、1/3 焦煤、主焦煤、瘦煤、贫煤、无烟煤（其中肥煤和 1/3 焦煤属稀缺煤种），储量和煤种在长江以南地区得天独厚。公司煤炭产品低硫、低灰、微磷、发热量高，在市场上有较强的竞争力。

一、公司生产运营情况

1. 2011 年主要产品产销情况

表 5 –96

产品名称 \ 年份	2011	2010	较上年增减(%)
原煤(万吨)	1 230	1 140	7.89
精煤(万吨)	394	350	12.57
混煤(万吨)	475	397	19.65
发电(万度)	46 993	45 231	3.90
商品煤销售(万吨)	988	753	31.21
供电(万度)	40 711	39 119	4.07

2. 2011 年主营业务收入分行业分产品情况

表 5 –97

分行业分产品 \ 指标	营业收入(万元)	较上年增减(%)	营业毛利率(%)	较上年增减(%)
煤　炭	759 892	40.70	44.30	-0.46
电　力	15 369	3.82	6.63	-2.67
内部抵消	40 024	–	–	–

3. 2012 年主要生产经营目标

公司 2012 年度预计营业总收入 949 425 万元，营业总成本 699 425 万元，利润总额 250 000 万元。

二、公司财务分析

1. 财务能力分析

(1)盈利能力

营业毛利率呈现逐年上升的势头，2011 年创近年最好水平，总资产报酬率逐年小幅下降，加权平均净资产收益率近两年有所回升，但仍低于 2008 年的水平。与同业比较，四年营业毛利率排名第 19、6、6、3 位，总资产报酬率排名第4、1、2、3位，加权平均净资产收益率排名第9、7、11、5位，盈利能力位连年位居业内前列。总体来看，企业的盈利能力较好（图5－149）。

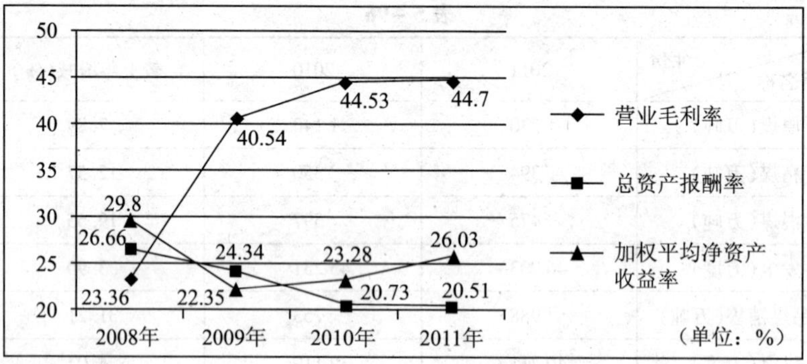

图5－149

（2）运营能力

2011年存货周转率、应收账款周转率和总资产周转率略有所提升，但没有达到2008年的水平。与同业比较，四年存货周转率排名第7、10、12、12位，应收账款周转率排名第8、12、14、13位，总资产周转率排名第2、9、14、17位。总体来看，企业运营能力位居同业中游，企业运营能力一般（图5－150、图5－151）。

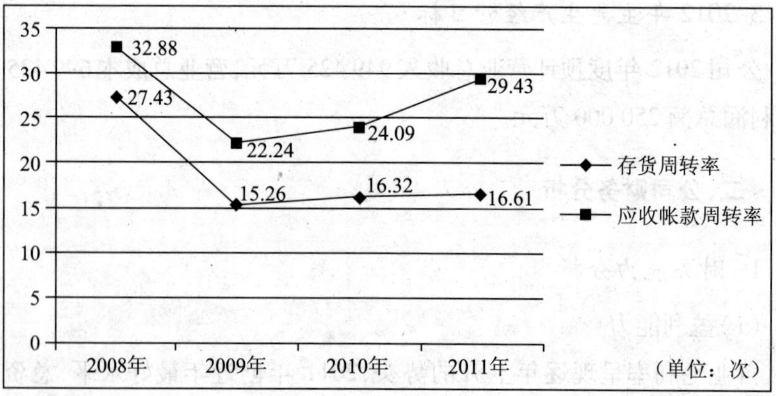

图5－150

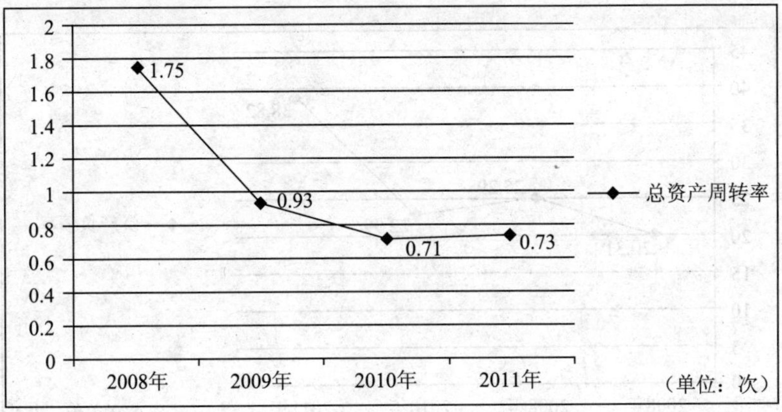

图 5－151

（3）偿债能力

尽管 2011 年流动比率、速动比率有所降低，但短期偿债能力指标一直处于正常范围之内。与同业比较，四年流动比率排名第 2、6、4、6 位，速动比率排名第 2、6、3、3 位，排名一直保持在前列。总体来看，企业短期偿债能力非常强，基本不存在短期偿债风险。

尽管 2011 年的资产负债率明显上升，但一直处于低水平。与同业相比，四年资产负债率排名第 21、24、26、21 位，一直处于低位水平。企业长期偿债能力非常强，几乎不存在长期偿债风险。今后可继续适度提高资产负债率，以充分发挥财务杠杆的作用，提高企业盈利能力（图 5－152、图 5－153）。

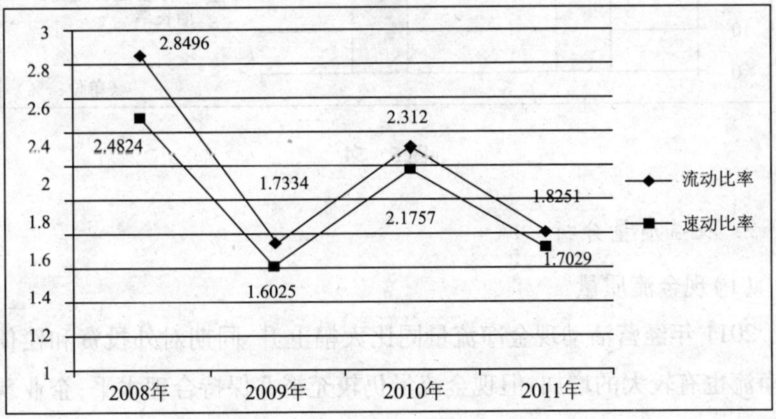

图 5－152

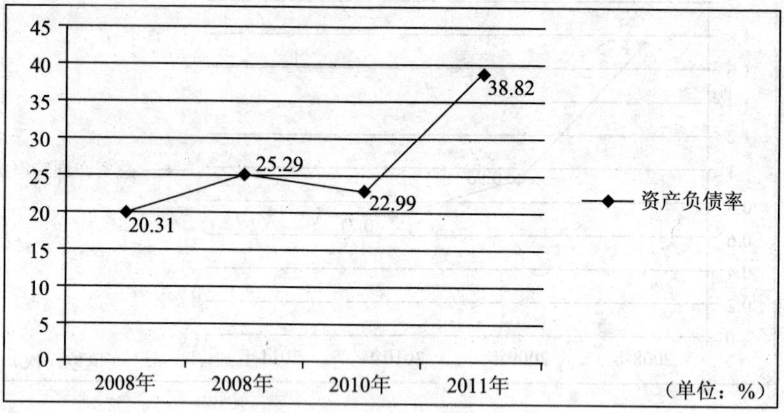

图 5－153

(4)成长性

与23家同业相比,以2008年为基数计算的三年营业收入复合增长率排名第10位,三年营业利润复合增长率排名第1位,近三年企业成长性较好,尤其是营业利润高速增长,显示企业的成本费用管控能力非常强(图5－154)。

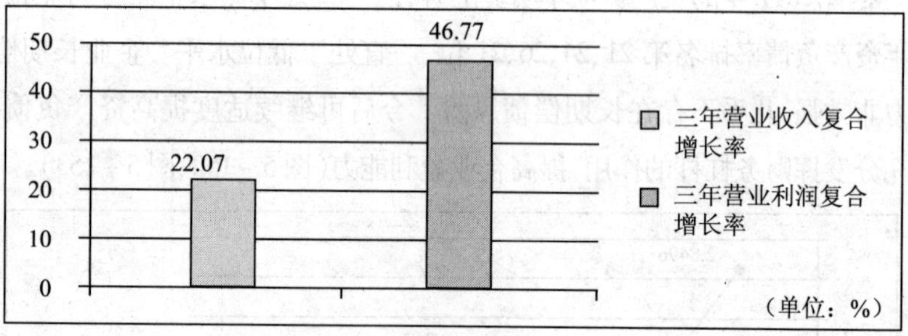

图 5－54

2. 收益质量分析

(1)现金流质量

2011年经营活动现金净流量同比大幅上升,同期对外投资和偿债现金净流也有较大的增加,但现金流量仍较充裕并保持合理水平,企业现金流管控水平很高(表5－98)。

表 5－98

单位：万元

财务指标＼年份	2008	2009	2010	2011
经营活动的现金净流量	43 767	181 006	114 837	237 597
投资活动的现金净流量	－25 295	－86 610	－58 759	－136 860
筹资活动的现金净流量	－5 198	－37 441	－51 767	－86 564
现金净流量	13 273	56 955	4 310	14 173

（2）资产质量

近三年来应收账款占资产总额的比例在不断下降。与同业相比，四年排名分别位居第 7、11、13、18 名，2011 年已处于中等偏下水平。表明其应收账款的管理能力在不断提升。

2011 年存货总额以及占资产总额的比例略有回升。与同业相比，四年排位分列第 4、17、23、22 名，仍居同业下游水平。总体来看，企业存货管理能力总体达到同业较好水平。

2011 年无形资产占总资产的比例同比继续下降。与同业比较，无形资产占比四年分列第 21、6、8、12 位，处同业中等水平（表 5－99、图5－155）。

表 5－99

单位：万元

财务指标＼年份	2008	2009	2010	2011
资产总额	255 677	717 425	829 375	1 222 440
流动资产	136 347	236 450	327 473	453 867
货币资金	37 146	94 101	98 411	114 680
应收账款	19 220	21 667	23 744	26 986
存　　货	17 569	17 860	19 315	30 389
非流动资产	119 330	480 975	501 902	768 573
固定资产	86 163	261 131	279 420	473 018
无形资产	6 796	124 731	120 775	141 522

（3）盈利质量

投资收益以及营业外收支占企业盈利比例较小，近三年的营业收入、营业利润、利润总额和股东净利润均保持较高的增长态势。2011 年营业利润率同比有所回调，与同业相比，四年位居第 17、4、5、4 名。总体来看，企业的盈利质量非常好，并且处于快速提高阶段（表 5－100、图 5－156）。

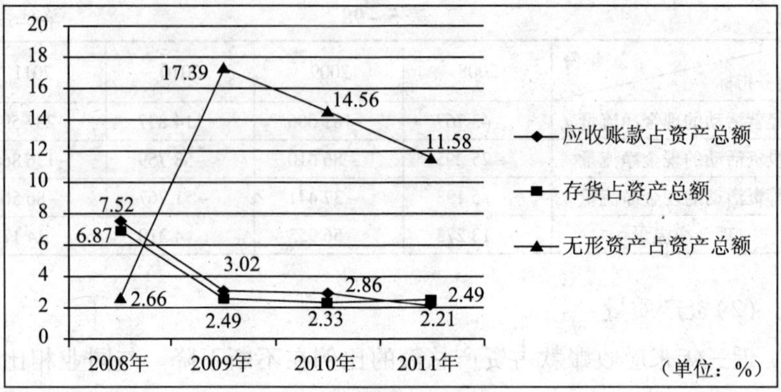

图 5－155

表 5－100　单位：万元

财务指标＼年份	2008	2009	2010	2011
营业收入	410 404	454 606	546 924	746 493
营业利润	64 169	116 651	159 391	202 891
投资收益	536	576	－175	1701
营业外收支	－1091	－27	－175	1348
利润总额	63 078	116 624	159 216	204 239
股东净利润	54 033	99 001	134 522	170 498

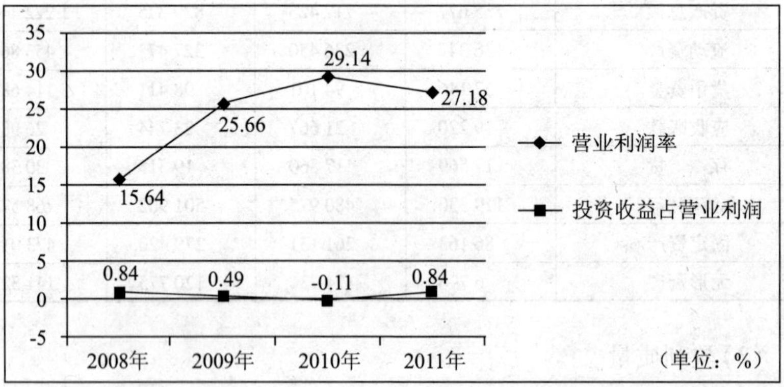

图 5－156

3. 财务综合分析

近年来企业稳步发展，财务质量良好，但是企业运营能力还有较大的提升空间，同时还需要适度提高负债水平率，充分发挥财务杠杆的作用，进一步提高盈利能力。

5.21 开滦能源化工股份有限公司(600997)

开滦能源化工股份有限公司由开滦(集团)有限责任公司发起设立，于2004年6月2日在上交所挂牌交易，截止到2011年年末集团持股比例56.73%。公司主营煤炭采选和煤化工业务，所属唐山区域煤炭资源属于低灰、中高挥发分、特高发热量、特强粘结性的优质肥煤，是我国煤炭资源的稀缺品种。

一、公司生产运营状况

1. 2011年主要产品产销情况

表5-101

指标 产品名称	产量(万吨)	较上年增减%	销量(万吨)	较上年增减(%)
精煤	342.81	4.41	242.36	19.83
焦炭	648.93	24.69	629.55	21.97
甲醇	23.83	3.79	23.95	3.77
纯苯	13.73	78.54	13.82	79.25

2. 2011年主营业务分行业分产品情况

表5-102

分行业产品	营业收入(万元)	较上年增减(%)	毛利率(%)	较上年增减(%)
分行业				
煤炭采选	562 677	9.93	31.41	-4.82
煤化工业	1 590 528	33.22	4.39	-0.66
分产品				
洗精煤	462 245	12.50	31.99	-6.65
冶金焦	1 102 538	31.59	3.6	-1.30
其他焦化品	487 990	37.04	6.17	0.77

3. 2012 年主要生产经营目标

2012 年公司计划生产原煤 855 万吨，生产精煤 314 万吨，生产焦炭 715 万吨，实现营业收入 201 亿元。

二、公司财务分析

1. 财务能力分析

(1)盈利能力

近三年营业毛利率、总资产报酬率和加权平均净资产收益率呈现逐年下滑的态势。与同业相比，四年营业毛利率排名分列第 18、20、24、24 名，总资产报酬率排名第 18、17、22、25 名，加权平均净资产收益率排名第 14、14、20、22 名。总体来看，盈利能力逐年下降，2011 年已居业内下游位置，近年盈利能力不佳。需要采取相应的有力措施，阻止盈利能力不断下滑的趋势(图 5 - 157)。

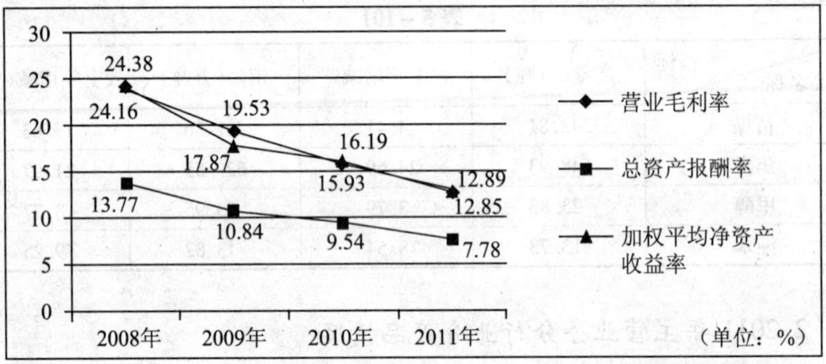

图 5 - 157

(2)运营能力

近三年的存货周转率逐年下降，应收账款周转率 2011 年也同比大幅回调，但总资产周转率总体有所提升，但提升不明显。与同业比较，四年存货周转率排名第 10、11、15、17 位，应收账款周转率排名第 12、9、8、12 位，总资产周转率排名第 10、10、7、8 位。总体来看，企业运营能力位居同业中游水平，企业运营能力一般，还有较大的提升空间(图 5 - 158、图 5 - 159)。

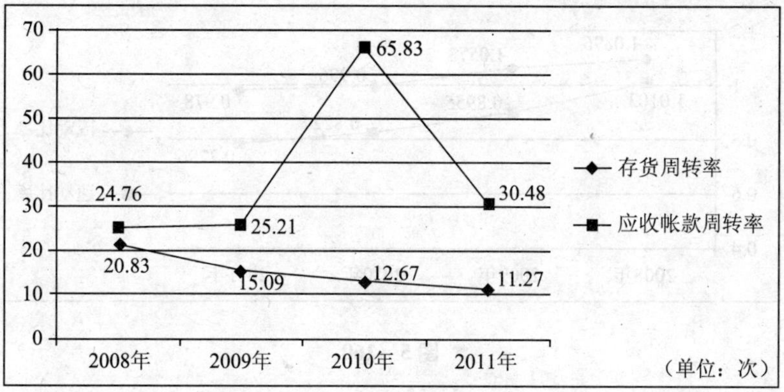

图 5－158

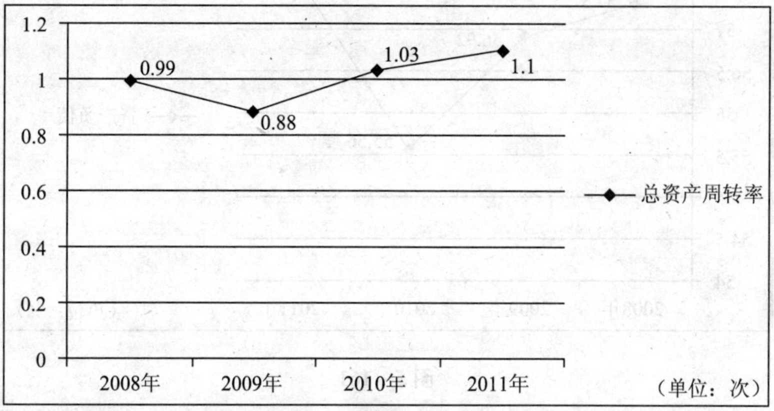

图 5－159

(3)偿债能力

流动比率、速动比率逐年下降，处于非正常值范围。与同业相比，四年流动比率排名第 13、14、18、20 位，速动比率排名第 12、14、18、20 位，居业内下游位置。总体来看，企业存在一定的短期偿债风险，需要引起警惕。

2011 年资产负债率逐年有所上升，四年资产负债率在业内排名第 6、8、7、6 位，负债水平适中(图 5－160、图 5－161)。

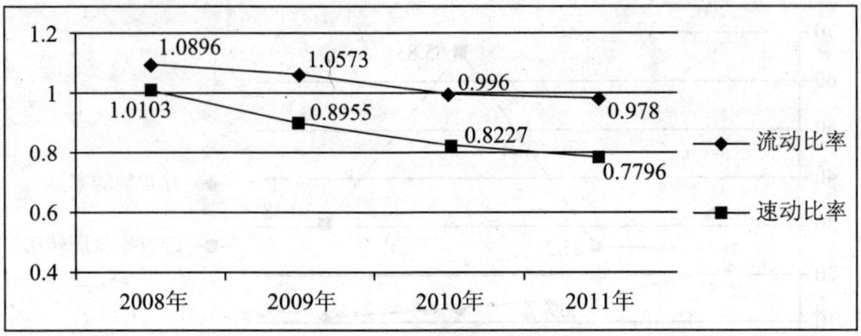

图 5－160

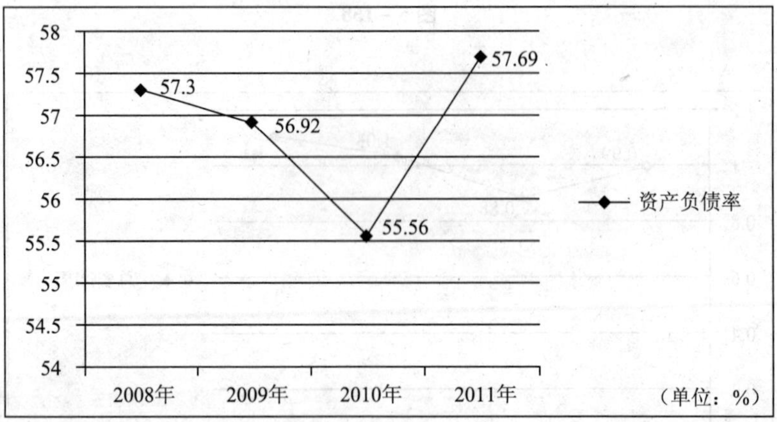

图 5－161

流动比率、速动比率逐年下降，处于非正常值范围。与同业相比，四年流动比率排名第 13、14、18、20 位，速动比率排名第 12、14、18、20 位，居业内下游位置。总体来看，企业存在一定的短期偿债风险，需要引起警惕。

2011 年资产负债率逐年有所上升，四年资产负债率在业内排名第 6、8、7、6 位，负债水平适中。

(4)成长性

与 23 家同业相比，以 2008 年为基数计算的三年营业收入复合增长率位居第 7 名，三年营业利润复合增长率排列 20 名。总体来看，企业成长性不好,营业利润复合增长率为负值并远远低于营业收入复合增长率,意味着企业的成本费用控制能力需要大力加强(图 5－162)。

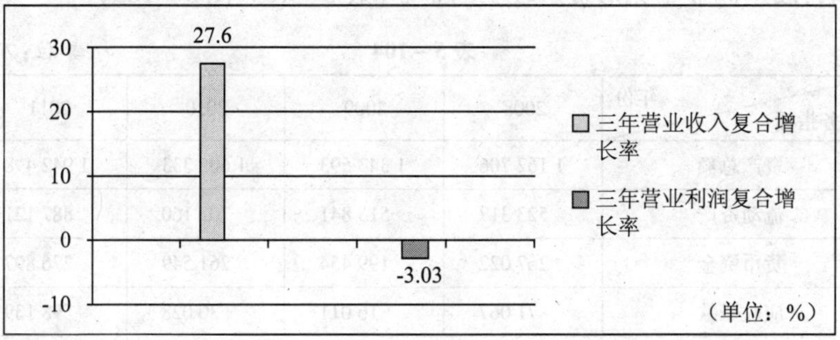

图 5－162

2. 收益质量分析

(1)现金流质量

2011 年企业经营活动现金净流量逐年大幅度提升,现金流量充裕,应充分利用现有闲置资金,提高盈利能力(表 5－103)。

表 5－103　　单位:万元

财务指标＼年份	2008	2009	2010	2011
经营活动的现金净流量	163 269	22 032	121 967	186 349
投资活动的现金净流量	－194 640	－181 990	－138 698	－199 801
筹资活动的现金净流量	186 166	92 269	59 687	45 573
现金净流量	154 706	－67 568	42 113	30 100

(2)资产质量

2011 年应收账款总额和应收账款占资产总额的比例同比大幅提高,与同业相比,应收账款比例四年分列第 8、19、16、11 名,在同业中已位居中等偏上水平。

存货总量和占资产总额的比例都逐年上升。与同业比较,四年位列第 13、4、7、6 名,无论是存货的绝对值还是存货占资产总额的比例一直处于高位。总体来看,存货管理能力较差。因此,必须认真研究降低存货水平的对策措施。

无形资产占资产总额的比例逐年下降，四年位居同业第18、20、23、25名，属于同业中无形资产较少的企业（表5－104、图5－163）。

表5－104　　单位：万元

财务指标＼年份	2008	2009	2010	2011
资产总额	1 162 706	1 343 593	1 605 333	1 942 498
流动资产	523 317	515 841	702 160	887 121
货币资金	267 022	199 454	261 549	276 897
应收账款	71 067	16 011	30 028	98 139
存　货	38 107	78 939	122 133	179 918
非流动资产	639 389	827 752	903 173	1 055 375
固定资产	409 953	725 311	787 593	869 756
无形资产	43 936	50 186	48 293	53 373

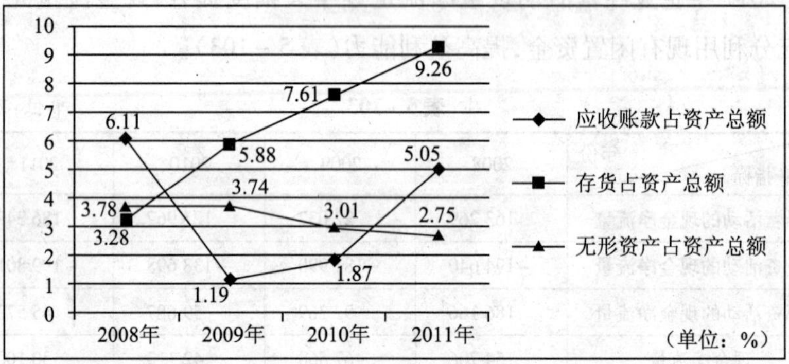

图5－163

（3）盈利质量

投资收益以及营业外收支占企业盈利比例较低。近三年的营业收入不断提升，而2011年营业利润、利润总额和股东净利润却同比下降，营业利润率呈现逐年下降趋势，在同业中四年位列第20、18、23、24名。总体来看，企业的盈利质量不高（表5－105、图5－164）。

表5-105　　单位：万元

财务指标＼年份	2008	2009	2010	2011
营业收入	940 143	1 097 671	1 515 407	1 953 355
营业利润	111 274	118 225	113 771	101 463
投资收益	30	78	55	-57
营业外收支	-63	-739	620	1620
利润总额	111 211	117 486	114 391	103 083
股东净利润	81 151	82 303	86 885	78 575

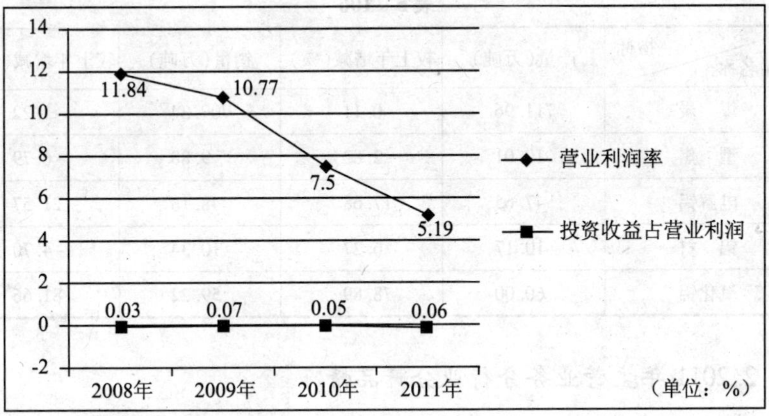

图5-164

3. 财务综合分析

企业总体财务状况不容乐观，需要全面进行财务诊断，认真研究强化生产经营管理能力和提高财务管理能力的对策措施，加强成本费用控制，高度警惕短期财务风险。

5.22 河南神火煤电股份有限公司（000933）

河南神火煤电股份有限公司由河南神火集团为主发起设立，于1999年8月31日在深圳证券交易所挂牌上市，截止到2011年年末集团持股比例25.24%。公司主营煤炭采选、铝及铝制品加工业务。

公司本部所在的永城矿区是我国六大优质无烟煤基地之一，永城矿区生产的无烟煤具有特低硫、特低磷、高发热量等特点，煤质好、热值高，是冶金、电力、化工行业的优质燃料或原料；许昌矿区生产的贫瘦煤粘结指数比较高，可以作为主焦煤的配煤使用，煤种稀缺。

一、公司生产运营情况

1. 2011年主要产品产销情况

表5－106

指标 产品名称	产量（万吨）	较上年增减（%）	销量（万吨）	较上年增减（%）
煤　炭	711.96	0.11	709.34	－1.22
型　焦	10.01	－2.82	9.88	－6.79
电解铝	47.65	17.68	48.18	21.57
铝　材	10.17	6.27	10.34	－4.70
氧化铝	60.00	78.89	59.22	81.66

2. 2011年主营业务分行业分产品情况

表5－107

行业	指标 产品	营业收入（万元）	同比增减（%）	营业利润率（%）	同比增减（%）
煤炭	煤炭	650 674	23.74	48.28	－3.36
有色	铝及铝制品	1 032 588	39.03	－1.96	－1.55
	贸易	1 154 687	360.48	0.65	－1.76

3. 2012年主要生产经营目标

在市场环境不发生大的波动情况下，按照合并报表口径，预计公司（含控股子公司）全年生产商品煤850万吨，型焦10万吨，电解铝50万吨，铝材9万吨，炭素17万吨，供电43亿度，氧化铝77万吨，氢氧化铝7.5万吨，实现产销平衡。预计全年营业收入300亿元，主营业务利润总额12亿元左右。

二、公司财务分析

1. 财务能力分析

(1)盈利能力

与 2010 年相比,2011 年的营业毛利率、总资产报酬率和加权平均净资产收益率都有所下降。与同业相比,四年营业毛利率排名第 20、22、23、25 位,总资产报酬率排名第 16、22、21、23 位,加权平均净资产收益率排名第 1、13、4、7 位。总体来看,近四年的盈利能力一般且不稳定,在同业内位居下游偏上位置,盈利能力有待提升(图 5－165)。

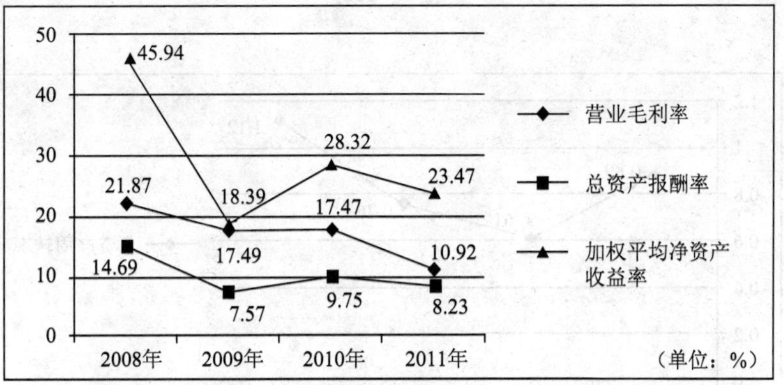

图 5－165

(2)运营能力

2011 年的存货周转率、应收账款周转率和总资产周转率大幅上升,为四年来最好水平。与同业相比,四年存货周转率排名第 15、16、17、15 位,应收账款周转率排名第 7、6、2、2 位,总资产周转率排名第 14、17、13、7 位,总体来看,企业运营能力位列同业中上水平(图 5－166、图 5－167)。

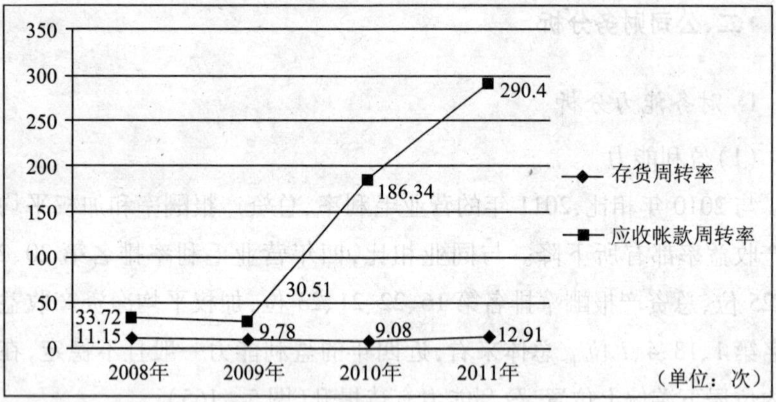

图 5 - 166

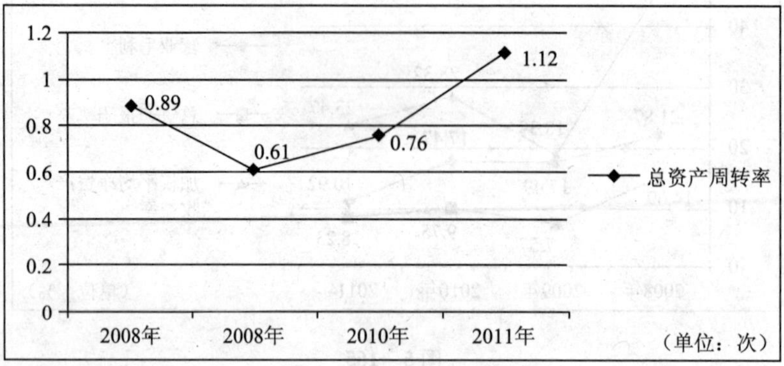

图 5 - 167

（3）偿债能力

2011 年的流动比率、速动比率同比上年有所下降；与同业比较，四年流动比率排名第 23、23、24、25 位，速动比率排名第 22、23、23、24 位，排名靠后。总体来看，企业的短期偿债能力低，短期偿债风险较高，需要将短期偿债风险纳入风险监控范围。

近四年的资产负债率一直处于高位，资产负债率同业排名第 1、1、2、1 位，多次位居行业第一。总体来看，企业负债水平过高，应引起高度警惕，并将长期偿债风险纳入风险监控范围（图 5 - 168、图 5 - 169）。

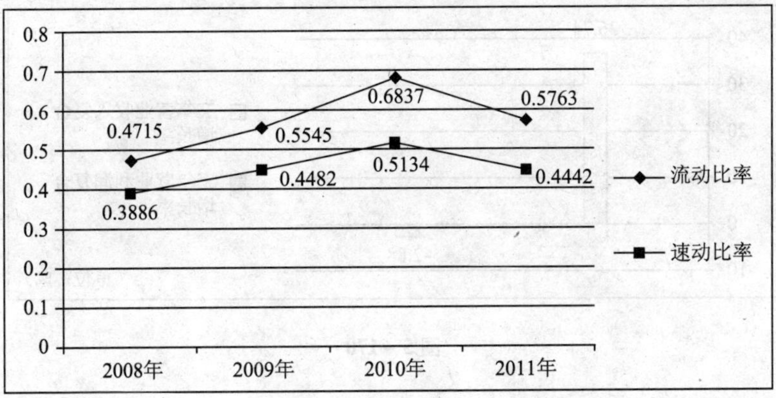

图 5-168

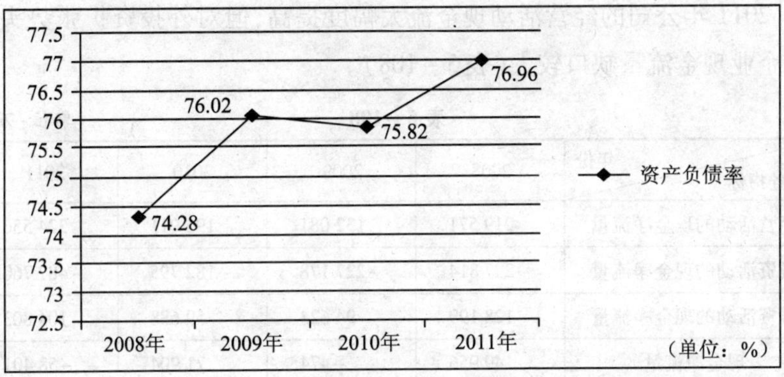

图 5-169

(4)成长性

与 23 家同业比较,以 2008 年为基数计算的三年营业收入复合增长率排名第 3 位,三年营业利润复合增长率排名第 19 位,成长性一般,应着力注重成本费用控制(图 5-170)。

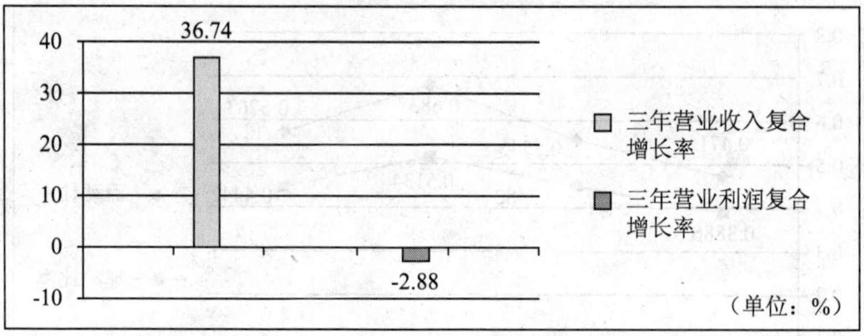

图 5－170

2. 收益质量分析

(1)现金流质量

2011 年公司的经营活动现金流大幅度提高,但对外投资扩张势头较猛,企业现金流量缺口较大(表 5－108)。

表 5－108

单位:万元

财务指标＼年份	2008	2009	2010	2011
经营活动的现金净流量	219 571	132 081	195 011	324 556
投资活动的现金净流量	－297 814	－227 178	－182 795	－487 760
筹资活动的现金净流量	128 199	94 623	59 688	104 803
现金净流量	49 956	－474	71 904	－58 401

(2)资产质量

2011 年应收账款总数以及占资产总额的比例略有上升,但与同业比较,四年应收账款比例分列第 13、22、25、26 名,在同业中应收账款占比非常低。

2011 年存货占资产总额的比例有所上升,四年位居同业第 9、7、5、7 名,无论是存货的绝对值还是存货占资产总额的比例一直处于高位。

无形资产占资产总额的比例逐年有所回调,在同业中四年分列第 15、17、19、19 位,居于中等偏下状态。

总体来看,资产质量尚可,但应采取降低存货水平的相应措施(表 5－109、图 5－171)。

表 5－109　　单位：万元

财务指标＼年份	2008	2009	2010	2011
资产总额	1 545 538	1 954 573	2 466 769	3 007 716
流动资产	411 738	555 775	805 712	972 919
货币资金	115 948	245 515	354 124	344 294
应收账款	58 358	11 172	6 969	14 173
存　货	72 364	106 586	200 633	223 078
非流动资产	1 133 800	1 398 798	1 661 057	2 034 798
固定资产	657 085	989 917	1 210 439	1 195 235
无形资产	79 585	109 046	164 775	192 282

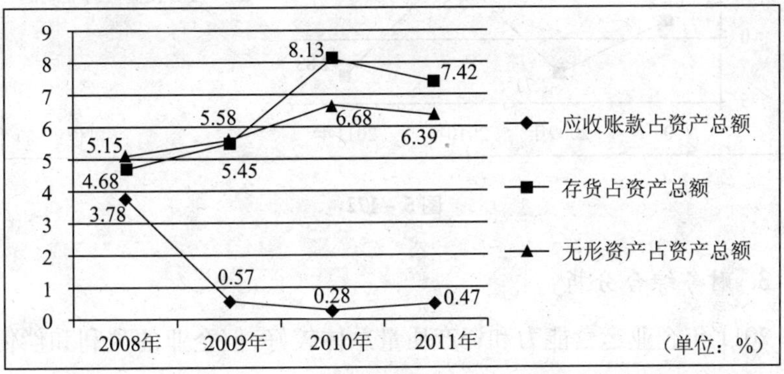

图 5－171

（3）盈利质量

2011 年营业收入较往年大幅提高，但营业利润、利润总额和股东净利润均低于 2010 年。营业利润率降幅同比较大，与同业比较，四年分列第 19、21、21、25 位。总体来看，盈利质量总体较差（表 5－110、图 5－172）。

表 5－110　　单位：万元

财务指标＼年份	2008	2009	2010	2011
营业收入	1 200 610	1 060 661	1 690 263	3 069 907
营业利润	157 025	82 028	155 703	143 866

续表

财务指标 \ 年份	2008	2009	2010	2011
投资收益	2 270	−2 219	8 639	−4 078
营业外收支	721	7 561	−3 556	−2 003
利润总额	157 746	89 589	152 147	141 863
股东净利润	112 657	60 084	115 884	115 058

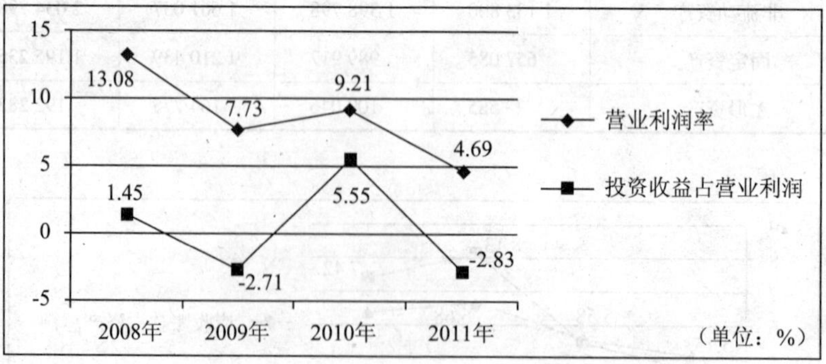

图 5－172

3. 财务综合分析

2011 年企业运营能力和资产质量总体较好，但企业的盈利和偿债能力急需改善，尤其需要警惕短期、长期偿债风险，适度降低负债水平，进行产品结构调整，收缩盈利能力较差的产品。

5.23 山煤国际能源集团股份有限公司(600546)

山煤国际能源集团有限公司由山西煤炭进出口集团为主发起设立，于 2009 年 12 月 25 日在上海证券交易所挂牌上市，截止到 2011 年年末集团持股比例 57.43%，公司主营煤炭生产销售业务。

一、公司生产运营情况

1. 2011 年主要产品生产情况

表 5－111

产品名称 \ 指标	2011	2010	较上年增减(%)
煤炭(万吨)	741.54	607.48	22.07

2. 2011 年主营业务分行业和产品情况

表 5－112

分行业分产品	营业收入(万元)	较上年增减(%)	营业利润率(%)	较上年增减(%)
分行业				
煤炭生产	538 142	45.02	59.20	－11.80
煤炭贸易	6 156 700	80.95	2.41	0.43
其　他	243 823	171.19	6.12	－4.57
合　　计	6 938 665	79.60	6.94	－1.87
分产品				
煤炭类	6 694 842	77.42	6.97	－1.80
非煤炭类	243 823	171.19	6.12	－4.57
合　计	6 938 665	79.60	6.94	－1.87

3. 2012 年主要生产经营目标(年报未披露数据)

二、公司财务分析

1. 财务能力分析

(1)盈利能力

上市三年以来营业毛利率、总资产报酬率和加权平均净资产收益率有所下滑。与同业相比,近三年营业毛利率排名第 23、25、26 位,总资产报酬率排名第 13、17、20 位,加权平均净资产收益率排名第 4、7、18 位,盈利能力在同业内位居下游位置(图 5－173)。

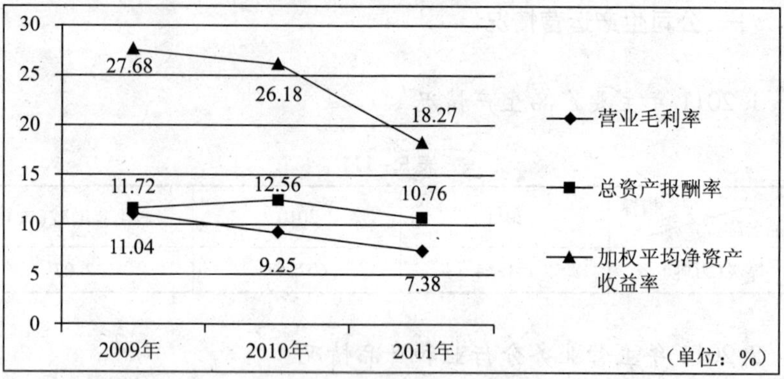

图5－173

（2）运营能力

存货周转率和总资产周转率逐年上升，应收账款周转率基本稳定。与同业相比，三年存货周转率排名第7、5、7位，应收账款周转率排名第17、15、16位，总资产周转率排名第11、1、2位。总体来看，企业运营能力位居同业中等水平（图5－174）。

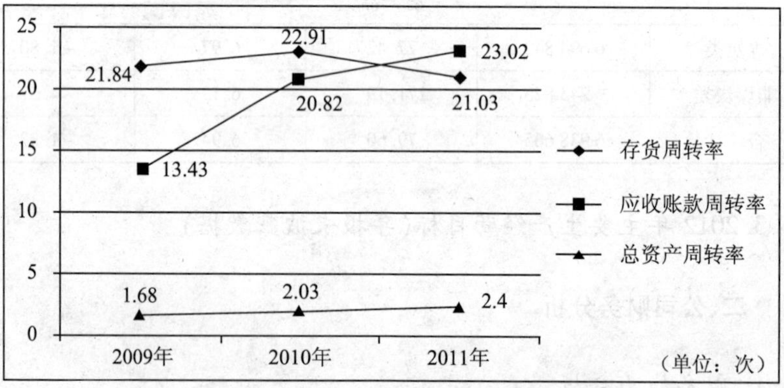

图5－174

（3）偿债能力

2011年的流动比率、速动比率同比上年有所上升，基本保持正常水平；三年流动比率同业排名第13、16、9，速动比率排名第13、16、12，位列中等水平。总体来看，企业短期偿债风险较小。

通过定向增发,2011 年资产负债率有较大幅度的下降,三年资产负债率同业排名第 2、1、3,长期偿债风险同比大幅降低,但仍应逐步采取措施,降低资产负债水平,警惕长期偿债风险(图 5－175、图 5－176)。

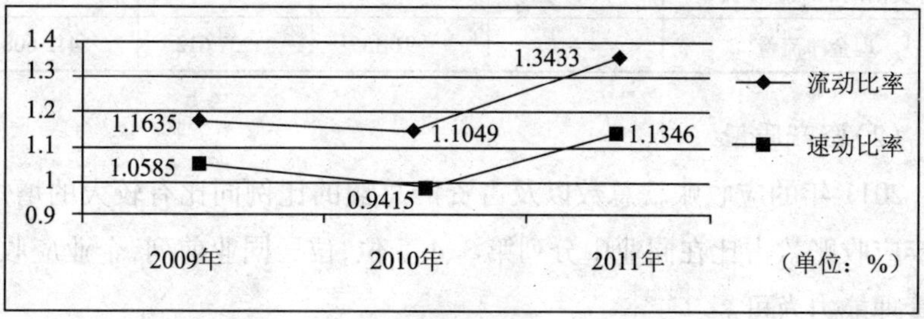

图 5－175

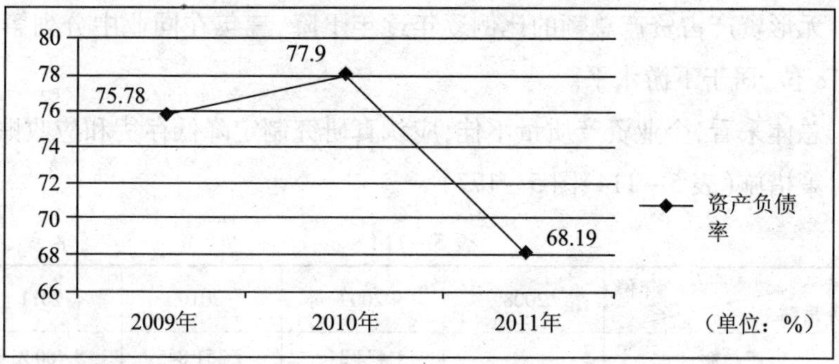

图 5－176

(4)成长性(略)

2. 收益质量分析

(1)现金流质量

2011 年公司经营活动现金流同比大幅下降,筹资现金流量大幅增加,现金流充裕。同时,企业应着力提高现金管理水平,减少闲置资金,提升资金的利用效率(表 5－113)。

表 5 - 113

单位:万元

财务指标 \ 年份	2008	2009	2010	2011
经营活动的现金净流量	–	- 37 261	195 052	59 316
投资活动的现金净流量	–	- 120 668	- 261 852	- 267 176
筹资活动的现金净流量	–	249 264	304 413	620 016
现金净流量	–	91 335	237 612	412 608

(2)资产质量

2011 年的应收账款总数以及占资产总额的比例同比有较大的增加,三年应收账款占比在同业中分列第 3、4、5 位,位居同业前列,企业应收账款管理能力尚可。

存货总额和存货占资产总额的比例都逐年上升,三年存货占比位居同业第 5、4、4 名,在同业中一直处于高位,存货管理能力有待提升。

无形资产占资产总额的比例逐年逐年下降,三年在同业中分列第 7、13、18 位,居于下游水平。

总体来看,企业资产质量不佳,应认真研究制定降低存货和应收账款的对策措施(表 5 - 114、图 5 - 177)。

表 5 - 114

单位:万元

财务指标 \ 年份	2008	2009	2010	2011
资产总额	–	1 473 242	2 351 845	3 460 210
流动资产	–	915 467	1 522 030	2 507 414
货币资金	–	193 012	432 547	845 155
应收账款	–	173 690	199 324	406 841
存　　货	–	82 583	225 056	389 551
非流动资产	–	557 774	829 815	952 796
固定资产	–	127 520	298 598	546 255
无形资产	–	248 214	270 079	271 085

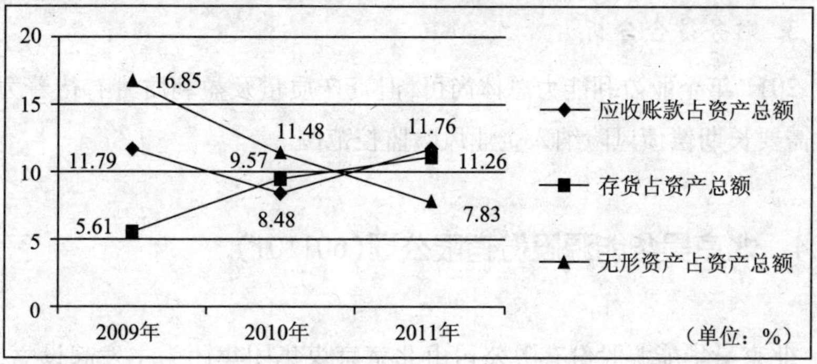

图 5－177

(3)盈利质量

投资及营业外收支在企业盈利中的比重很小。营业收入、营业利润、利润总额和股东净利润逐年提高，但营业利润率逐年降低，与同业比较，三年营业利润率分列第 22、25、26 位，盈利质量总体较差(表 5－115、图5－178)。

表 5－115　　单位：万元

财务指标＼年份	2008	2009	2010	2011
营业收入	–	2 100 628	3 883 769	6 976 057
营业利润	–	138 059	200 007	245 702
投资收益	–	542	539	1 039
营业外收支	–	－3 026	－3 754	－6 984
利润总额	–	135 033	196 254	238 718
股东净利润	–	61 487	75 364	111 624

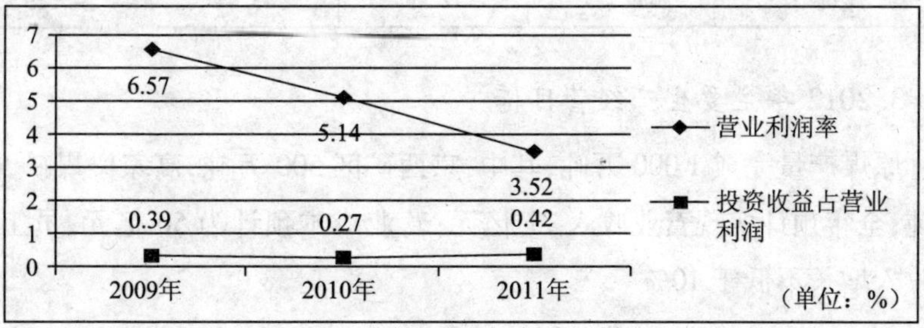

图 5－178

3. 财务综合分析

2011 年企业盈利能力总体尚可,但资产质量及盈利质量有待着力提升,需要长期偿债风险纳入企业风险监控范围。

5.24 北京昊华能源股份有限公司(601101)

北京昊华能源股份有限公司由北京京煤集团集团为主发起设立,于 2010 年 3 月 31 日在上海证券交易所挂牌上市,截止到 2011 年年末集团持股比例 62.30%。公司主营煤炭生产销售业务,所属矿区包括京西矿区及内蒙古高家梁煤矿,主要煤炭品种为无烟煤以及动力煤。

一、公司生产运营情况

1. 2011 年主要产品产量情况

表 5－116

指标 产品名称	2011	2010	较上年增减(%)
煤炭(万吨)	877	705	24.40

2. 2011 年主营业务分行业分产品情况

表 5－117

指标 分行业分产品	主营收入(万元)	较上年增减(%)	营业毛利率(%)	较上年增减(%)
煤炭	689 725	72.45	43.64	－7.39

3. 2012 年主要生产经营目标

原煤产量完成 1 000 万吨,其中,京西矿区 500 万吨,高家梁煤矿 500 万吨;全年预计实现营业收入 77 亿元,营业成本预计为 50 亿元,员工人均收入增长不低于 10%。

二、公司财务分析

1. 财务能力分析

(1)盈利能力

2011年营业毛利率和总资产报酬率小幅下降,加权净资产收益率有所提升。与同业相比,两年营业毛利率位列第1、4名,总资产报酬率位列第4、7名,加权净资产收益率位列第17、10名,企业盈利能力位居同业中上水平(表5-118)。

表5-118　单位:%

年份 财务指标	2008	2009	2010	2011
营业毛利率	-	-	50.84	43.61
总资产报酬率	-	-	19.68	18.71
加权平均净资产收益率	-	-	20.09	21.94

(2)运营能力

2011年存货、应收账款和总资产周转率同比上升。与同业相比,两年存货周转率位列第16、18名,应收账款周转率位列第13、15名,总资产周转率位列第16、18名,位居同业中等偏下水准,运营能力有待进一步提升(表5-119)。

表5-119　单位:次

年份 财务指标	2008	2009	2010	2011
存货周转率	-	-	9.34	10.93
应收账款周转率	-	-	26.09	27.76
总资产周转率	-	-	0.66	0.71

(3)偿债能力

2011年流动比率和速动比率有所下降,但是处于正常范围。两年流动比率位居同业第10、10名,速动比率位居同业第9、10名,基本没有短期偿债风险。

2011 年资产负债率同比上升，两年同业比较位居第 25、24 名，处业内很低水平，没有长期偿债风险。今后应提高资产负债水平，充分运用财务杠杆提升企业盈利空间（表 5－120）。

表 5－120

财务指标 \ 年份	2008	2009	2010	2011
流动比率	－	－	1.6025	1.3175
速动比率	－	－	1.4918	1.1596
资产负债率（%）	－	－	25.25	28.16

（4）成长性（略）

2. 收益质量分析

（1）现金流质量

2011 年经营活动现金流增加，但对外投资居高不下，企业面临现金流不足的局面（表 5－121）。

表 5－121

单位：万元

财务指标 \ 年份	2008	2009	2010	2011
经营活动的现金净流量	－	－	83 732	101 241
投资活动的现金净流量	－	－	－137 793	－134 192
筹资活动的现金净流量	－	－	274 312	－3 299
现金净流量	－	－	220 247	－34 408

（2）资产质量

2011 年应收账款上升，但占资产总额的比例略降；与同业相比，两年应收账款占比位列第 14、16 名，位于同业中偏下水平。存货以及占资产总额的比例升幅较大；与同业比较，两年存货占比位列第 18、15 名，居同业中下水平。

无形资产总额有所上升但占资产总额比例下降。与同业比较，无形资产占比位列第 2、2 名，位居同业较高水平（表 5－122）。

表 5－122

财务指标＼年份	2008	2009	2010	2011
资产总额(万元)	–	–	883 794	1 076 024
流动资产(万元)	–	–	353 010	394 944
货币资金(万元)	–	–	266 776	232 368
应收账款(万元)	–	–	22 894	27 181
存货(万元)	–	–	24 381	47 313
非流动资产(万元)	–	–	530 784	681 081
固定资产(万元)	–	–	207 263	212 336
无形资产(万元)	–	–	241 360	259 862
应收账款占资产总额(%)	–	–	2.59	2.53
存货占资产总额(%)	–	–	2.76	4.40
无形资产占资产总额(%)	–	–	27.31	24.15

(3)盈利质量

企业利润全部源自主营业务。2011 年营业收入、营业利润、利润总额和净利润都同比增加,但营业利润率有所降低。与同业相比,两年营业利润率分列第 18、15 名,位居行业中等偏下水平,企业盈利能力一般(表 5－123)。

表 5－123

财务指标＼年份	2008	2009	2010	2011
营业收入(万元)	–	–	404 717	695 071
营业利润(万元)	–	–	115 830	177 302
投资收益(万元)	–	–	－418	－58
营业外收支(万元)	–	–	1 630	－89
利润总额(万元)	–	–	117 460	177 213
股东净利润(万元)	–	–	87 256	130 185
营业利润率(%)	–	–	28.61	25.51
投资收益占营业利润(%)	–	–	－0.36	－0.03

3. 财务综合分析

2011 年企业总体财务状况同比上年总体稳定,可以适度提高资产水平,充分运用财务杠杆提升企业盈利空间。

5.25 河南大有能源股份有限公司(600403)

河南大有能源股份有限公司由河南义马煤业集团为主发起设立,于 2011 年 2 月 24 日通过借壳欣网视讯在上海证券交易所挂牌上市,集团持股比例 84.71%。公司主营煤炭采选销售业务。

一、公司生产运营情况

1. 2011 年主要产品产销情况(年报未披露)

2. 2011 年主营业务分行业分产品情况

表 5－124

指标 分行业产品	营业收入(万元)	较上年增减(%)	营业利润率(%)	较上年增减(%)
煤炭	886 383	15.54	38.35	12.93

3. 2012 年主要生产经营目标

瓦斯利用率达到 32% 以上,采煤机械化水平达到 88% 以上,确保顺利完成首次增发,实现融资 75.39 亿元的目标。

二、公司财务分析

1. 财务能力分析

(1)盈利能力

与 27 家同业相比,2011 年营业毛利率位列第 10 位,总资产报酬率位列第 4 位,加权平均净资产收益率位列第 2 位,盈利能力良好(表 5－125)。

表5-125 单位:%

年份 财务指标	2008	2009	2010	2011
营业毛利率	-	-	-	36.05
总资产报酬率	-	-	-	19.96
加权平均净资产收益率	-	-	-	30.57

(2)运营能力

与27家同业相比,2011年存货周转率位居第3名,应收账款周转率位居14名,总资产周转率位居第11名,运营能力总体处于同业中等偏上水平(表5-126)。

表5-126 单位:次

年份 财务指标	2008	2009	2010	2011
存货周转率	-	-	-	30.53
应收账款周转率	-	-	-	29.02
总资产周转率	-	-	-	0.97

(3)偿债能力

与27家同业相比,2011年流动比率位居第11名,速动比率位居第9名,短期偿债风险很小。资产负债率位居同业第14名,企业负债水平适中,长期偿债风险非常低,可以适度提高负债水平(表5-127)。

表5-127

年份 财务指标	2008	2009	2010	2011
流动比率	-	-	-	1.3030
速动比率	-	-	-	1.2448
资产负债率(%)	-	-	-	49.26

(4)成长性(略)

2. 收益质量分析

(1)现金流质量

2011年企业现金流充裕,应该尽快合理使用闲置资金,提高资金利用效率(表5－128)。

表5－128　　单位:万元

年份 财务指标	2008	2009	2010	2011
经营活动的现金净流量	–	–	–	173 495
投资活动的现金净流量	–	–	–	－43 125
筹资活动的现金净流量	–	–	–	－51 882
现金净流量	–	–	–	78 487

(2)资产质量

与27家同业比较,2011年应收账款占资产总额比例位列第13名,存货占资产总额的比例位列第25名,无形资产占资产总额的比例位列第15名,资产质量位处同业中等水平(表5－129)。

表5－129

年份 财务指标	2008	2009	2010	2011
资产总额(万元)	–	–	–	1 047 481
流动资产(万元)	–	–	–	439 670
货币资金(万元)	–	–	–	270 126
应收账款(万元)	–	–	–	37 916
存货(万元)	–	–	–	19 658
非流动资产(万元)	–	–	–	607 811
固定资产(万元)	–	–	–	348 580
无形资产(万元)	–	–	–	104 535
应收账款占资产总额(%)	–	–	–	3.62
存货占资产总额(%)	–	–	–	1.88
无形资产占资产总额(%)	–	–	–	9.98

(3)盈利质量

投资及营业外收支占企业受益比例很小,营业利润率位居同业第10名,企业盈利质量良好(表5－130)。

表 5－130

年份 财务指标	2008	2009	2010	2011
营业收入(万元)	–	–	–	950 221
营业利润(万元)	–	–	–	189 836
投资收益(万元)	–	–	–	0. 24
营业外收支(万元)	–	–	–	－924
利润总额(万元)	–	–	–	188 911
股东净利润(万元)	–	–	–	128 254
营业利润率(%)	–	–	–	19. 97
投资收益占营业利润(%)	–	–	–	–

3. 财务综合分析

2011 年企业财务能力和收益质量总体良好。

5. 26　天地科技股份有限公司(600582)

天地科技股份有限公司由煤炭科学研究总院为主发起设立,于 2002 年 5 月 15 日在上海证券交易所挂牌上市,现由重组后的中国煤炭科工集团公司控股,持股比例 61. 90%。

天地科技的业务定位是煤机技术装备的供应商和服务商。公司主营业务包括煤机装备和示范工程两大业务板块,具体为:矿山工业过程自动化、机械化设备制造;煤炭洗选成套装备与洁净利用技术服务;煤矿高效洁净生产技术服务与经营;地下特殊工程施工和煤炭产品销售五个方面。

一、公司生产运营情况

1. 2011 年主要产品产销情况(年报未披露)

2. 2011 年主营业务分行业分产品情况

表 5－131

行业产品	营业收入(万元)	较上年增减(%)	营业毛利率(%)	较上年增减(%)
分行业				
机械产品销售	666 501	18.00	32.64	2.93
煤炭产品销售	154 511	48.38	70.21	8.66
技术项目	76 300	38.29	40.94	－14.57
工程项目	77 554	60.87	19.61	－4.95
物流贸易	200 159	－	3.15	－
分产品				
矿山机械	610 922	23.74	33.81	2.00
洗选装备	76 267	28.69	19.48	－0.33
技术服务	115 718	17.91	31.32	－5.86
工程施工	17 450	2.59	36.03	6.64
煤炭产销	154 511	48.29	70.21	8.73
物流贸易	200 159	－	3.15	－

3. 2012 年主要生产经营目标(年报未披露数据)

二、公司财务分析

1. 财务能力分析

(1)盈利能力

2011 年的营业毛利率、总资产报酬率和加权平均净资产收益率与上年同比有所下降。与同业相比,四年营业毛利率排名第 9、9、12、13 位,总资产报酬率排名第 9、5、8、10 位,加权净资产收益率排名第 7、1、2、6 位。总体来看,四年位居同业上游位置且比较平稳,企业盈利能力较好(图 5－179)。

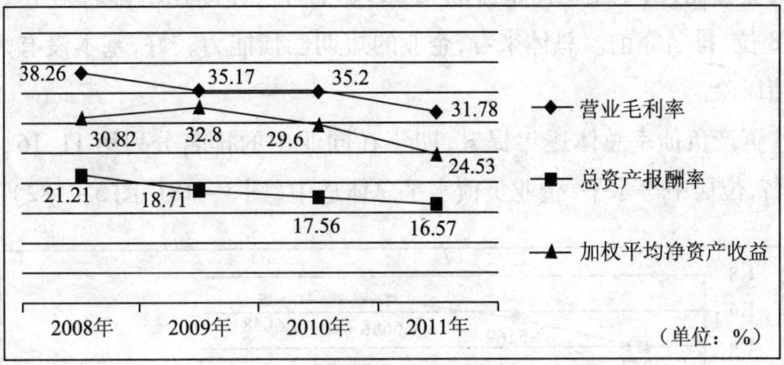

图 5－179

(2)运营能力

2011 年的存货周转率、应收账款周转率和总资产周转率同比有较大的提升。与同业比较,四年存货周转率排名分列第 23、24、26、27 位,应收账款周转率排名第 23、24、26、26 位,总资产周转率排名第 12、12、11、10 位。作为主营煤机业务的两家大型上市公司之一,相比主营煤炭采选业务的公司而言,存货及应收账款周转率是最低的(与煤机同行郑煤机水平相近),但总资产周转率位处同行业中上水平(图 5－180)。

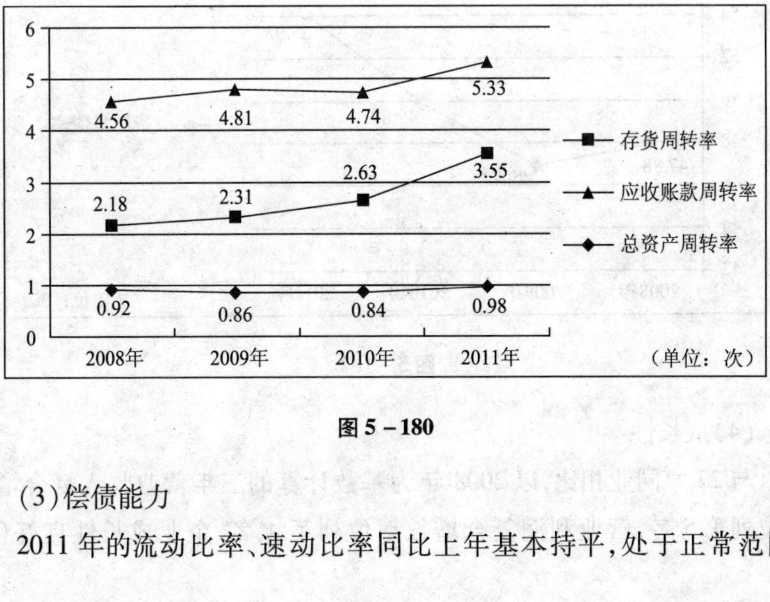

图 5－180

(3)偿债能力

2011 年的流动比率、速动比率同比上年基本持平,处于正常范围。

与同业相比，四年流动比率排名第9、9、9、7位，速动比率排名第15、12、12、8位，排名靠前。总体来看，企业的短期偿债能力较好，基本没有短期偿债风险。

资产负债率总体逐年提升，四年在同业中的排名分列第11、16、12、11名，位居中等水平，企业负债水平总体适中(图5－181、图5－182)。

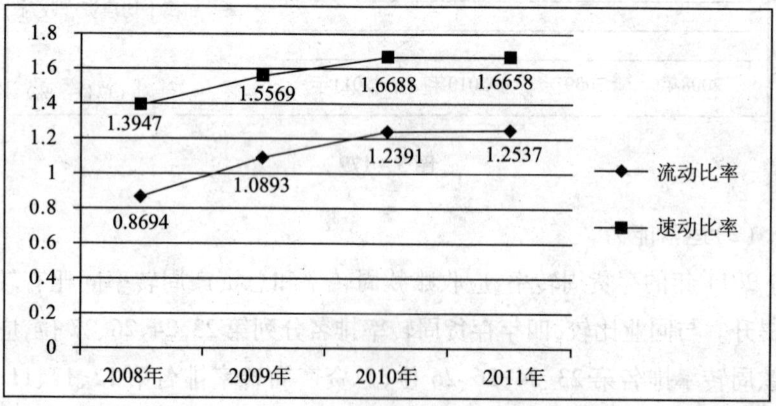

图5－181

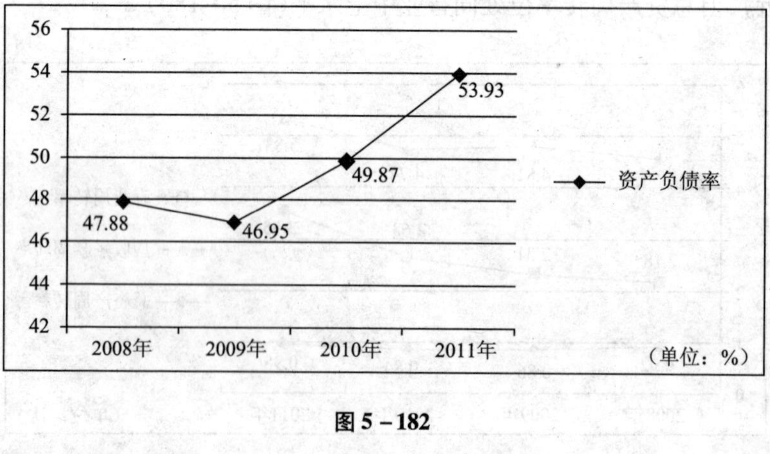

图5－182

(4)成长性

与23家同业相比，以2008年为基数计算的三年营业收入复合增长率位列第5名，营业利润复合增长率位列第4名，企业成长性良好(图

5－183)。

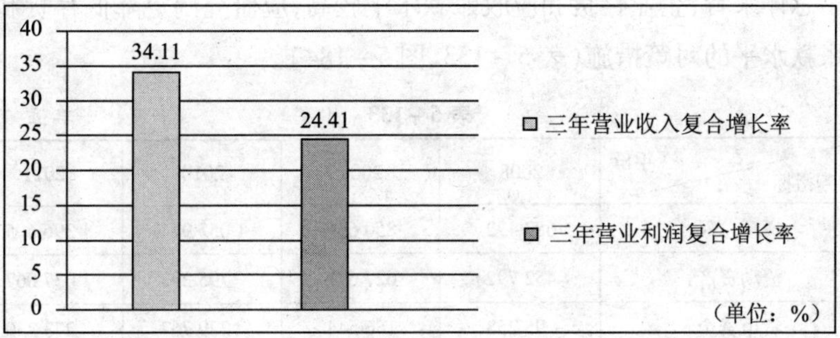

图5－183

2. *收益质量分析*

(1)现金流质量

尽管近年来对外投资逐年增加,但企业现金流一直很充裕,公司具备良好的发展基础,但应继续强化现金流管理,盘活闲置资金(表5－132)。

表5－132　　单位:万元

财务指标＼年份	2008	2009	2010	2011
经营活动的现金净流量	83 162	72 557	109 223	93 765
投资活动的现金净流量	－33 079	－16 999	－30 703	－74 284
筹资活动的现金净流量	－19 327	6 793	－12 866	14 967
现金净流量	30 462	62 252	65 539	34 366

(2)资产质量

应收账款绝对数以及占资产总额的比例逐年增加,与同业相比,四年应收账款占比分列第1、2、1、2名,且高于煤机同业郑煤机水平,一直位居行业前列。

2011年存货占资产总额的比例有较大的回升。与同业相比,四年位列第1、2、2、2名,且高于郑煤机水平,无论是存货的绝对值还是存货占资产总额的比例一直处于高位。

2011年无形资产占资产总额的比例有所上升,与同业比较四年分列第20、21、24、22位，居于同业下游位置，但高于郑煤机水平。

总体来看，企业存货和应收账款水平较高，应研究制定降低存货和应收账款水平的对策措施（表5－133、图5－184）。

表5－133

单位：万元

财务指标＼年份	2008	2009	2010	2011
资产总额	683 472	850 659	1 055 974	1 396 605
流动资产	452 792	627 677	795 297	1 037 067
货币资金	95 253	156 544	229 767	273 230
应收账款	125 751	148 792	187 544	262 799
存　货	181 800	188 504	204 756	256 561
非流动资产	149 847	222 983	260 677	359 539
固定资产	70 536	152 641	189 618	216 353
无形资产	22 035	30 385	31 709	63 394

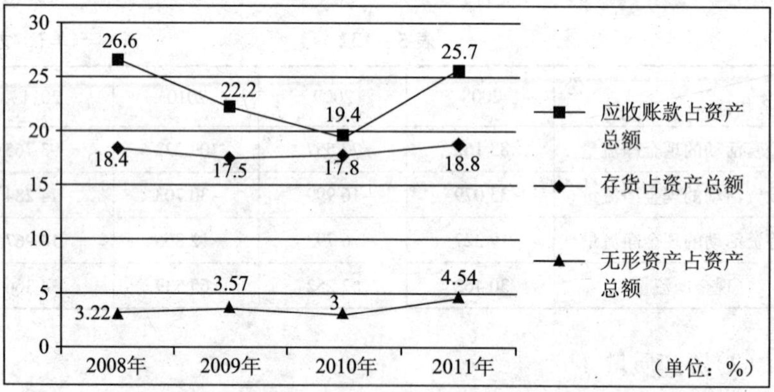

图5－184

（3）盈利质量

2011年营业收入、营业利润、利润总额和股东净利润逐年上升，投资收益占营业利润比例大幅降低，但营业利润率近两年有所降低。与同业相比，营业利润率四年位列第10、10、13、15名，位居行业中等水平，但需采取相应的措施，防止营业利润率继续下滑（表5－134、图5－185）。

表 5－134　　单位：万元

财务指标＼年份	2008	2009	2010	2011
营业收入	497 866	660 042	796 945	1 200 856
营业利润	98 869	134 013	152 465	190 378
投资收益	1 154	18 862	11 664	2. 85
营业外收支	4 657	6 636	13 648	11 658
利润总额	103 526	140 649	166 113	202 036
股东净利润	49 254	70 803	85 330	91 166

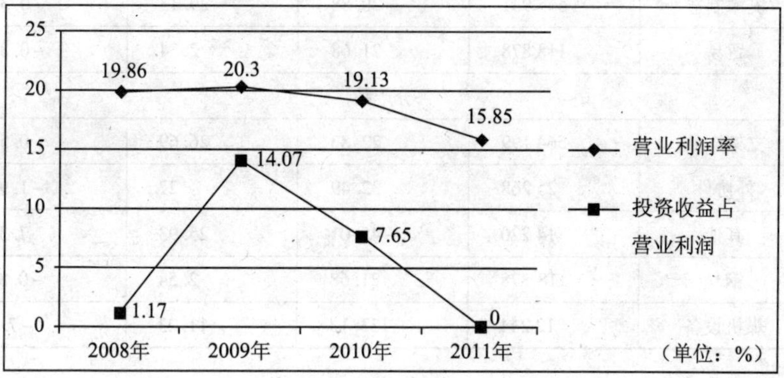

图 5－185

3. 财务综合分析

2011 年企业财务能力和收益质量总体较好，但企业资产质量状况急需提升，需要认真研究制定降低存货和应收账款水平的对策措施。

5. 27　郑州煤矿机械集团股份有限公司(601717)

郑州煤矿机械集团股份有限公司是经郑州煤矿机械集团有限责任公司整体股份制改制后发起设立，于 2010 年 8 月 3 日在上海证券交易所挂牌上市，公司由河南国资委控股，截止到 2011 年年末持股比例 38. 80%。公司主营煤机生产销售业务，2011 年位列中国煤炭企业 100 强排名第

56 名。

一、公司生产运营情况

1. 2011 年主要产品产销情况(年报未披露)

2. 2011 年主营业务分行业分产品情况

表 5-135

行业产品	营业收入(万元)	较上年增减(%)	营业毛利率(%)	较上年增减(%)
分行业				
机械制造	615 931	20.88	29.13	-0.38
贸易	118 878	21.68	2.54	-0.89
分产品				
支架产品	564 199	22.83	26.69	-0.57
外协件	25 268	32.49	27	-1.96
其他	14 220	-45.01	25.93	7.31
钢材	118 878	21.68	2.54	-0.89
煤机设备	12 244	133.18	11.23	-7.8

3. 2012 年主要生产经营目标

2012 年预计实现营业收入 100 亿元,实现净利润 14.93 亿元。

二、公司财务分析

1. 财务能力分析

(1)盈利能力

2011 年的营业毛利率同比持平,总资产报酬率有所上升,加权平均净资产收益率有所降低。与同业相比,两年营业毛利率排名 19、18 位,总资产报酬率排名第 12、1 位,加权净资产收益率排名第 3、13 位。总体来看,盈利能力位居同业中游水平(表 5-136)。

表 5－136

单位：%

财务指标 \ 年份	2008	2009	2010	2011
营业毛利率	—	—	24.69	24.69
总资产报酬率	—	—	15.52	26.25
加权平均净资产收益率	—	—	29.36	21.66

(2)运营能力

2011 年的存货周转率、应收账款周转率和总资产周转率同比有所下降。与同业相比，两年存货周转率排名第 25、26 名，应收账款周转率排名第 25、27 名，总资产周转率排名第 9、14 名，总体来看，企业运营能力与天地科技相近(表 5－137)。

表 5－137

单位：次

财务指标 \ 年份	2008	2009	2010	2011
存货周转率	—	—	4.41	4.25
应收账款周转率	—	—	5.19	4.92
总资产周转率	—	—	0.98	0.83

(3)偿债能力

2011 年的流动比率、速动比率同比上年有所下降，但处于正常状态；两年流动比率业内排名第 5、3 位，速动比率排名第 6、5 位，排名居前。总体来看，企业的短期偿债能力较强，基本没有短期偿债风险。

2011 年的资产负债率有所下降，资产负债率业内排名第 18、18 位，负债水平适中，基本没有长期偿债风险(表 5－138)。

表 5－138

财务指标 \ 年份	2008	2009	2010	2011
流动比率	—	—	2.0724	2.0696
速动比率	—	—	1.7359	1.6675
资产负债率(%)	—	—	43.05	40.42

(4)成长性(略)

2. 收益质量分析

(1)现金流质量

2011 年经营活动现金流下降,偿债现金流量增加,企业短期现金不足(表 5 -139)。

表 5 -139

单位:万元

财务指标 \ 年份	2008	2009	2010	2011
经营活动的现金净流量	—	—	86 050	53 548
投资活动的现金净流量	—	—	-54 628	-54 661
筹资活动的现金净流量	—	—	231 569	-38 612
现金净流量	—	—	262 907	-39 735

(2)资产质量

2011 年应收账款略有上升,占资产总额的比例有所下降。两年应收账款占比很高,位居同业第 2、3 名,但略低于天地科技。

存货总数以及占资产总额的比例同比较大上升。两年存货占比位居同业第 3、3 名,处同业较高水平,但略低于天地科技。

无形资产占资产总额比例同比基本持平,两年位居同业第 25、26 名,低于天地科技水平(表 5 -140)。

表 5 -140

财务指标 \ 年份	2008	2009	2010	2011
资产总额(万元)	—	—	902 661	1 032 051
流动资产(万元)	—	—	758 000	837 000
货币资金(万元)	—	—	402 873	381 652
应收账款(万元)	—	—	159 887	167 797
存货(万元)	—	—	123 000	163 000
非流动资产(万元)	—	—	144 660	195 051
固定资产(万元)	—	—	45 500	142 000
无形资产(万元)	—	—	22 600	25 900
应收账款占资产总额(%)	—	—	17.71	16.26
存货占资产总额(%)	—	—	13.63	15.79
无形资产占资产总额(%)	—	—	2.50	2.51

(3)盈利质量

与 2010 年相比,2011 年营业收入、营业利润、利润总额和净利润同比有较大的增加,投资收益占比较小,同时营业利润率也同比上升,两年位列同业第 15、13 名,企业盈利质量较好(表 5 - 141)。

表 5 - 141

财务指标＼年份	2008	2009	2010	2011
营业收入(万元)	—	—	675 210	806 008
营业利润(万元)	—	—	104 185	138 713
投资收益(万元)	—	—	905	1 234
营业外收支(万元)	—	—	2 251	3 390
利润总额(万元)	—	—	106 436	142 103
股东净利润(万元)	—	—	88 257	119 406
营业利润率(%)	—	—	15.43	17.21
投资收益占营业利润(%)	—	—	0.87	0.89

3. 财务综合分析

2011 年企业财务能力和收益质量总体稳定,盈利质量有较大的提升。

第六章 煤炭上市公司控股股东简介

2012

2012煤炭行业上市公司发展研究报告

6.1　神华集团有限责任公司

神华集团有限责任公司是中央直管的53家国有重点骨干企业之一，是以煤为基础，电力、铁路、港口、航运、煤制油与煤化工为一体，产运销一条龙经营的特大型能源企业，是我国规模最大、现代化程度最高的煤炭企业和世界上最大的煤炭经销商。

截至2011年底，神华集团共有全资和控股子公司20家，生产煤矿53个，投运电厂总装机容量4 283万千瓦，拥有营业里程1 369公里的铁路、1亿吨吞吐能力的黄骅港、4 500万吨吞吐能力的天津煤码头和现有船舶12艘的航运公司，总资产6 350亿元，在册员工17.65万人。

2011年，神华集团煤炭产量突破4亿吨，商品煤销售量突破5亿吨，自营铁路运量完成3.2亿吨，发电完成2 099亿度，港口吞吐量完成1.26亿吨，航运货运量完成8 062万吨，化工品产量完成990万吨（含焦炭），百万吨死亡率0.018。全年营业收入2 820亿元，提前两年实现“五年经济总量翻番”目标，世界500强排名提升至293位，2011年位列中国企业500强第29名，国有资本保值增值率处于行业优秀水平，企业经济贡献率连续多年居全国煤炭行业第一，年利润总额在中央直管企业中名列前茅，安全生产多年来保持世界先进水平，实现了“十二五”良好开局。

面向未来，神华集团提出“科学发展，再造神华，五年经济总量再翻番，建设具有国际竞争力的世界一流煤炭综合能源企业”的新发展战略。也就是到2015年，集团公司营业收入超过4 400亿元，利润过千亿，进入世界500强前100名，努力成为世界煤炭综合能源领域品牌良好、影响广泛的国际化公司。神华集团将在新战略指引下，积极推进“五型企业”建设，努力建设具有国际竞争力的世界一流煤炭综合能源企业。

6.2 中煤能源集团有限公司

中煤能源集团有限公司是国务院国资委管理的大型能源企业,主营业务包括煤炭生产及贸易、煤化工、坑口发电、煤矿建设、煤机制造、煤层气开发,以及相关工程技术服务。中煤能源集团是全国第二大煤炭生产企业,年煤炭产量过亿吨。主要矿区有山西平朔、离柳、乡宁矿区,江苏大屯矿区,内蒙古鄂尔多斯矿区,陕西榆林矿区,黑龙江依兰矿区,在建新疆哈密、准东和伊犁矿区。中煤集团有近30年的煤炭、焦炭进出口贸易历史,拥有完善的物流配送中心和分销网络,煤机制造企业位列全国煤机行业第一。

中煤集团旗下的中煤能源股份有限公司分别于2006年和2008年在中国香港和上海分拆上市,此外,还有集团持股的上海大屯能源股份有限公司以及太原煤气化股份有限公司两家上市企业。

中煤集团规划目标:到“十二五”末,中煤集团基本形成山西、江苏、黑龙江、蒙陕、新疆等煤炭生产及转化五大产业基地,煤炭产量达到2.85亿吨/年,形成煤炭生产、煤化工、发电、煤机制造、煤矿建设五大主业协同发展格局,进入全球领先煤炭公司行列,建成具有国际竞争力的大型能源集团。

6.3 兖矿集团有限公司

兖矿集团是在原兖州矿务局基础上改制设立的以煤炭、煤化工、煤电铝及机电成套装备制造为主导产业的国有特大型企业,是我国华东地区最大的煤炭生产、出口、深加工基地和山东省三大化工产业基地之一。

集团在中国的山东省、陕西省、山西省和内蒙古自治区以及澳大利亚拥有煤炭资源和煤炭深加工项目,并在加拿大拥有钾矿资源,是以煤炭、煤化工、电力和钾矿为一体的国际化矿业集团。兖州煤业是中国唯一一家在境内外三地(纽约、中国香港和上海)同时上市的煤炭企业。

目前兖矿集团已形成煤炭、煤化工、煤电铝及机电成套装备制造“三大主业”，本部鲁南、兖州、邹城“三大园区”，外部贵州、陕西榆林、新疆、内蒙古鄂尔多斯、澳洲“五大基地”的发展格局，2011 年位列中国企业 500 强排名第 139 名、全国煤炭企业 100 强企业排名第 12 名和煤炭产量 50 强第 11 名。

预计到 2015 年，兖矿集团计划建设成为亿吨级煤炭企业集团和国内一流的煤化工产业基地、铝型材基地、机电成套装备制造基地。在做强做大传统主导产业的同时，培育战略型新能源产业，最终把兖矿建设成为销售收入过千亿、利润过百亿的国际化综合型企业集团。

6.4 山西大同煤矿集团有限责任公司

大同煤矿集团有限责任公司是我国老牌大型煤炭企业，正在建设的晋北煤炭基地是国家规划的 13 个大型煤炭基地之一。重组后的同煤集团地跨大同、朔州、忻州三市(县)，以大同、宁武、河东(北部)煤田为资源基地，煤田储量 892 亿吨，拥有 47 对矿井，20 万员工。2011 年集团煤炭总量实现 19 369 亿吨，煤炭产销量连续七年突破亿吨，销售收入突破 1 000亿元，总资产实现 1 200 亿元。

同煤集团煤炭发热量高，灰分低，煤质优良，在市场销售中创立了享誉世界的“大友”煤炭品牌，产品被列为“中国十大世界影响力品牌”和“国家免检产品”。

在全面加快煤炭主业发展的基础上，同煤集团全面构建以煤炭、电力、煤化工、光伏、冶金和机械制造等八大产业为支柱产业，建材、外贸、旅游和新材料、新能源、节能环保为支持产业的多元化产业体系，现已形成以煤炭为主，电力、化工、冶金、机械制造等多业并举的特大型综合能源集团。“十二五”期间，同煤集团的非煤产业收入将力争占到总销售收入的 60% 以上，实现总资产、总投资和销售收入三个千亿目标，打造全国 100 强、世界 500 强、煤电一体化、产业多元化、发展国际化的综合能源大集团。

同煤集团的发展战略是:建设一个具有国际竞争力的新型综合能源大集团;抓好“做强同煤,造福员工”两大任务;建成商品煤、出口煤、煤炭深加工三个基地;实现绿色同煤、科技同煤、诚信同煤、小康同煤、和谐同煤五个同煤;走现代化、集团化、洁净化、多元化、国际化发展道路。

6.5 山西潞安矿业(集团)有限责任公司

潞安集团是山西五大煤炭企业集团之一,目前,已形成潞安本部、武夏、忻州、临汾、晋中、潞安新疆六大矿区,按照亿吨级生产能力,可稳定生产200年以上,为打造“百年潞安”奠定了坚实基础。

潞安集团始终把循环经济作为资源型企业可持续发展的最佳途径,坚持以煤为基础,延伸煤电化、煤焦化、煤油化三条主产业链,建设煤电、煤油、焦化、电化四大循环经济园区,发展煤、电、油、化、硅五大产业。

集团公司位列2011年中国企业500强第100名,全国煤炭企业100强排名第8名。

潞安集团“十二五”发展规划目标:坚持低碳循环,突出转型跨越,投资2 000亿元,新增资产2 000亿元(资产总额达3 000亿元),营业收入达到2 000亿元,实现利润200亿元,跨入中国企业100强,跻身世界500强。同时,在册员工总数动态保持在10万人以内,人均薪酬达到10万元/年,实现企业与员工的共同成长、共同发展,全面建成以煤炭、电力、煤基合成油、煤基天然气、煤制烯烃、太阳能垂直一体化等多层次、立体化能源输出体系为主要内容的绿色新型能化集团。

6.6 山西阳泉煤业(集团)有限责任公司

阳泉煤业(集团)有限责任公司前身为阳泉矿务局,现已发展成为以煤炭和煤炭化工产业为主导产业,铝电、建筑房地产、机械电气、贸易服务多元化强势发展的国有大型企业集团。

阳煤集团以盛产“阳优”牌无烟煤驰名中外,是我国最大的无烟煤生产企业。主要产品有块炭、末煤、冶金用末精煤等 5 大品种、20 多个产品，是电力、冶金、化工、建材和民用的上好燃料和原料。

目前，集团拥有阳泉煤业、山西三维和太化股份三个上市公司在内的 500 余家分子公司，总资产上千亿元。2011 年位列中国企业 500 强第 108 位，中国煤炭企业 100 强第 10 位。

集团“十二五”规划目标：大力实施“强煤强化、五年双千亿”战略，营业规模超过 2 000 亿元，进入世界企业 500 强；建设亿吨煤炭集团和中国最大的无烟煤生产基地；建设山西最大、中国五强煤化工集团；建设山西产业链最完整、规模最大的建筑建材地产企业；建设山西第一大煤机化机成套制造企业；建设晋东百万吨级全循环铝工业基地；建设以现代服务业为核心的山西第一大综合商社；建设全面安全、本质安全、持久安全的集团化企业。

站在新的历史起点上，阳煤集团全面推进“突出主业、强煤强化，调整布局、优化结构，放活辅业、多元发展”的战略方针，展现更加气势恢宏的进取态势，高起点、高水平建设安全阳煤、百年阳煤、和谐阳煤，高质量实现“强煤强化、五年双千亿”的宏伟目标。

6.7　山西兰花煤炭实业集团有限公司

山西兰花煤炭实业集团有限公司创建于 1997 年，是一家集煤炭、化肥、精细化工、新型材料、生物制药、机械制造、房地产、旅游开发、现代服务业等多元化产业于一体的国家大型一类企业。公司煤炭年生产能力 2 000万吨，尿素年生产能力 120 万吨，甲醇年生产能力 40 万吨，二甲醚年生产能力 20 万吨。截止到 2010 年年底，总资产 217 亿元，现有员工 2. 6 万名。

公司地处全国最大的煤田——沁水煤田腹地，资源优势突出，并列为全国化肥原料基地大型企业之一。主导产品包括“兰花”牌煤炭、化肥系列产品，全部为省级名牌产品。其中久负盛名的“兰花”牌无烟煤为山西名牌产品，储量大、煤质好，煤层厚、易开采、成本低，具有“三高两低一适中”(发热量高、机械强度高、含炭量高、低灰、低硫、可磨指数适中)的显著特点,备受国内外化工、电力、冶金、建材等行业用户的青睐。

兰花集团以良好的经营业绩和稳健快速的发展,得到了广大投资者和社会各界的充分肯定,2011 年位列全国煤炭工业企业 100 强第 41 名,中国煤炭企业煤炭产量 50 强第 38 名。

6.8 山西焦煤集团有限责任公司

山西焦煤集团有限责任公司由原西山煤电、汾西矿业、霍州煤电三家国有重点煤炭企业合并重组设立的煤炭大集团,是中国目前规模最大、品种最全的炼焦煤生产企业。

山西焦煤现有六大主力生产和建设矿区,下辖 99 座煤矿,总产能 13 575万吨/年;洗煤厂 28 座,入洗能力 9 185 万吨/年;焦化厂 5 座,焦炭产能 1 060 万吨/年;坑口综合利用电厂 7 座,总装机 2 168MW;煤层气及余热余气电厂 8 座,发电装机 153MW。2010 年山西焦煤成为国内第二家“双亿”级煤炭企业、山西省第一家产量过亿吨煤炭企业的基础上,2011 年主要指标完成情况为:原煤产量 11 006 万吨、精煤产量 4 618. 24 万吨、商品煤销售量 8 556. 97 万吨、发电量 115. 37 亿度、焦炭产量 859. 11 万吨、销售收入 1 219. 68 亿元、利润 46. 92 亿元。2011 年位列中国企业 500 强第 76 名、煤炭企业 100 强第 4 名和煤炭产量 50 强第 3 名。

“十二五”期间,山西焦煤将以打造山西省品牌支柱企业、中国一流能源企业、全球五百强企业为价值追求,以建设亿吨级现代型国际化能源化工大集团为战略目标,确保“五翻番”:煤炭产量翻番,原煤产量达到 2 亿吨以上,洗精煤产量 1 亿吨以上;销售收入翻番,达到 2 000 亿元以上;项目投资翻番,固定资产投资累计达到 2 000 亿元以上,其中项目投资达到 1 400 亿元以上;资产总额翻番,总资产达到 2 500 亿元以上,其中净资产达到 900 亿元以上;利税总额翻番,利税总额达到 350 亿元以上,其中利润 100 亿元以上。

6.9　冀中能源集团有限责任公司

冀中能源集团有限责任公司于 2008 年 6 月由河北金牛能源集团与峰峰集团联合重组而成，现已发展成为以煤炭为主业，医药、航空、化工、电力、装备制造、现代物流等多产业综合发展的特大型现代企业集团。拥有峰峰、邯郸、邢台、井陉、张家口、山西晋中和内蒙古自治区等 7 个生产矿区，在深、沪两市拥有冀中能源、华北制药和金牛化工 3 家上市公司。

2011 年，冀中能源集团全年原煤产量过亿吨，销售收入突破 2 000 亿元，企业资产总额 1 160 亿元以上，在册职工 13 万人。位居 2011 年世界 500 强第 458 位，2011 年中国企业 500 强第 60 位，2011 年全国煤炭企业 100 强排名第 3 名。

"十二五"期间，冀中能源集团将抓住国家实施煤炭大基地、大集团战略，培育新兴产业的重大机遇。到"十二五"末，煤炭产量、销售收入比"十一五"实现再翻番，把冀中能源集团建设成为具有国际竞争力的紧密型、高效能、可持续发展的特大型现代企业集团。

6.10　中国平煤神马能源化工集团有限责任公司

中国平煤神马集团是一家以能源化工为主导的国有特大型企业集团，旗下拥有平煤股份和神马股份两家上市公司，2011 年位居中国企业 500 强第 74 位、全国煤炭企业百强企业排名第 5 名和煤炭产量 50 强第 16 名。

中国平煤神马集团是我国品种齐全的炼焦煤、动力煤生产基地和亚洲最大的尼龙化工产品生产基地。近年来，集团坚持"以煤为主、相关多元"发展战略，构建了煤炭采选、尼龙化工、煤焦化工、煤盐化工 4 大核心产业和煤电、现代物流、高新技术、建工建材、装备制造 5 个辅助产业的"4 +5"产业体系。煤炭产能 7 000 万吨，产销量居全国前列，糖精钠、超高功率石墨电极、碳化硅精细微粉产能全国第一，尼龙 66 盐、工程塑料产能亚洲第一,工业丝、帘子布产能世界第一。

“十二五”期间,中国平煤神马集团愿景:煤炭产销量突破1亿吨,营业收入超过2 000亿元,挺进世界500强,建成具有国际竞争力的新型能源化工集团。

6.11 安徽省皖北煤电集团有限责任公司

皖北煤电集团有限责任公司是以采掘业为基础,以煤电化、煤炭物流、非金属材料开发为支撑的大型国有能源企业。2011年位列中国企业500强第363名、2011全国煤炭企业100强26名,2011全国煤炭产量50强第33名。

淮北煤电集团控股的恒源煤电股份有限公司于2009年底实现了集团煤业资产整体上市;控股的淮化集团有限公司是安徽省最大的煤化工企业,具有国际领先水平的甲醇制丙烯(FMTP)工业试验在淮化建成运行。所属16对矿井(含在建3对),煤炭产能3 000万吨以上,煤化工产能100万吨,其中浓硝酸产销量连续多年保持亚洲第一。

集团大力实施以煤为基础的同心多元化发展战略,产业格局由单一的煤业转变成煤、煤化工一体化为主,经营方式由生产型转变成“生产+物流”型,在集团管控下形成了以恒源股份、淮化集团、北方能化“三大板块”为主的局面。

集团发展的蓝图是:到“十二五”末,销售收入突破500亿元,到“十三五”末,力争销售收入突破1 000亿元。

6.12 中电投蒙东能源集团公司

中电投蒙东能源集团公司是中电投集团公司区域控股子公司,于2008年1月8日成立,并受托管理白音华煤电有限责任公司、元通发电有限责任公司、元宝山发电有限责任公司和大板发电有限责任公司。公司涉足煤、电、化、铝、路、港六大产业,是以煤为核心、电为保障、有色金属一体化、铁路和港口为保障，协调发展的现代化大型能源企业集团，是国家重点建设的13个大型煤炭基地之一。2011年集团位列全国煤炭工业100强第23名、煤炭产能50强第12名。

本着与中电投“三步走”战略目标紧密衔接的原则，集团公司确定了“一体循环，两翼搏强，价值提升，千亿蒙东”的战略目标，力争在2020年以前把蒙东能源打造成国际一流的综合能源企业，为中电投“三步走”战略目标的实现提供有力支撑。

发展目标：预计到2015年，实现煤炭产能9 500万吨、电力装机1 000万千瓦、电解铝产能130万吨、多晶硅产能12 000吨、煤提质1 500万吨、资产总额1 000亿元、工业总产值600亿元、利润总额60亿元，初步形成战略领先、管理先进、队伍优秀、和谐发展的国际一流综合能源企业的雏形。到2020年，实现煤炭产能11 800万吨、电力装机1 500万千瓦、电解铝产能150万吨、多晶硅产能24 000吨、煤提质3 000万吨、资产总额1 500亿元、工业总产值1 000亿元、利润总额100亿元，基本实现战略领先、管理先进、队伍优秀、和谐发展的国际一流综合能源企业目标。

6.13　内蒙古平庄煤业（集团）有限责任公司

平庄煤业（集团）有限责任公司是中国国电集团公司控股的特大型煤炭企业，前身为1959年成立的平庄矿务局，本部位于内蒙古赤峰市，公司员工近2万人。2011年位列全国煤炭企业100强排名第58名、煤炭产量50强第25名。

平庄煤业拥有元宝山露天煤矿、白音华露天煤矿、西露天煤矿、风水沟煤矿、红庙煤矿、老公营子煤矿、六家煤矿、古山煤矿、瑞安煤矿9个生产矿和1个在建矿。

平庄煤业煤炭储量45.27亿吨。煤种主要是老年褐煤和部分长焰煤，发热量2 900～4 800千卡/千克，低灰、低硫，是理想的动力用煤和民用煤。

平庄煤业坚持以煤为主、多元发展，把拓展煤炭生产规模、做强做大煤炭产业作为平庄煤业生存发展的基础，形成蒙东、蒙西、新疆等煤炭生产基地，预计到2013年煤炭产量达到5 000万吨，产值超百亿，逐步向亿吨煤炭企业和全国煤炭企业20强迈进。

集团实际控制人中国国电集团公司是经国务院批准，于2002年12月29日成立的以发电为主的综合性电力集团，主要从事电源的开发、投资、建设、经营和管理，组织电力(热力)生产和销售；从事煤炭、发电设施、新能源、交通、高新技术、环保产业、技术服务、信息咨询等电力业务相关的投资、建设、经营和管理；从事国内外投融资业务，自主开展外贸流通经营、国际合作、对外工程承包和对外劳务合作等业务，2010年公司入选世界500强企业。截至2011年12月底，公司可控装机容量10 672万千瓦，资产总额6 459.6亿元。控制煤炭资源量150亿吨，年煤炭产量6 505万吨。新能源发展独具特色，风电装机亚洲第一、世界第二。

6.14 国家开发投资公司

国家开发投资公司(简称“国投”)成立于1995年5月5日，是国务院批准设立的国家投资控股公司和中央直接管理的国有重要骨干企业之一。国投注册资本194.7亿元，资产总额2 800亿元，2011年实现经营收入800亿元人民币，利润90亿元人民币，员工总数8万多人。

国投成立以来，不断完善发展战略，优化资产结构，构建了实业、金融服务业、国有资产经营“三足鼎立”的业务框架。实业重点投向电力、煤炭、港航、化肥等基础性、资源性产业及高科技产业；金融服务业重点发展金融、资产管理和咨询业务，国投在国民经济发展和国有经济布局结构调整中发挥着投资控股公司的独特作用。

国家开发投资公司目前拥有三级以上全资和控股投资企业170余家，其中包括5家控股上市公司：国投电力(600886)、国投新集(601918)、国投中鲁(600962)、中纺投资(600061)、中成股份(000151)，形成了在中国资本市场有一定影响力的“国投”品牌。

6.15　太原煤炭气化(集团)公司

太原煤炭气化(集团)有限责任公司成立于1981年,是由原煤炭部和山西省发起设立的国内首家煤炭综合利用大型联合企业。2011年4月,山西省政府为顺利推进太原煤气化集团公司太原工厂区搬迁工作及贯彻落实山西省委、省政府提出"气化山西"的目标,山西省国资委提出由山西晋煤集团托管太原煤气化集团公司,包括山西省国资委将所持太原煤气化集团公司34.82%股权及中煤能源集团委托山西省国资委管理的太原煤气化集团公司16.18%股权。由此,晋煤集团成为公司的实际控制人。

晋煤集团是山西省五大煤炭企业集团之一,2011年位列全国煤炭企业100强排名第11名。在优质无烟煤产量、煤层气开发利用、煤化工方面均排名具首,此外,还形成了煤炭、煤化工、煤层气、发电、煤机装备、战略新兴产业等循环经济模式。

目前,集团已形成集煤炭开采、洗选、炼焦、制气、煤化工产品生产、煤矸石发电供热、煤气表灶管制造和城市煤气输配、服务、管理为一体的产业链条,煤—焦—气—化—电煤炭综合加工利用产业格局初具规模,为我国煤炭资源实现清洁高效利用走出了一条示范之路。

"十二五"期间,太原煤气化将以"气化山西"为契机,构建"以煤为基"循环经济产业体系,做实、做强煤炭、煤化工和燃气输配三大主业,建成太原燃气气源、龙泉煤电化、华鑫煤焦化电三大基地,实现产品产量、营业收入、利润总额三个主要指标翻两番,全力打造中国煤炭精深加工多联产最具竞争力企业集团。

6.16　江西省煤炭集团公司

江西省煤炭集团公司于2000年6月由原省煤炭工业厅转制而成的大型国有煤炭企业。集团以煤炭生产、洗选加工为主,同时经营煤焦化和工程施工、玻璃建材、客车制造、电力等产业，2011 年位居中国煤炭工业 100 强第 39 名。

集团现有生产矿井 35 对，生产能力约 1 100 万吨；在建矿井 8 对，建设规模年产原煤 400 万吨；筹建矿井 8 对，规划建设规模 600 万吨。有煤矸石电厂 6 座，总装机容量 8.4 万千瓦；在建和投产焦化厂 2 座，建设规模年产焦炭 200 万吨。主要煤种有主焦煤、气肥煤、1/3 焦煤、无烟煤、瘦煤。

目前，集团公司正在有序推进煤炭主业资产整体上市，从而形成以江西煤业为主体的省内煤炭产业发展平台，以贵州公司、鼎望公司、云南公司为主体的省外煤炭开发平台，以中鼎国际为主体的海外发展平台，以玻璃产业和客车产业为基础的非煤产业发展平台，为企业招商选资、裂变发展、做大做强奠定坚实基础。

"十二五"发展目标：坚持"聚焦煤炭、双链延伸、差异制胜、创新发展"的发展思路，从 2010 年到 2012 年的三年，经济总量翻一番，煤炭产量突破 1 600 万吨，销售收入突破 150 亿元，税利总额突破 20 亿元。到"十二五"期末，实现原煤生产规模省内 1 000 万吨、省外 1 000 万吨、国外 1 000万吨，煤炭营销产业化交易量达 1 000 万吨，形成 200 万吨焦炭生产规模、200 万立方米日供气规模，销售收入突破 400 亿元、力争 500 亿元，利税超过 40 亿元、力争 50 亿元，成为主业突出、优势凸显、实力雄厚的大型跨国企业集团。

6.17 甘肃靖远煤业集团有限责任公司

靖远煤业集团有限责任公司位于甘肃省白银市平川区，是甘肃省重要的煤炭生产和供应基地，靖煤集团公司是以煤为主、多业并举、综合发展的多元化企业，集团现有总资产 97.91 亿元，在册职工 17 586 人。2011 年名列全国煤炭企业 100 强 65 位，煤炭产量 50 强 47 位。

靖煤集团煤炭地质可采储量 4 亿吨，现开采王家山、大宝魏、红会三块煤田 6 对矿井，产能达到每年 1 000 万吨以上，采煤机械化程度 100%。

安全生产连续5年全省领先，2011年实现千万吨零死亡，步入全国先进行列。

靖煤集团主导产品陇上精品“晶虹”煤为不粘结、弱粘结及气煤，具有低硫、低灰、低磷、高发热量（≥23MJ）等特点，广泛用于电力、化工、冶金、建材等行业。

“十二五”期间，靖煤集团立足于“五年产值超百亿，再造一个新靖煤”的发展愿景，按照“科学发展、转型跨越、民族团结、富民兴陇”的目标要求，抢抓历史机遇，大力实施资源储备、整体上市、人才强企、项目推动“四大战略”，形成“136”产业结构，即：1个支柱产业（煤炭），3个主导产业（基建施工、机械制造、房地产开发），6个支持产业（瓦斯发电、设备租赁、勘察设计、商贸物流、后勤服务、煤电铝化）；努力实现“2221”奋斗目标，即：煤炭产量达到2 000万吨，工业总产值达到200亿元，利税达到20亿元，职工收入达到10万元，企业综合实力跨入甘肃省前列。

6.18　河南郑州煤炭工业集团有限责任公司

郑州煤炭工业（集团）有限责任公司是一家以煤炭生产为主，集电力、铁路、电解铝、建材、煤化工和机械制造等多元发展的现代能源企业集团，是全国规划的13个亿吨级大型煤炭基地豫西基地建设的重要组成部分。近年来，郑煤集团积极实施“以煤为主，相关多元”发展战略，保持了良好的发展势头，2011年位居中国企业500强第374名，全国煤炭企业100强第27名和煤炭产量50强第29名。

郑煤集团所属矿区煤炭储量丰富，主要煤种为贫煤、贫瘦煤和无烟煤，矿低硫、可磨性好两大特征为煤炭市场独有的特色。

“十二五”期间，郑煤集团将以中原经济区建设为契机，大力实施“以煤为主、相关多元”战略，积极推进煤矿企业兼并重组，从2011年起，利用2～3年时间，使煤炭产量达到5 000万吨，销售收入达到500亿元，利税达到50亿元，建成主业突出、实力雄厚、核心竞争力强、具有较大影响力的现代能源企业集团。

6.19 贵州盘江投资控股(集团)有限公司

贵州盘江投资控股(集团)有限公司是由原盘江矿务局改制而成的大型国有省属煤炭工业企业。1997年改制为国有独资的盘江煤电(集团)有限责任公司,2010年9月,经贵州省人民政府批准,由盘江煤电(集团)有限责任公司更名为贵州盘江投资控股(集团)有限公司并迁址贵阳。集团业务由生产经营向投资管理、资产经营、资本运作、集团管控以及发展战略等转型。2011年,集团位居全国煤炭企业100强企业排名第47名。

盘江矿区是我国南方地区重要的大型炼焦煤和动力煤生产基地,煤炭储量丰富,远景储量为383亿吨。在勘探深度500米内,地质储量95亿吨,是我国华南最大的煤仓。矿区地质条件较好,煤层赋存稳定,属缓倾斜煤层,构造比较简单,埋藏浅,易开发,适宜发展机械化,建设高产高效的大型和特大型矿井。盘江矿区煤种齐全,有气、肥、焦、瘦、贫煤和无烟煤。煤质优良,低灰、低硫、微磷、发热量高。煤层灰分4.8%~32%,全硫含量小于0.5%,挥发分为25%~37%,发热量25.1百万焦耳/公斤,是理想的冶金、化工和动力用煤。其中肥煤和1/3焦煤属稀缺煤种。

矿区地理位置得天独厚,公司所处的周边省区如四川、重庆、云南、湖南、广东、广西、海南等均为缺煤省,江南仅贵州为煤炭净调出省,产品运达上述省区运距较短。近年来,随着交通条件的改善,竞争优势日趋明显。

公司"十二五"发展目标是:一是煤炭主业规模继续做大做强;二是发展煤化工及其配套项目,力争在时机成熟时,使煤化工产业领域有较大发展;三是围绕主业,加快发展其他产业,大力发展煤矸石发电等综合利用及其他配套产业,力争到"十二五"期末,建成资产总值1 500亿元,年营业总收入超过500亿元,年利税超过100亿元的煤与非煤协调发展的跨行业、跨地区的大型企业集团。

6.20　河北开滦(集团)有限责任公司

开滦集团公司是我国老牌大型煤炭企业,素有“中国煤炭工业源头”之称。开滦地处我国经济发达的东部沿海地带,拥有独特的区位优势,矿区内部铁路网稠密,交通运输极其便利。集团经济技术实力雄厚,2010年荣列中国企业500强第103名,2010年全国煤炭企业百强企业排名第8名。

开滦煤种以稀缺煤种——有“工业味精”之称的肥煤为主,肥精煤产量约占全国的1/3,其余为1/3焦煤和气煤,是冶炼、化工、动力首选用煤。

近年来,开滦集团致力于加快企业转型发展、科学发展,确定了“开放融入,调整转型,科学发展,做大做强”的战略方针,积极探索实现产业格局多元化、发展高端化、发展集约化、资源整合全球化、融资渠道多元化,基本扭转了单一采煤的格局,集团现已建成为集煤炭生产、洗选加工、煤化工、现代物流、煤电热、装备制造、文化旅游、节能环保、建筑施工等多业并举的跨地区、跨行业、的大型现代企业集团,走出了一条资源型企业转型发展的新路子。

集团位列2011中国企业500强第91位,2011中国煤炭企业100强排名第8名,2011煤炭产量50强第10名,在中国500强企业排名中,三年上升了200位。

“十二五”期间,开滦集团将着力加快经济转型和发展速度,大力实施“四大战略重点”,一是加快建设五大煤炭生产基地,打造亿吨级煤炭企业;二是加快建设五大煤化工园区,打造中国独立的煤化工旗舰企业;三是加快建设六大物流园区,打造中国现代物流领军企业;四是加快建设中国矿业文化产业园区,打造世界一流矿业文化产业基地。加快构建产业发展新格局,全面提高经济运行质量和经济效益,提升企业综合竞争力。

到“十二五”末,原煤产量达到1亿吨,营业收入达到2 500亿元,打造中国的“鲁尔”,探索出一条资源型老企业成功转型、可持续发展之路。

6.21 河南神火集团有限公司

河南神火集团有限公司是以煤炭、发电、电解铝生产及产品深加工为主的大型企业集团，河南省重点扶持的煤炭骨干企业及铝加工企业。2011年位列全国煤炭企业100强排名第24名。

神火集团所在地永城是我国六大无烟煤基地之一。此外，近年来通过并购、合资开发等形式，先后建成位于许禹矿区、郑州矿区及山西、新疆、澳大利亚等地的煤矿项目，许昌矿区的贫瘦煤粘结指数比较高，可作主焦煤的配煤使用，煤种稀缺。目前，集团拥有煤炭生产能力1 500万吨在建规模1 700万吨。发电装机容量500MW，在建和筹建容量3 300MW。氧化铝产能80万吨，电解铝产能90万吨，铝合金和型材加工能力70万吨，高精度双零铝箔2.5万吨。

根据集团发展规划，到“十二五”末，神火集团煤炭产能将达到5 000万吨，电解铝产能180万吨，原铝转换率达到60%，氧化铝产能达到200万吨，发电装机容量4 000MW，房地产开发规模120万平方米；实现销售收入1 000亿元以上，利税总额240亿元以上，利润总额150亿元以上；企业总资产1 000亿元以上，确保进入中国企业300强，力争进入100强，综合实力保持河南省10强，力争进入3强。

6.22 山西煤炭进出口集团有限公司

成立于1980年的山西煤炭进出口集团公司，经过三十余年的发展，已经成为以煤炭产销、高端制造和金融投资三大产业为核心的综合性大型企业集团。

从2009年起，山煤集团紧紧抓住山西煤炭资源整合契机，先后整合50余家地方煤矿，总体产能达到3 000万吨，现有主体矿井21座，形成了动力煤、炼焦煤、无烟煤、半无烟煤四大煤炭生产基地。与此同时，山煤集团着力于创新煤炭产销体系，上游整合资源，中间打通通道，下游整合市场，全力打造以“现代生产、智能物流、信息金融、集成服务”为特征的煤炭供应链。此外，积极发展其他非煤产业，建成拥有我国首条高速动车轮对生产线。

目前，山煤集团已经发展成为“三个之一”：全国四家拥有煤炭进出口经营权企业之一，山西省七大煤炭资源整合主体企业之一，山西省十户“双千亿”重点企业之一。

2011 年，山煤国际位居中国企业 500 强第 202 位，全国煤炭 100 强企业第 16 位。

“十二五”期间，山煤集团将力争在煤炭全供应链，高端装备（高铁轮对）制造服务商、企业融资孵化平台和企业文化体系上实现“四个新跨越”，在总投资、总资产、上市公司市值和销售收入方面完成“四个超千亿”发展目标。

6.23 北京京煤集团有限责任公司

北京京煤集团有限责任公司是 2001 年由原北京矿务局和原北京市煤炭总公司合并重组的国有独资大型企业集团。京煤集团是中国最大的优质无烟煤生产和出口基地之一，2011 年位列中国煤炭企业 100 强第 37 名。

京煤集团重组十年来，主动适应首都产业结构调整，对内科学提升，对外扩张发展，在控制北京煤炭产量的同时，积极推进煤炭开采和煤电产业向外埠转移，在内蒙古投资建设大型现代化煤矿和煤矸石热电厂，打造首都新的能源基地。同时，集团充分发挥规模优势和区位优势，利用拥有丰富土地资源和经营网点的优势条件，转型发展房地产业和现代物流、旅游饭店、燃料经营、物业租赁、汽车贸易等城市服务业，并依托行业、技术、资源和人才优势，在民爆化工、机械加工制造、水煤浆生产、建筑建材等相关领域全面发展，形成了“以能源、房地产和城市服务三大产业为主导，其他相关产业多元发展”的战略格局。

“十二五”时期，京煤集团认真落实“强大京煤理念”，坚持服务北京与“走出去”相结合的发展道路，加快产业转移、转型步伐。坚持紧紧围绕转变经济发展方式、调整产业结构这一条主线，培育能源及开采业、城市服务及房地产业两大产业链条，重点发展煤炭、城市服务、房地产三大主导产业，创建集团化运作、专业化经营、联动化发展、资本化扩张“四化”商业模式，打造理念先进型、质量效益型、本质安全型、技术创新型、和谐发展型“五型”企业，努力实现“53129”的奋斗目标（总资产500亿元，经营收入超300亿元，利润总额12亿元，员工年人均收入9万元），着力打造国内领先、具有国际竞争力的强大京煤集团。

6.24　河南义马煤业集团股份有限公司

河南义马煤业集团股份有限公司是原义马矿务局于2008年12月改制设立，矿区地跨河南、青海、新疆、山西和内蒙古等五省（区），煤炭品种涉及长焰煤、焦煤、贫瘦煤、无烟煤等。

目前，义煤集团已形成煤炭、煤化工、铝工业三大主业，通过合作、合资、联营等方式，在青海、新疆、山西、内蒙古等地规划建设了6个千万吨级的煤炭基地。现有煤炭资源保有储量50亿吨，产能超3 000万吨。

2011年集团位居中国煤炭企业100强第22名，煤炭产量50强第19名。

“十二五”期间，义煤集团制定了“强势起步、强势跨越、强势腾飞”的“三步走“发展战略，将把义煤建设成为资产总额和生产经营总额分别超千亿的特大型企业集团。

6.25　中国煤炭科工集团有限公司

中国煤炭科工集团有限公司（以下简称中国煤炭科工）是经国务院批准，由煤炭科学研究总院、中煤国际工程设计研究总院两家中央企业于2008年4月合并组建，是国务院国有资产监督管理委员会直接监管的中央企业。位列2011年中国企业500强排名第332名，2011中国煤炭企业

100 强排名第 21 名。

中国煤炭科工拥有 19 家二级子企业，分布于北京、上海、重庆、西安、太原、杭州、武汉、沈阳、南京等 10 多个中心城市，现有员工 22 650 名，拥有各类专业技术人员约 8 000 人，其中高级专业技术人员约 2 900 人。拥有中国工程院院士 1 人，国家级勘察设计大师 6 人，特聘兼职院士 6 人，享受国务院特殊津贴 650 人，持有各类注册职业资格证书人员1 700人。

中国煤炭科工拥有工程总承包及工程设计、勘察、监理等十数项甲级资质；建设有 24 个煤炭工业重点实验室和 7 个国家级、6 个行业级质量监督检验测试中心，国家煤矿安全技术工程研究中心等 4 个国家级工程技术研究中心以及国家矿用产品安全标志办公室等机构；5 个博士后科研工作站、2 个博士学位授权点、8 个硕士学位授权点。系国际采矿大会组委会等 10 多个国际学术组织的成员单位，与 20 多个国家的 100 多个机构建立了长期合作关系，在国际上享有崇高声誉。

在国务院国资委的领导下，中国煤炭科工以设计与工程总包、煤机装备、安全技术与装备、示范工程、节能环保和新能源等五大板块为主营业务，致力于拓展自身技术优势，提供更广泛的生产性服务，引领和支撑中国煤炭走新型工业化道路。坚持以煤为本，坚持培育创新能力、实现引领支撑的原则，提供以客户需求为核心的集成式服务，努力发展成为提供一体化解决方案的工程服务商和装备供应商，建设具有国际影响力和竞争力的大型高科技企业集团。

附录一　主要指标解释

财务指标是分析评价上市公司经营业绩的主要计量指标，以下为报告中所述相关主要财务指标的解释说明：

1. 营业毛利率

营业毛利率是用以反映企业每一元营业收入中含有多少毛利额，它是净利润的基础，没有足够大的毛利率便不能形成企业的盈利。

营业毛利率 =（主营业务收入 - 主营业务成本）/主营业务收入 × 100%。

2. 加权平均净资产收益率

加权平均净资产收益率是强调经营期间净资产赚取利润的结果，是一个动态的指标，是说明公司利用单位净资产创造利润能力的大小的一个平均指标。

加权平均净资产收益率（ROE）= $P/(E0 + NP \div 2 + Ei \times Mi \div M0 - Ej \times Mj \div M0)$

其中：P 为报告期利润；NP 为报告期净利润；E0 为期初净资产；Ei 为报告期发行新股或债转股等新增净资产；Ej 为报告期回购或现金分红等减少净资产；M0 为报告期月份数；Mi 为新增净资产下一月份起至报告期期末的月份数；Mj 为减少净资产下一月份起至报告期期末的月份数。

3. 总资产报酬率

总资产报酬率是企业在报告期内获得的可供投资者和债权人分配的经营收益占总资产的百分比，反映资产利用的综合效果。

总资产报酬率 = 息税前利润/年度平均资产总额 ×100%

（由于很多上市公司没有披露利息支出，报告中用财务费用代替）

4. 总资产周转率

总资产周转率是指企业一定时期内主营业务收入净额同平均资产总额的比值，是反映企业全部资产经营质量和利用效率的重要指标。

总资产周转率（次）= 主营业务收入净额/平均资产总额

5. 应收账款周转率

应收账款周转率是指企业一定时期内主营业务收入净额同应收账款平均余额的比率，是反映企业流动资产周转情况的主要指标。

应收账款周转率（次）= 主营业务收入净额/应收账款平均余额

6. 存货周转率

存货周转率是指企业一定时期主营业务成本与存货平均余额的比率，是反映企业流动资产周转情况的主要指标。

存货周转率（次）= 主营业务成本/存货平均余额

7. 流动比率

流动比率是企业一定时期内流动资产对流动负债的比率，衡量企业流动资产在短期债务到期以前，可以变为现金用于偿还负债的能力。

流动比率 = 流动资产/流动负债

8. 速动比率

速动比率是企业一定时期速动资产（扣除存货后流动资产的数额）同流动负债的比率，它是衡量企业流动资产中可以立即变现用于偿还流动负债的能力。

速动比率 = 速动资产/流动负债

9. 资产负债率

资产负债率是指企业一定时期负债总额同资产总额的比率，表示企业总资产中有多少是通过负债筹集的，是评价企业负债水平和偿债能力的综合指标。

资产负债率 = 负债总额/资产总额 ×100%

10. 三年营业收入(利润)复合增长率

三年营业收入(利润)增长率反映企业营业收入(利润)连续三年的增长情况和稳定程度,可较好地体现企业的发展状况和成长性。

$$三年营业收入复合增长率 = \left(\sqrt[3]{\frac{当年营业收入}{三年前营业收入}} - 1\right) \times 100\%$$

$$三年营业利润复合增长率 = \left(\sqrt[3]{\frac{当年营业利润}{三年前营业利润}} - 1\right) \times 100\%$$

11. 营业利润率

营业利润率是指企业一定时期营业利润同营业收入的比率。它表明企业每单位营业收入能带来多少营业利润,反映了企业日常经营性业务的获利能力。

$$营业利润率 = 营业利润/营业收入 \times 100\%$$

附录二　主要指标年度排序

附表1　资产总额年度排序　　单位:亿元

序号	2008年		2009年		2010年		2011年	
1	中国神华	2 752	中国神华	3 105	中国神华	3 393	中国神华	3 975
2	中煤能源	940	中煤能源	1 097	中煤能源	1 208	中煤能源	1 585
3	兖州煤业	329	兖州煤业	623	兖州煤业	728	兖州煤业	975
4	冀中能源	184	西山煤电	233	潞安环能	294	西山煤电	386
5	西山煤电	166	潞安环能	217	西山煤电	289	冀中能源	381
6	平煤股份	160	冀中能源	211	冀中能源	252	潞安环能	346
7	潞安环能	157	神火股份	195	神火股份	247	山煤国际	346
8	神火股份	155	阳泉煤业	174	山煤国际	235	神火股份	301
9	国投新集	144	国投新集	166	阳泉煤业	223	阳泉煤业	279
10	大同煤业	126	平煤股份	158	国投新集	195	国投新集	222
11	开滦股份	116	大同煤业	152	平煤股份	184	平煤股份	197
12	阳泉煤业	95.1	山煤国际	147	大同煤业	169	开滦股份	194
13	恒源煤电	91.2	开滦股份	134	开滦股份	161	大同煤业	189
14	兰花科创	89.7	兰花科创	116	兰花科创	136	兰花科创	152
15	上海能源	74.1	恒源煤电	108	恒源煤电	118	天地科技	140
16	天地科技	68.3	天地科技	85.1	天地科技	106	恒源煤电	124
17	煤气化	47.4	上海能源	83.4	郑煤机	90.3	盘江股份	122
18	郑州煤电	45.3	盘江股份	71.7	上海能源	89.9	昊华能源	108
19	露天煤业	39.9	露天煤业	68.8	昊华能源	88.4	上海能源	105
20	平庄能源	36.4	郑州煤电	53.2	盘江股份	82.9	大有能源	105

续表

序号	2008 年		2009 年		2010 年		2011 年	
21	盘江股份	25.6	煤气化	52.2	露天煤业	74.6	郑煤机	103
22	安源股份	18.8	平庄能源	44.9	煤气化	66.7	露天煤业	80.6
23	靖远煤电	5	安源股份	19.3	郑州煤电	57.5	煤气化	76.2
24	山煤国际	–	靖远煤电	5.86	平庄能源	51.9	郑州煤电	68.6
25	昊华能源	–	昊华能源	–	安源股份	22.3	平庄能源	53.8
26	郑煤机	–	郑煤机	–	靖远煤电	6.24	安源股份	21.8
27	大有能源	–	大有能源	–	大有能源	–	靖远煤电	7.34

附表 2　营业收入年度排序

单位：亿元

序号	2008 年		2009 年		2010 年		2011 年	
1	中国神华	1 071	中国神华	1 213	中国神华	1 577	中国神华	2 082
2	中煤能源	523	中煤能源	537	中煤能源	713	中煤能源	889
3	兖州煤业	264	兖州煤业	215	山煤国际	388	山煤国际	698
4	冀中能源	211	山煤国际	210	兖州煤业	348	阳泉煤业	507
5	平煤股份	197	冀中能源	202	冀中能源	303	兖州煤业	488
6	阳泉煤业	170	阳泉煤业	200	阳泉煤业	279	冀中能源	376
7	潞安环能	167	平煤股份	189	平煤股份	229	神火股份	307
8	西山煤电	133	潞安环能	183	潞安环能	214	西山煤电	304
9	神火股份	120	西山煤电	123	西山煤电	169	平煤股份	251
10	开滦股份	94	开滦股份	110	神火股份	169	潞安环能	224
11	大同煤业	83.9	神火股份	106	开滦股份	152	开滦股份	195
12	上海能源	77.1	大同煤业	94.9	大同煤业	105	郑州煤电	156
13	国投新集	54.3	上海能源	73.3	郑州煤电	97.8	大同煤业	144
14	天地科技	49.8	天地科技	66	上海能源	88.6	天地科技	120
15	兰花科创	49.1	郑州煤电	61.8	天地科技	79.7	上海能源	101
16	煤气化	47.4	兰花科创	56.2	国投新集	70.1	大有能源	95
17	恒源煤电	45.8	恒源煤电	53.4	恒源煤电	69.9	恒源煤电	83.1
18	郑州煤电	45.4	国投新集	49.5	郑煤机	67.5	国投新集	80.6
19	盘江股份	41	露天煤业	46.6	兰花科创	58.1	郑煤机	80.6

续表

序号	2008年		2009年		2010年		2011年	
20	露天煤业	38.8	盘江股份	45.5	露天煤业	56.7	兰花科创	76.1
21	平庄能源	26.2	煤气化	32.5	盘江股份	54.7	盘江股份	74.6
22	安源股份	9.95	平庄能源	26.9	昊华能源	40.5	昊华能源	69.5
23	靖远煤电	4.06	安源股份	8.86	煤气化	35.2	露天煤业	65
24	山煤国际	–	靖远煤电	5.34	平庄能源	32.3	平庄能源	39.4
25	昊华能源	–	昊华能源	–	安源股份	12	煤气化	37.8
26	郑煤机	–	郑煤机	–	靖远煤电	7.76	安源股份	15.1
27	大有能源	–	大有能源	–	大有能源	–	靖远煤电	10.3

附表3 利润总额年度排序

单位:亿元

序号	2008年		2009年		2010年		2011年	
1	中国神华	359	中国神华	439	中国神华	544	中国神华	651
2	兖州煤业	86.6	中煤能源	92.0	兖州煤业	121	中煤能源	136
3	中煤能源	82.7	兖州煤业	54.1	中煤能源	102	兖州煤业	121
4	西山煤电	39.8	西山煤电	30.7	潞安环能	41.3	潞安环能	43.5
5	冀中能源	37.3	潞安环能	29.3	西山煤电	38.4	冀中能源	41.8
6	平煤股份	36.7	大同煤业	26.8	冀中能源	33.2	西山煤电	41.3
7	潞安环能	29.7	阳泉煤业	24.9	阳泉煤业	33.2	阳泉煤业	37.6
8	大同煤业	25.6	冀中能源	22.5	大同煤业	28.6	大同煤业	32.8
9	神火股份	15.8	平煤股份	18.2	平煤股份	23.7	山煤国际	23.9
10	兰花科创	15.8	兰花科创	16.2	山煤国际	19.6	平煤股份	22.8
11	国投新集	15	天地科技	14.1	露天煤业	18.0	兰花科创	21.1
12	上海能源	13.1	山煤国际	13.5	上海能源	17.4	天地科技	20.2
13	阳泉煤业	11.9	上海能源	12.7	国投新集	17.2	露天煤业	19.3
14	开滦股份	11.1	露天煤业	12.51	兰花科创	17.1	上海能源	18.9
15	天地科技	10.4	开滦股份	11.8	天地科技	16.6	大有能源	18.9
16	煤气化	8.2	盘江股份	11.7	盘江股份	15.9	国投新集	18.4
17	恒源煤电	8.06	国投新集	11.5	神火股份	15.2	昊华能源	17.7
18	露天煤业	7.81	神火股份	8.96	恒源煤电	12.7	神火股份	14.2

续表

序号	2008 年		2009 年		2010 年		2011 年	
19	平庄能源	7.29	恒源煤电	7.31	昊华能源	11.7	恒源煤电	14.2
20	盘江股份	6.31	煤气化	5.49	开滦股份	11.4	郑煤机	14.2
21	郑州煤电	1.61	平庄能源	5.48	郑煤机	10.6	平庄能源	10.6
22	靖远煤电	0.84	郑州煤电	1.41	平庄能源	7.61	开滦股份	10.3
23	安源股份	-2	安源股份	0.58	煤气化	4.49	盘江股份	6.65
24	山煤国际	-	靖远煤电	0.53	郑州煤电	1.78	煤气化	4.56
25	昊华能源	-	昊华能源	-	安源股份	0.99	郑州煤电	2.62
26	郑煤机	-	郑煤机	-	靖远煤电	0.68	安源股份	1.04
27	大有能源	-	大有能源	-	大有能源	-	靖远煤电	0.9

附表4　营业利润年度排序　　单位：亿元

序号	2008 年		2009 年		2010 年		2011 年	
1	中国神华	366	中国神华	442	中国神华	548	中国神华	658
2	兖州煤业	86.4	中煤能源	90.3	兖州煤业	121	中煤能源	135
3	中煤能源	79.7	兖州煤业	54.1	中煤能源	98.5	兖州煤业	122
4	平煤股份	42.8	西山煤电	29.9	潞安环能	41.7	潞安环能	44.3
5	西山煤电	39.9	潞安环能	29.6	西山煤电	38.3	西山煤电	41.3
6	冀中能源	37.8	大同煤业	26.9	阳泉煤业	33.4	冀中能源	39.9
7	潞安环能	29.8	阳泉煤业	25.2	冀中能源	30.4	阳泉煤业	37.6
8	大同煤业	25.7	冀中能源	23	大同煤业	28.6	大同煤业	32.6
9	兰花科创	16	平煤股份	18.1	平煤股份	23.7	平煤股份	24.6
10	神火股份	15.7	兰花科创	16.9	山煤国际	20	山煤国际	24.6
11	国投新集	15	山煤国际	13.8	兰花科创	18.8	兰花科创	22.6
12	上海能源	13.1	天地科技	13.4	露天煤业	17.9	盘江股份	20.3
13	阳泉煤业	12.4	上海能源	12.6	国投新集	17.3	露天煤业	19.3
14	开滦股份	11.1	开滦股份	11.8	上海能源	17.1	天地科技	19
15	天地科技	9.89	盘江股份	11.7	盘江股份	15.9	大有能源	19
16	煤气化	8.37	国投新集	10.9	神火股份	15.6	上海能源	18.5
17	恒源煤电	8.04	露天煤业	10.8	天地科技	15.2	国投新集	18.3

续表

序号	2008 年		2009 年		2010 年		2011 年	
18	露天煤业	7.86	神火股份	8.2	恒源煤电	12.7	昊华能源	17.7
19	平庄能源	7.34	恒源煤电	7.25	昊华能源	11.6	神火股份	14.4
20	盘江股份	6.42	煤气化	5.63	开滦股份	11.4	恒源煤电	14.2
21	郑州煤电	1.7	平庄能源	5.5	郑煤机	10.4	郑煤机	13.9
22	靖远煤电	0.74	郑州煤电	1.75	平庄能源	7.61	平庄能源	10.5
23	安源股份	-1.69	靖远煤电	0.46	煤气化	4.73	开滦股份	10.1
24	山煤国际	-	安源股份	0.23	郑州煤电	1.82	煤气化	4.43
25	昊华能源	-	昊华能源	-	安源股份	0.86	郑州煤电	2.76
26	郑煤机	-	郑煤机	-	靖远煤电	0.69	安源股份	1.03
27	大有能源	-	大有能源	-	大有能源	-	靖远煤电	0.96

附表 5　归属母公司股东的净利润年度排序　　单位:亿元

序号	2008 年		2009 年		2010 年		2011 年	
1	中国神华	260	中国神华	303	中国神华	379	中国神华	448
2	中煤能源	63.8	中煤能源	70.9	兖州煤业	90.1	中煤能源	95
3	兖州煤业	63.2	兖州煤业	38.8	中煤能源	75.7	兖州煤业	86.2
4	西山煤电	29.6	西山煤电	22.3	潞安环能	34.4	潞安环能	38.4
5	平煤股份	26.7	潞安环能	21.1	西山煤电	26.4	冀中能源	30.5
6	冀中能源	26.4	阳泉煤业	18.6	阳泉煤业	24.1	西山煤电	28.2
7	潞安环能	21	冀中能源	16.7	冀中能源	24	阳泉煤业	28.1
8	大同煤业	14.5	大同煤业	14.9	平煤股份	18.5	平煤股份	18.5
9	兰花科创	12.5	平煤股份	14.1	露天煤业	14.6	盘江股份	17.1
10	神火股份	11.3	兰花科创	12.7	盘江股份	13.5	兰花科创	16.6
11	国投新集	10.9	盘江股份	9.9	上海能源	13.3	露天煤业	16
12	上海能源	10.4	露天煤业	9.78	兰花科创	13.1	上海能源	14.2
13	阳泉煤业	9.3	上海能源	9.5	大同煤业	13	国投新集	13.5
14	开滦股份	8.12	国投新集	8.33	国投新集	12.5	昊华能源	13
15	露天煤业	6.38	开滦股份	8.23	神火股份	11.6	大有能源	12.8
16	煤气化	6.34	天地科技	7.08	恒源煤电	9.51	郑煤机	11.9

续表

序号	2008 年		2009 年		2010 年		2011 年	
17	恒源煤电	6.04	山煤国际	6.15	郑煤机	8.83	神火股份	11.5
18	盘江股份	5.4	神火股份	6.01	昊华能源	8.73	山煤国际	11.16
19	平庄能源	5.17	恒源煤电	5.2	开滦股份	8.69	大同煤业	10.9
20	天地科技	4.93	平庄能源	4.69	天地科技	8.53	恒源煤电	10.1
21	郑州煤电	1.19	煤气化	3.8	山煤国际	7.54	天地科技	9.12
22	靖远煤电	0.72	郑州煤电	1.15	平庄能源	6.48	平庄能源	9.02
23	安源股份	-2.12	靖远煤电	0.53	煤气化	2.35	开滦股份	7.86
24	山煤国际	-	安源股份	0.34	郑州煤电	1.29	煤气化	2.07
25	昊华能源	-	昊华能源	-	靖远煤电	0.57	郑州煤电	1.16
26	郑煤机	-	郑煤机	-	安源股份	0.42	靖远煤电	0.71
27	大有能源	-	大有能源	-	大有能源	-	安源股份	0.29

附表 6　营业毛利率年度排序　　　　单位：%

序号	2008 年		2009 年		2010 年		2011 年	
1	大同煤业	51.62	大同煤业	51.3	昊华能源	50.84	兰花科创	46.41
2	兖州煤业	48.81	中国神华	49.31	大同煤业	46.22	潞安环能	45.11
3	中国神华	48.65	兖州煤业	43.16	中国神华	46.04	盘江股份	44.70
4	兰花科创	48.07	西山煤电	43.05	兖州煤业	45.74	昊华能源	43.61
5	西山煤电	46.76	兰花科创	41.82	兰花科创	44.55	平庄能源	41.29
6	国投新集	41.8	盘江股份	40.54	盘江股份	44.53	中国神华	41.08
7	平庄能源	40.26	中煤能源	35.86	西山煤电	43.4	兖州煤业	40.60
8	煤气化	38.91	国投新集	35.55	露天煤业	41.33	大同煤业	39.81
9	天地科技	38.26	天地科技	35.17	潞安环能	40.31	露天煤业	38.09
10	中煤能源	38.18	平庄能源	34.33	平庄能源	37.59	大有能源	36.05
11	潞安环能	34.78	露天煤业	34.29	国投新集	37	国投新集	35.35
12	冀中能源	33.8	潞安环能	32.69	天地科技	35.2	中煤能源	33.61
13	靖远煤电	32.95	煤气化	32.22	中煤能源	33.42	天地科技	31.78
14	露天煤业	31.92	上海能源	29.21	安源股份	31.69	西山煤电	30.26
15	平煤股份	30.7	安源股份	28.34	上海能源	29.71	上海能源	29.28

续表

序号	2008 年		2009 年		2010 年		2011 年	
16	恒源煤电	29.92	冀中能源	26.65	煤气化	29.03	恒源煤电	29.28
17	上海能源	29.47	恒源煤电	24.33	恒源煤电	27.14	安源股份	27.66
18	开滦股份	24.16	靖远煤电	21.34	冀中能源	25.61	煤气化	27.02
19	盘江股份	23.36	阳泉煤业	20.49	郑煤机	24.69	冀中能源	24.91
20	神火股份	21.87	开滦股份	19.53	平煤股份	20.47	郑煤机	24.69
21	安源股份	20.01	平煤股份	18.97	靖远煤电	20.26	靖远煤电	24.07
22	阳泉煤业	18.55	神火股份	17.49	阳泉煤业	20.22	平煤股份	20.75
23	郑州煤电	17.65	山煤国际	11.04	神火股份	17.47	阳泉煤业	13.70
24	山煤国际	–	郑州煤电	9.84	开滦股份	15.93	开滦股份	12.85
25	昊华能源	–	昊华能源	–	山煤国际	9.25	神火股份	10.92
26	郑煤机	–	郑煤机	–	郑州煤电	7.92	山煤国际	7.38
27	大有能源	–	大有能源	–	大有能源	–	郑州煤电	6.07
平均	34.37		30.69		31.75		29.86	
最大	51.62		51.3		50.84		46.41	
最小	17.65		9.84		7.92		6.07	

附表 7　总资产报酬率年度排序　　单位：%

序号	2008 年		2009 年		2010 年		2011 年	
1	冀中能源	31.25	盘江股份	24.34	露天煤业	25.51	郑煤机	26.25
2	兖州煤业	30.26	露天煤业	23.33	盘江股份	20.73	露天煤业	25.97
3	西山煤电	28.41	大同煤业	19.98	上海能源	20.61	盘江股份	20.51
4	盘江股份	26.66	阳泉煤业	19.17	昊华能源	19.68	大有能源	19.96
5	平煤股份	26.35	天地科技	18.71	大同煤业	18.2	上海能源	19.72
6	大同煤业	25.29	兰花科创	17.11	阳泉煤业	17.75	平庄能源	19.31
7	露天煤业	21.9	上海能源	16.66	兖州煤业	17.7	昊华能源	18.71
8	平庄能源	21.71	潞安环能	16.27	天地科技	17.56	大同煤业	18.53
9	天地科技	21.21	西山煤电	16.01	中国神华	17.52	中国神华	18.31
10	兰花科创	21.02	中国神华	15.63	潞安环能	16.5	天地科技	16.57
11	上海能源	20.42	平庄能源	13.4	冀中能源	15.63	兰花科创	15.67

续表

序号	2008年		2009年		2010年		2011年	
12	潞安环能	20.24	冀中能源	12.48	郑煤机	15.52	阳泉煤业	15.6
13	煤气化	19.42	山煤国际	11.72	西山煤电	15.47	冀中能源	15.22
14	靖远煤电	18.43	平煤股份	11.52	平庄能源	15.32	兖州煤业	14.51
15	中国神华	15.51	煤气化	11.41	兰花科创	14.85	潞安环能	14.34
16	神火股份	14.69	兖州煤业	11.03	平煤股份	13.98	西山煤电	13.51
17	阳泉煤业	13.94	开滦股份	10.84	山煤国际	12.56	靖远煤电	13.16
18	开滦股份	13.77	靖远煤电	9.66	恒源煤电	11.63	平煤股份	12.17
19	国投新集	13.25	国投新集	9.04	靖远煤电	11.14	恒源煤电	12.1
20	恒源煤电	10.51	中煤能源	8.59	国投新集	11	山煤国际	10.76
21	中煤能源	10.14	恒源煤电	7.84	神火股份	9.75	国投新集	10.45
22	郑州煤电	4.71	神火股份	7.57	开滦股份	9.54	中煤能源	9.84
23	安源股份	-6.22	安源股份	6.46	中煤能源	8.96	神火股份	8.23
24	山煤国际	-	郑州煤电	3.21	煤气化	7.99	安源股份	8.11
25	昊华能源	-	昊华能源	-	安源股份	7.77	开滦股份	7.78
26	郑煤机	-	郑煤机	-	郑州煤电	3.71	煤气化	7.09
27	大有能源	-	大有能源	-	大有能源	-	郑州煤电	4.66
平均	18.39		13.42		14.48		14.71	
最大	31.25		24.34		25.51		26.25	
最小	-6.22		3.21		3.71		4.66	

附表8 加权平均净资产收益率年度排序

单位：%

序号	2008年		2009年		2010年		2011年	
1	神火股份	45.94	天地科技	32.8	露天煤业	38.5	露天煤业	38.09
2	冀中能源	42.71	露天煤业	31.25	天地科技	29.6	大有能源	30.57
3	西山煤电	40.29	阳泉煤业	29.12	郑煤机	29.36	潞安环能	28.65
4	平煤股份	36.74	山煤国际	27.68	神火股份	28.32	阳泉煤业	28.23
5	兰花科创	35.11	兰花科创	27.5	兖州煤业	27.6	盘江股份	26.03
6	潞安环能	32.65	西山煤电	24	阳泉煤业	26.29	天地科技	24.53
7	天地科技	30.82	盘江股份	22.35	山煤国际	26.18	神火股份	23.47

续表

序号	2008年		2009年		2010年		2011年	
8	上海能源	30.39	上海能源	21.77	潞安环能	26.05	冀中能源	22.96
9	盘江股份	29.8	潞安环能	21.22	恒源煤电	25.13	兰花科创	22.93
10	煤气化	29	中国神华	19.1	上海能源	24.83	昊华能源	21.94
11	露天煤业	27.46	大同煤业	18.76	盘江股份	23.28	兖州煤业	21.85
12	兖州煤业	26.71	冀中能源	18.56	西山煤电	23.27	平庄能源	21.81
13	平庄能源	24.86	神火股份	18.39	冀中能源	22.38	郑煤机	21.66
14	开滦股份	24.38	开滦股份	17.87	兰花科创	22.17	上海能源	21.42
15	大同煤业	22.26	平煤股份	17.71	平煤股份	21.89	西山煤电	21.18
16	国投新集	21.59	平庄能源	17.55	中国神华	20.18	中国神华	21.08
17	靖远煤电	21.02	恒源煤电	16.63	昊华能源	20.09	平煤股份	18.78
18	中国神华	18.81	煤气化	14.27	平庄能源	19.33	山煤国际	18.27
19	阳泉煤业	18.44	国投新集	14.24	国投新集	19.12	国投新集	18.1
20	恒源煤电	17.72	兖州煤业	14.17	开滦股份	16.19	恒源煤电	17.61
21	中煤能源	11.97	靖远煤电	12.66	大同煤业	13.4	靖远煤电	15.17
22	郑州煤电	7.93	中煤能源	10.03	靖远煤电	13.07	开滦股份	12.89
23	安源股份	-27.18	郑州煤电	7.22	中煤能源	9.74	中煤能源	12.29
24	山煤国际	-	安源股份	5.41	煤气化	8.06	大同煤业	11.2
25	昊华能源	-	昊华能源	-	郑州煤电	7.5	煤气化	6.81
26	郑煤机	-	郑煤机	-	安源股份	6.34	郑州煤电	6.29
27	大有能源	-	大有能源	-	大有能源	-	安源股份	4.13
平均	24.76		19.18		21.07		19.51	
最大	45.94		32.8		38.5		38.09	
最小	-27.18		5.41		6.34		4.13	

附表9 存货周转率年度排序

单位:次

序号	2008年		2009年		2010年		2011年	
1	潞安环能	46.61	潞安环能	55.32	平煤股份	34.02	阳泉煤业	48.79
2	平庄能源	42.91	平庄能源	38.63	平庄能源	30.6	平煤股份	34.69
3	平煤股份	42.67	阳泉煤业	35.59	阳泉煤业	28.84	大有能源	30.53

续表

序号	2008年		2009年		2010年		2011年	
4	阳泉煤业	40.2	平煤股份	34.14	潞安环能	26.96	大同煤业	26.96
5	恒源煤电	36.18	露天煤业	27.14	山煤国际	22.91	冀中能源	23.4
6	冀中能源	33.8	恒源煤电	24.49	冀中能源	21.67	平庄能源	21.21
7	盘江股份	27.43	山煤国际	21.84	恒源煤电	21.2	山煤国际	21.03
8	露天煤业	23.4	冀中能源	19.46	露天煤业	21	兖州煤业	19.07
9	兖州煤业	21.36	西山煤电	17.42	大同煤业	20.88	恒源煤电	18.78
10	开滦股份	20.83	盘江股份	15.26	西山煤电	17.25	潞安环能	17.17
11	西山煤电	17	开滦股份	15.09	上海能源	16.39	露天煤业	17.17
12	上海能源	12.85	大同煤业	15.05	盘江股份	16.32	盘江股份	16.61
13	大同煤业	11.97	兖州煤业	14.3	靖远煤电	15.22	上海能源	13.31
14	靖远煤电	11.49	靖远煤电	14.07	兖州煤业	14.93	靖远煤电	13.18
15	神火股份	11.15	上海能源	12.54	开滦股份	12.67	神火股份	12.91
16	中煤能源	8.56	神火股份	9.78	昊华能源	9.34	西山煤电	12.5
17	煤气化	8.47	中国神华	7.9	神火股份	9.08	开滦股份	11.27
18	国投新集	8.21	中煤能源	7.48	中国神华	8.81	昊华能源	10.93
19	中国神华	7.76	国投新集	7.22	中煤能源	8.48	中国神华	10.14
20	安源股份	6.46	兰花科创	6.15	安源股份	6.74	中煤能源	8.72
21	郑州煤电	6.38	安源股份	5.79	国投新集	6.48	郑州煤电	7.86
22	兰花科创	5.7	煤气化	5.67	煤气化	6.21	安源股份	7.48
23	天地科技	2.18	郑州煤电	5.62	郑州煤电	6.18	煤气化	6.99
24	山煤国际	–	天地科技	2.31	兰花科创	5.41	国投新集	5.42
25	昊华能源	–	昊华能源	–	郑煤机	4.41	兰花科创	4.89
26	郑煤机	–	郑煤机	–	天地科技	2.63	郑煤机	4.25
27	大有能源	–	大有能源	–	大有能源	–	天地科技	3.55
平均	19.72		17.43		15.18		15.88	
最大	46.61		55.32		34.02		48.79	
最小	2.18		2.31		2.63		3.55	

附表 10　应收账款周转率年度排序

单位:次

序号	2008 年		2009 年		2010 年		2011 年	
1	兰花科创	149	兰花科创	180	兰花科创	367	兰花科创	597
2	上海能源	110	上海能源	76.79	神火股份	186	神火股份	290
3	兖州煤业	98.86	平煤股份	74.98	平煤股份	148	郑州煤电	211
4	平煤股份	94.86	兖州煤业	50.64	郑州煤电	79.69	平煤股份	133
5	大同煤业	45.77	郑州煤电	36.83	上海能源	76.85	上海能源	87.96
6	潞安环能	45.6	神火股份	30.51	国投新集	76.41	兖州煤业	74.94
7	神火股份	33.72	潞安环能	29.64	兖州煤业	75.39	恒源煤电	72.31
8	盘江股份	32.88	阳泉煤业	25.44	开滦股份	65.83	潞安环能	60.39
9	西山煤电	28.08	开滦股份	25.21	恒源煤电	51.39	国投新集	57.71
10	郑州煤电	25.36	国投新集	23.93	潞安环能	51.14	西山煤电	41.56
11	恒源煤电	24.87	西山煤电	22.59	西山煤电	34.16	阳泉煤业	35.35
12	开滦股份	24.76	盘江股份	22.24	阳泉煤业	28.55	开滦股份	30.48
13	阳泉煤业	22.33	恒源煤电	21.9	昊华能源	26.09	盘江股份	29.43
14	国投新集	19.62	大同煤业	20.68	盘江股份	24.09	大有能源	29.02
15	中国神华	15.98	中国神华	16.07	山煤国际	20.82	昊华能源	27.76
16	冀中能源	14.78	中煤能源	13.91	冀中能源	19.55	山煤国际	23.02
17	煤气化	13.95	山煤国际	13.43	中国神华	18.76	中国神华	19.25
18	中煤能源	13.3	露天煤业	11.8	中煤能源	18.21	冀中能源	17.86
19	露天煤业	11.41	平庄能源	10.78	大同煤业	14.64	中煤能源	17.86
20	平庄能源	10.62	冀中能源	10.14	露天煤业	13.13	安源股份	15.56
21	靖远煤电	10.25	煤气化	7.53	平庄能源	13	大同煤业	14.02
22	安源股份	7.07	安源股份	6.99	安源股份	12.34	平庄能源	12.97
23	天地科技	4.56	靖远煤电	5.42	煤气化	11.29	煤气化	11.25
24	山煤国际	–	天地科技	4.81	靖远煤电	8.17	露天煤业	9.02
25	昊华能源	–	昊华能源	–	郑煤机	5.19	靖远煤电	8.33
26	郑煤机	–	郑煤机	–	天地科技	4.74	天地科技	5.33
27	大有能源	–	大有能源	–	大有能源	–	郑煤机	4.92
平均	37.29		30.93		55.79		71.75	
最大	149		180		367		597	
最小	4.56		4.81		4.74		4.92	

附表 11　总资产周转率年度排序

单位:次

序号	2008年		2009年		2010年		2011年	
1	阳泉煤业	1.9	山煤国际	1.68	山煤国际	2.03	郑州煤电	2.47
2	盘江股份	1.75	阳泉煤业	1.49	郑州煤电	1.77	山煤国际	2.4
3	冀中能源	1.71	郑州煤电	1.26	阳泉煤业	1.41	阳泉煤业	2.02
4	平煤股份	1.41	平煤股份	1.18	平煤股份	1.34	靖远煤电	1.52
5	上海能源	1.15	冀中能源	1.03	冀中能源	1.31	平煤股份	1.32
6	郑州煤电	1.14	潞安环能	0.98	靖远煤电	1.28	冀中能源	1.19
7	煤气化	1.09	靖远煤电	0.98	开滦股份	1.03	神火股份	1.12
8	潞安环能	1.08	上海能源	0.93	上海能源	1.02	开滦股份	1.1
9	露天煤业	1.03	盘江股份	0.93	郑煤机	0.98	上海能源	1.04
10	开滦股份	0.99	开滦股份	0.88	潞安环能	0.84	天地科技	0.98
11	西山煤电	0.92	露天煤业	0.86	天地科技	0.84	大有能源	0.97
12	天地科技	0.92	天地科技	0.86	露天煤业	0.79	西山煤电	0.9
13	兖州煤业	0.9	大同煤业	0.68	神火股份	0.76	露天煤业	0.84
14	神火股份	0.89	平庄能源	0.66	盘江股份	0.71	郑煤机	0.83
15	靖远煤电	0.86	煤气化	0.65	平庄能源	0.67	大同煤业	0.8
16	大同煤业	0.8	西山煤电	0.62	昊华能源	0.66	平庄能源	0.75
17	平庄能源	0.75	神火股份	0.61	大同煤业	0.65	盘江股份	0.73
18	恒源煤电	0.69	兰花科创	0.55	西山煤电	0.65	昊华能源	0.71
19	中煤能源	0.68	恒源煤电	0.54	中煤能源	0.62	潞安环能	0.7
20	兰花科创	0.62	中煤能源	0.53	恒源煤电	0.62	恒源煤电	0.69
21	安源股份	0.5	安源股份	0.47	煤气化	0.59	安源股份	0.69
22	中国神华	0.42	兖州煤业	0.45	安源股份	0.58	中煤能源	0.64
23	国投新集	0.41	中国神华	0.41	兖州煤业	0.52	兖州煤业	0.57
24	山煤国际	-	国投新集	0.32	中国神华	0.46	中国神华	0.54
25	昊华能源	-	昊华能源	-	兰花科创	0.46	煤气化	0.53
26	郑煤机	-	郑煤机	-	国投新集	0.39	兰花科创	0.53
27	大有能源	-	大有能源	-	大有能源	-	国投新集	0.39
平均	0.98		0.81		0.88		1.00	
最大	1.9		1.68		2.03		2.47	
最小	0.41		0.32		0.39		0.39	

附表 12　流动比率年度排序

序号	2008 年		2009 年		2010 年		2011 年	
1	中煤能源	3.8868	中煤能源	3.2273	兖州煤业	2.7146	平庄能源	3.8643
2	盘江股份	2.8496	平庄能源	1.9667	平庄能源	2.7008	大同煤业	2.3476
3	兖州煤业	2.6028	西山煤电	1.9149	中煤能源	2.4859	郑煤机	2.0696
4	中国神华	1.8263	兖州煤业	1.9089	盘江股份	2.312	中煤能源	1.9497
5	西山煤电	1.7452	大同煤业	1.7694	郑煤机	2.0724	靖远煤电	1.8563
6	靖远煤电	1.6887	盘江股份	1.7334	大同煤业	2.0613	盘江股份	1.8251
7	大同煤业	1.6598	中国神华	1.6604	靖远煤电	1.858	天地科技	1.6658
8	平庄能源	1.5592	靖远煤电	1.614	西山煤电	1.6839	上海能源	1.6568
9	天地科技	1.3947	天地科技	1.5569	天地科技	1.6688	山煤国际	1.3433
10	平煤股份	1.322	露天煤业	1.5558	昊华能源	1.6025	昊华能源	1.3175
11	煤气化	1.3007	煤气化	1.4968	中国神华	1.5529	大有能源	1.303
12	露天煤业	1.1523	潞安环能	1.2491	煤气化	1.4839	中国神华	1.2328
13	开滦股份	1.0896	山煤国际	1.1635	上海能源	1.292	阳泉煤业	1.198
14	潞安环能	1.0282	开滦股份	1.0573	潞安环能	1.2505	冀中能源	1.1639
15	冀中能源	1.0209	郑州煤电	1.0242	阳泉煤业	1.2109	西山煤电	1.1516
16	郑州煤电	0.9475	阳泉煤业	0.9354	山煤国际	1.1049	潞安环能	1.1121
17	阳泉煤业	0.9005	上海能源	0.9338	兰花科创	1.0355	兰花科创	1.1074
18	上海能源	0.8139	冀中能源	0.894	开滦股份	0.996	露天煤业	1.0432
19	兰花科创	0.7181	平煤股份	0.8902	郑州煤电	0.9537	煤气化	1.0395
20	国投新集	0.6308	兰花科创	0.791	平煤股份	0.8935	开滦股份	0.978
21	恒源煤电	0.6111	恒源煤电	0.5906	冀中能源	0.8605	兖州煤业	0.9582
22	安源股份	0.4883	安源股份	0.5664	恒源煤电	0.8048	恒源煤电	0.8812
23	神火股份	0.4715	神火股份	0.5545	露天煤业	0.7613	郑州煤电	0.8637
24	山煤国际	–	国投新集	0.4498	神火股份	0.6837	平煤股份	0.8212
25	昊华能源	–	昊华能源	–	安源股份	0.4996	神火股份	0.5763
26	郑煤机	–	郑煤机	–	国投新集	0.377	安源股份	0.4545
27	大有能源	–	大有能源	–	大有能源	–	国投新集	0.3283
平均	1.3786		1.3127		1.4200		1.3374	
最大	3.8868		3.2273		2.7146		3.8643	
最小	0.4715		0.4498		0.377		0.3283	

附表13　速动比率年度排序

序号	2008年		2009年		2010年		2011年	
1	中煤能源	3.5646	中煤能源	2.9115	平庄能源	2.6235	平庄能源	3.7086
2	盘江股份	2.4824	平庄能源	1.9238	兖州煤业	2.563	大同煤业	2.2643
3	兖州煤业	2.4636	西山煤电	1.8588	盘江股份	2.1757	盘江股份	1.7029
4	中国神华	1.6425	兖州煤业	1.8279	中煤能源	2.1686	中煤能源	1.6954
5	西山煤电	1.6397	大同煤业	1.7005	大同煤业	1.9812	郑煤机	1.6675
6	大同煤业	1.5364	盘江股份	1.6025	郑煤机	1.7359	靖远煤电	1.5553
7	平庄能源	1.5047	中国神华	1.5216	靖远煤电	1.6022	上海能源	1.2815
8	靖远煤电	1.4217	靖远煤电	1.4286	西山煤电	1.5788	天地科技	1.2537
9	平煤股份	1.262	露天煤业	1.4268	昊华能源	1.4918	大有能源	1.2448
10	煤气化	1.0904	煤气化	1.2571	中国神华	1.4024	昊华能源	1.1596
11	露天煤业	1.0585	潞安环能	1.2275	煤气化	1.2662	阳泉煤业	1.1378
12	开滦股份	1.0103	天地科技	1.0893	天地科技	1.2391	山煤国际	1.1346
13	潞安环能	0.997	山煤国际	1.0585	潞安环能	1.1928	中国神华	1.0886
14	冀中能源	0.9229	开滦股份	0.8955	阳泉煤业	1.1072	冀中能源	1.0774
15	天地科技	0.8694	阳泉煤业	0.8566	上海能源	1.0452	潞安环能	1.0682
16	阳泉煤业	0.8287	平煤股份	0.8078	山煤国际	0.9415	西山煤电	0.968
17	郑州煤电	0.6543	上海能源	0.7827	兰花科创	0.8848	兰花科创	0.9353
18	上海能源	0.5845	冀中能源	0.7749	开滦股份	0.8227	兖州煤业	0.9191
19	恒源煤电	0.5647	兰花科创	0.6812	平煤股份	0.817	露天煤业	0.9022
20	国投新集	0.5439	郑州煤电	0.5958	冀中能源	0.7411	煤气化	0.8930
21	兰花科创	0.5213	恒源煤电	0.5449	恒源煤电	0.7339	恒源煤电	0.8048
22	神火股份	0.3886	安源股份	0.4575	露天煤业	0.6723	开滦股份	0.7796
23	安源股份	0.3646	神火股份	0.4482	神火股份	0.5134	平煤股份	0.7435
24	山煤国际	–	国投新集	0.3556	郑州煤电	0.4462	神火股份	0.4442
25	昊华能源	–	昊华能源	–	安源股份	0.3947	郑州煤电	0.4112
26	郑煤机	–	郑煤机	–	国投新集	0.2408	安源股份	0.3369
27	大有能源	–	大有能源	–	大有能源	–	国投新集	0.2015
平均	1.2138		1.1681		1.2455		1.1622	
最大	3.5646		2.9115		2.6235		3.7086	
最小	0.3646		0.3556		0.2408		0.2015	

附表 14 资产负债率年度排序

单位：%

序号	2008 年		2009 年		2010 年		2011 年	
1	神火股份	74.28	神火股份	76.02	山煤国际	77.9	神火股份	76.96
2	安源股份	65.93	山煤国际	75.78	神火股份	75.82	郑州煤电	71.45
3	郑州煤电	62.32	恒源煤电	71.36	安源股份	68.74	山煤国际	68.19
4	恒源煤电	61.79	郑州煤电	67.59	郑州煤电	67.91	安源股份	66.55
5	国投新集	60.7	安源股份	65.43	国投新集	63.42	国投新集	64.7
6	开滦股份	57.3	阳泉煤业	63.2	潞安环能	56.56	开滦股份	57.69
7	阳泉煤业	53.23	国投新集	62.79	开滦股份	55.56	冀中能源	57.24
8	冀中能源	52.67	开滦股份	56.92	阳泉煤业	54.98	西山煤电	57.21
9	潞安环能	51.46	潞安环能	55.9	恒源煤电	53.29	兖州煤业	56.03
10	兰花科创	48.28	兖州煤业	54.28	西山煤电	51.32	潞安环能	54.53
11	天地科技	47.88	冀中能源	51.52	冀中能源	50.57	天地科技	53.93
12	平煤股份	46.78	西山煤电	51.36	天地科技	49.87	阳泉煤业	53.65
13	上海能源	46.13	平煤股份	49.4	兖州煤业	49.45	恒源煤电	50.22
14	西山煤电	40.76	兰花科创	49.34	兰花科创	47.51	大有能源	49.26
15	露天煤业	39.51	露天煤业	47.07	露天煤业	47.51	煤气化	47.17
16	煤气化	38.83	天地科技	46.95	平煤股份	47.25	平煤股份	44.36
17	中国神华	37.66	上海能源	41.22	煤气化	43.98	兰花科创	42.61
18	平庄能源	34.26	中国神华	36.63	郑煤机	43.05	郑煤机	40.42
19	大同煤业	31.76	平庄能源	33.92	中国神华	36.27	中煤能源	39.87
20	中煤能源	27.54	煤气化	32.12	靖远煤电	30.36	露天煤业	39.52
21	盘江股份	20.31	靖远煤电	30.21	上海能源	29.86	盘江股份	38.82
22	靖远煤电	20.12	大同煤业	29.61	平庄能源	29.43	中国神华	34.22
23	兖州煤业	18.75	中煤能源	29.01	中煤能源	29.21	靖远煤电	31.76
24	山煤国际	–	盘江股份	25.29	大同煤业	26.19	昊华能源	28.16
25	昊华能源	–	昊华能源	–	昊华能源	25.25	上海能源	27.35
26	郑煤机	–	郑煤机	–	盘江股份	22.99	大同煤业	26.04
27	大有能源	–	大有能源	–	大有能源	–	平庄能源	16.13
平均	45.14		50.12		47.47		47.93	
最大	74.28		76.02		77.9		76.96	
最小	18.75		25.29		22.99		16.13	

附表 15　三年复合增长率排序

单位：%

序号	公司名称	营业收入复合增长率	公司名称	营业利润复合增长率
1	郑州煤电	50.87	盘江股份	46.77
2	阳泉煤业	43.87	阳泉煤业	44.9
3	神火股份	36.74	露天煤业	34.84
4	靖远煤电	36.38	天地科技	24.41
5	天地科技	34.11	中国神华	21.58
6	西山煤电	31.84	恒源煤电	20.77
7	开滦股份	27.6	中煤能源	19.12
8	中国神华	24.79	郑州煤电	17.52
9	兖州煤业	22.77	潞安环能	14.13
10	盘江股份	22.07	平庄能源	12.71
11	恒源煤电	22.01	兰花科创	12.25
12	冀中能源	21.12	上海能源	12.2
13	大同煤业	19.75	兖州煤业	12.07
14	中煤能源	19.34	西山煤电	11.55
15	露天煤业	18.75	靖远煤电	9.11
16	兰花科创	15.7	大同煤业	8.26
17	安源股份	15	国投新集	6.93
18	平庄能源	14.62	冀中能源	1.85
19	国投新集	14.08	神火股份	−2.88
20	潞安环能	10.39	开滦股份	−3.03
21	上海能源	9.34	平煤股份	−16.85
22	平煤股份	8.33	煤气化	−19.1
23	煤气化	−7.24	安源股份	–
24	山煤国际	–	山煤国际	–
25	昊华能源	–	昊华能源	–
26	大有能源	–	大有能源	–
27	郑煤机	–	郑煤机	–
平均		22.27		13.14
最大		50.87		46.77
最小		−7.24		−19.1

附表 16　营业利润率年度排序　单位：%

序号	2008 年		2009 年		2010 年		2011 年	
1	中国神华	34.16	中国神华	36.43	兖州煤业	34.73	中国神华	31.59
2	兖州煤业	32.8	兰花科创	30.03	中国神华	34.72	兰花科创	29.68
3	兰花科创	32.5	大同煤业	28.38	兰花科创	32.37	露天煤业	29.61
4	大同煤业	30.59	盘江股份	25.65	露天煤业	31.57	盘江股份	27.18
5	西山煤电	30.13	兖州煤业	25.14	盘江股份	29.14	平庄能源	26.65
6	平庄能源	28.03	西山煤电	24.28	昊华能源	28.61	昊华能源	25.51
7	国投新集	27.63	露天煤业	23.35	大同煤业	27.37	兖州煤业	24.94
8	平煤股份	21.69	国投新集	22.13	国投新集	24.66	国投新集	22.75
9	露天煤业	20.22	平庄能源	20.47	平庄能源	23.6	大同煤业	22.59
10	天地科技	19.86	天地科技	20.3	西山煤电	22.62	大有能源	19.97
11	靖远煤电	18.15	煤气化	17.32	潞安环能	19.46	潞安环能	19.76
12	潞安环能	17.88	上海能源	17.15	上海能源	19.32	上海能源	18.35
13	冀中能源	17.87	中煤能源	16.8	天地科技	19.13	郑煤机	17.21
14	煤气化	17.69	潞安环能	16.21	恒源煤电	18.23	恒源煤电	17.03
15	恒源煤电	17.57	恒源煤电	13.58	郑煤机	15.43	天地科技	15.85
16	上海能源	16.98	阳泉煤业	12.57	中煤能源	13.82	中煤能源	15.16
17	盘江股份	15.63	冀中能源	11.35	煤气化	13.43	西山煤电	13.6
18	中煤能源	15.25	开滦股份	10.77	阳泉煤业	11.95	煤气化	11.73
19	神火股份	13.08	平煤股份	9.6	平煤股份	10.37	冀中能源	10.62
20	开滦股份	11.84	靖远煤电	8.54	冀中能源	10.03	平煤股份	9.8
21	阳泉煤业	7.25	神火股份	7.73	神火股份	9.21	靖远煤电	9.29
22	郑州煤电	3.74	山煤国际	6.57	靖远煤电	8.83	阳泉煤业	7.41
23	安源股份	-16.99	郑州煤电	2.83	开滦股份	7.5	安源股份	6.8
24	山煤国际	–	安源股份	2.54	安源股份	7.13	开滦股份	5.19
25	昊华能源	–	昊华能源	–	山煤国际	5.14	神火股份	4.69
26	郑煤机	–	郑煤机	–	郑州煤电	1.86	山煤国际	3.52
27	大有能源	–	大有能源	–	大有能源	–	郑州煤电	1.77
平均	18.85		17.07		18.47		16.60	
最大	34.16		36.43		34.73		31.59	
最小	-16.99		2.54		1.86		1.77	

附表 17 投资收益占营业利润的比例排序 单位:%

序号	2008 年		2009 年		2010 年		2011 年	
1	兰花科创	16.86	兰花科创	25.19	兰花科创	19.35	露天煤业	8.96
2	露天煤业	4.67	安源股份	23.83	天地科技	7.65	兰花科创	2.33
3	煤气化	2.59	天地科技	14.07	神火股份	5.55	中煤能源	2.26
4	中国神华	2.33	中煤能源	4.35	露天煤业	5.12	冀中能源	1.98
5	中煤能源	2.01	露天煤业	3.75	安源股份	2.47	潞安环能	1.02
6	神火股份	1.45	兖州煤业	2.07	中国神华	1.28	郑煤机	0.89
7	上海能源	1.38	中国神华	1.58	潞安环能	1.09	大同煤业	0.86
8	天地科技	1.17	潞安环能	0.83	兖州煤业	1.08	盘江股份	0.84
9	兖州煤业	0.86	盘江股份	0.49	郑煤机	0.87	安源股份	0.81
10	盘江股份	0.84	山煤国际	0.39	阳泉煤业	0.66	西山煤电	0.72
11	国投新集	0.81	郑州煤电	0.32	山煤国际	0.27	中国神华	0.62
12	潞安环能	0.78	平煤股份	0.17	平煤股份	0.26	兖州煤业	0.59
13	阳泉煤业	0.08	开滦股份	0.07	大同煤业	0.08	山煤国际	0.42
14	平煤股份	0.03	冀中能源	0.02	上海能源	0.07	平煤股份	0.19
15	开滦股份	0.03	阳泉煤业	0	开滦股份	0.05	上海能源	0.14
16	冀中能源	0	煤气化	0	郑州煤电	0	开滦股份	0.06
17	靖远煤电	0	靖远煤电	0	煤气化	0	煤气化	0.05
18	大同煤业	0	大同煤业	0	靖远煤电	0	郑州煤电	0
19	平庄能源	0	平庄能源	0	平庄能源	0	靖远煤电	0
20	恒源煤电	0	恒源煤电	0	恒源煤电	0	平庄能源	0
21	安源股份	0	上海能源	-0.21	盘江股份	-0.11	恒源煤电	0
22	郑州煤电	-0.94	国投新集	-1.09	中煤能源	-0.13	天地科技	0
23	西山煤电	-1.06	神火股份	-2.71	昊华能源	-0.36	大有能源	0
24	山煤国际	-	西山煤电	-3.96	国投新集	-1	昊华能源	-0.03
25	昊华能源	-	昊华能源	-	西山煤电	-3.45	国投新集	-2.4
26	郑煤机	-	郑煤机	-	冀中能源	-6.43	阳泉煤业	-2.54
27	大有能源	-	大有能源	-	大有能源	-	神火股份	-2.83
平均	1.47		2.88		1.32		0.55	
最大	16.86		25.19		19.35		8.96	
最小	-1.06		-3.96		-6.43		-2.83	

附表 18　存货占总资产的比例排序　　单位：%

序号	2008 年		2009 年		2010 年		2011 年	
1	天地科技	26.6	郑州煤电	23.1	郑州煤电	29.4	郑州煤电	29.7
2	郑州煤电	16.7	天地科技	22.2	天地科技	19.4	天地科技	25.7
3	煤气化	8.13	煤气化	7.5	郑煤机	13.6	郑煤机	15.8
4	盘江煤电	6.87	开滦股份	5.88	山煤国际	9.57	山煤国际	11.26
5	上海能源	6.61	山煤国际	5.61	神火股份	8.13	靖远煤电	9.56
6	兰花科创	6.59	靖远煤电	5.6	靖远煤电	7.77	开滦股份	9.26
7	安源实业	6.16	神火股份	5.45	开滦股份	7.61	神火股份	7.42
8	靖远煤电	5.37	安源实业	5.36	安源实业	6.26	安源实业	7.04
9	神火股份	4.68	中煤能源	4.54	煤气化	6.22	西山煤电	6.73
10	中煤能源	4.51	冀中能源	4.1	兰花科创	5.31	兰花科创	6.24
11	冀中能源	3.59	兰花科创	4.05	中煤能源	5.14	上海能源	6.22
12	阳泉煤业	3.56	上海能源	4.05	冀中能源	4.81	煤气化	4.91
13	开滦股份	3.28	平煤股份	3.33	上海能源	4.69	国投新集	4.69
14	西山煤电	2.91	阳泉煤业	3.2	国投新集	4.52	中煤能源	4.62
15	大同煤业	2.91	国投新集	2.91	阳泉煤业	4.45	昊华能源	4.4
16	中国神华	2.85	中国神华	2.49	中国神华	3.29	露天煤业	3.45
17	国投新集	2.78	盘江煤电	2.49	平煤股份	2.95	中国神华	3.18
18	露天煤业	2.5	露天煤业	1.83	昊华能源	2.76	冀中能源	3.15
19	兖州煤业	2.5	恒源煤电	1.67	西山煤电	2.72	平煤股份	3.06
20	平煤股份	2.29	大同煤业	1.63	露天煤业	2.56	阳泉煤业	2.88
21	恒源煤电	1.64	兖州煤业	1.42	恒源煤电	2.54	恒源煤电	2.62
22	潞安环能	1.44	西山煤电	1.39	潞安环能	2.49	盘江煤电	2.49
23	平庄能源	1.22	平庄能源	1.04	盘江煤电	2.33	平庄能源	2.48
24	山煤国际	–	潞安环能	1.01	兖州煤业	2.26	潞安环能	2.03
25	昊华能源	–	昊华能源	–	大同煤业	1.72	大有能源	1.88
26	郑煤机	–	郑煤机	–	平庄能源	1.63	大同煤业	1.87
27	大有能源	–	大有能源	–	大有能源	–	兖州煤业	1.43
平均	5.46		5.08		6.31		6.82	
最大	26.6		23.1		29.4		29.7	
最小	1.22		1.01		1.63		1.43	

附表19　应收账款占总资产的比例排序　单位：%

序号	2008年		2009年		2010年		2011年	
1	天地科技	18.4	靖远煤电	20.5	天地科技	17.8	靖远煤电	24.18
2	靖远煤电	15.4	天地科技	17.5	郑煤机	17.7	天地科技	18.8
3	冀中能源	14.6	山煤国际	11.8	靖远煤电	11.2	郑煤机	16.3
4	煤气化	10.7	平庄能源	7.08	山煤国际	8.48	露天煤业	12.38
5	露天煤业	9.27	煤气化	6.81	冀中能源	7.06	山煤国际	11.8
6	安源股份	7.94	冀中能源	6.24	露天煤业	5.94	平庄能源	7.99
7	盘江煤电	7.52	露天煤业	6.11	大同煤业	4.58	大同煤业	6.77
8	开滦股份	6.11	安源股份	5.42	阳泉煤业	4.45	冀中能源	6.38
9	平庄能源	4.96	大同煤业	4.29	煤气化	4.03	阳泉煤业	5.85
10	中煤能源	4.76	阳泉煤业	3.2	安源股份	4.03	煤气化	5.29
11	潞安环能	4.28	盘江煤电	3.02	中煤能源	3.79	开滦股份	5.05
12	郑州煤电	4.14	中煤能源	2.97	平庄能源	3.43	安源股份	4.82
13	神火股份	3.78	郑州煤电	2.8	盘江股份	2.86	大有能源	3.62
14	西山煤电	3.62	潞安环能	2.58	昊华能源	2.59	中煤能源	3.39
15	恒源煤电	3.59	中国神华	2.44	中国神华	2.53	中国神华	3.12
16	阳泉煤业	3.56	西山煤电	2.12	开滦股份	1.87	昊华能源	2.53
17	中国神华	2.73	上海能源	1.61	西山煤电	1.72	西山煤电	2.49
18	平煤股份	2.33	恒源煤电	1.49	郑州煤电	1.68	盘江股份	2.21
19	国投新集	2.23	开滦股份	1.19	上海能源	1.07	潞安环能	1.34
20	大同煤业	2.12	平煤股份	0.82	平煤股份	0.98	上海能源	1.28
21	兖州煤业	1.25	兖州煤业	0.7	潞安环能	0.95	平煤股份	1.00
22	上海能源	0.76	神火股份	0.57	恒源煤电	0.94	恒源煤电	0.95
23	兰花科创	0.46	国投新集	0.52	兖州煤业	0.67	兖州煤业	0.83
24	山煤国际	–	兰花科创	0.18	国投新集	0.5	国投新集	0.82
25	昊华能源	–	昊华能源	–	神火股份	0.28	郑州煤电	0.75
26	郑煤机	–	郑煤机	–	兰花科创	0.08	神火股份	0.47
27	大有能源	–	大有能源	–	大有能源	–	兰花科创	0.10
平均	5.85		4.67		4.28		5.57	
最大	18.4		20.5		17.8		24.18	
最小	0.46		0.18		0.08		0.10	

附表 20　无形资产占总资产的比例排序　　单位：%

序号	2008 年		2009 年		2010 年		2011 年	
1	国投新集	31.41	兖州煤业	31.06	兖州煤业	27.62	兖州煤业	25.14
2	平庄能源	26.95	阳泉煤业	25.7	昊华能源	27.31	昊华能源	24.15
3	大同煤业	26.56	大同煤业	21.51	阳泉煤业	19.28	中煤能源	19.77
4	恒源煤电	23.2	平庄能源	20.53	大同煤业	18.82	潞安环能	16.58
5	靖远煤电	19.58	恒源煤电	18.76	中煤能源	17.56	阳泉煤业	15.9
6	兰花科创	16.82	盘江煤电	17.39	平庄能源	16.66	平庄能源	15.04
7	安源股份	14.73	山煤国际	16.85	恒源煤电	16.26	恒源煤电	14.64
8	潞安环能	11.58	中煤能源	16.31	盘江煤电	14.56	兰花科创	12.5
9	中煤能源	10.32	靖远煤电	16.1	靖远煤电	14.52	冀中能源	12.27
10	露天煤业	9.69	兰花科创	15.41	兰花科创	13.36	安源股份	11.87
11	冀中能源	9.68	安源股份	13.93	潞安环能	13.24	靖远煤电	11.86
12	中国神华	8.65	露天煤业	10.51	安源股份	11.62	盘江煤电	11.58
13	阳泉煤业	8.21	潞安环能	8.54	山煤国际	11.48	大同煤业	11.06
14	煤气化	6.51	冀中能源	8.48	煤气化	9.87	煤气化	10.34
15	神火股份	5.15	中国神华	8.26	露天煤业	9.49	大有能源	9.98
16	兖州煤业	4.7	煤气化	6.43	冀中能源	8.72	露天煤业	8.48
17	平煤股份	4.21	神火股份	5.58	中国神华	8.28	中国神华	7.89
18	开滦股份	3.78	国投新集	5.03	国投新集	7.05	山煤国际	7.83
19	郑州煤电	3.46	平煤股份	4.17	神火股份	6.68	神火股份	6.39
20	天地科技	3.22	开滦股份	3.74	上海能源	4.67	国投新集	6
21	盘江煤电	2.66	天地科技	3.57	平煤股份	3.7	西山煤电	5.21
22	上海能源	1.19	郑州煤电	2.52	郑州煤电	3.37	天地科技	4.54
23	西山煤电	1.17	上海能源	2.5	开滦股份	3.01	上海能源	3.99
24	山煤国际	–	西山煤电	0.8	天地科技	3	平煤股份	3.61
25	昊华能源	–	昊华能源	–	郑煤机	2.5	开滦股份	2.75
26	郑煤机	–	郑煤机	–	西山煤电	0.98	郑煤机	2.51
27	大有能源	–	大有能源	–	大有能源	–	郑州煤电	2.44
平均	11.02		11.82		11.29		10.53	
最大	31.41		31.06		27.62		25.14	
最小	1.17		0.8		0.98		2.44	

免责申明

本研究报告旨在立足煤炭行业发展的角度，对我国煤炭行业相关上市公司的年度经营和发展情况做出年度系统的回顾和总结，所述观点不构成相关证券市场中所涉及股票的买卖或交易的推荐或建议。

报告中关于上市公司的数据力求准确可靠，但并不对该数据的准确性和完整性做出任何承诺（如有疏漏之处均以企业年报数据为准）。报告中存在一些对于未来发展做出的预见性陈述，具有一定的不确定性。

参考文献

[1]阮永平．上市公司财务报表解读[M]．上海:华东理工大学出版社,2011.

[2]张新民,钱爱民．上市公司财务报表解读[M]．北京:中国人民大学出版社,2011.

[3]范建军．2012 年货币政策走向和相关政策建议[J].《中国发展观察》2012,(1)

[4]中国煤炭工业协会．2010 中国煤炭企业 100 强分析报告[M].北京.中国矿业大学出版社,2010.

[5]煤炭工业发展“十二五”规划．国家煤炭工业网 www. coalchina. org. cn

[6]张磊．2011 年煤炭行业大事记．中国能源网．www. china5e. com

[7]上海证券交易所网站．www. sse. om. cn

[8]深圳证券交易所网站．www. szse. cn

[9]主要煤炭上市公司网站